VERBOTE, WIDERSTÄNDE, GROSSE ERFOLGE

1. Auflage 2024

ISBN: 978-3-903376-80-9

Lektorat: Dr. Thomas Pöltl

Bildverweise:
Fotos aus alten Zeitungen (1920er- und 1930er-Jahre): ANNO/Österreichische Nationalbibliothek
Zudem: USC Landhaus/Traxler (3), Mag. Christa Tauschek / Privatarchiv (2), FCZ Museum, USV Neulengbach, ÖFB/Christopher Glanzl (3), ÖFB/Christopher Kelemen (3), FOTObyHOFER Christian Hofer, APA/Guenter R. Artinger, APA/Georg Hochmuth (3), TT News Agency / Fredrik Sandberg, dpa/Sven Hoppe, APA/Hans Punz (2), UEFA/Brendan Moran, Tom Seiss, AFP/Clive Brunskill, SEPA.Media/Josef Bollwein, Reuters/Molly Darlington, Reuters/Peter Cziborra, AFP/Lesley Martin, Reuters/Leonhard Föger

Umschlag und Grafische Gestaltung: DI (FH) Ing. Clemens Toscani

Printed in the EU

Gesamtherstellung:

egoth Verlag GmbH
Untere Weißgerberstr. 63/12
1030 Wien
Österreich

Birgit Riezinger

VERBOTE, WIDERSTÄNDE, GROSSE ERFOLGE

100 JAHRE FRAUENFUSSBALL IN ÖSTERREICH

egoth sport

Österreichs Nationalspielerinnen feiern nach einem 1:0-Sieg gegen Norwegen den Viertelfinaleinzug bei der Europameisterschaft 2022 in England.

NASCHENWENG

INHALT

NACH DEM SPIEL IST VOR DEM SPIEL

ECKDATEN DES FRAUENFUSSBALLS

VORSPIEL

BLICKPUNKT 1863-1922

FRAUEN AM BALL ...

„Fußball wird wohl niemals von Mädchen gespielt werden“. Diese Prognose stellt der deutsche Lehrer August Hermann 1901 auf. Zusammen mit Konrad Koch führt er 1874 das Fußballspiel in Deutschland ein. Hermann liegt falsch. Glücklicherweise. Und überhaupt: Zu diesem Zeitpunkt spielen Mädchen und Frauen bereits Fußball. Nicht in Deutschland, schon gar nicht in Österreich. Aber in Großbritannien.

1863 werden in England die Fußballregeln vereinheitlicht und der englische Fußballverband (FA) gegründet. Im selben Jahr spielen nicht nur Buben an Englands Schulen Fußball, sondern auch Mädchen.

Nach aktuellem Wissensstand finden die ersten offiziellen Frauenfußballspiele aber nicht in England, sondern in Schottland statt. Im Mai 1881 kommt es zu zwei Begegnungen zwischen einem schottischen und einem englischen Team in Edinburgh und in Glasgow. Das schottische Team „Mrs. Grahams XI“, angeführt von der Frauenrechtlerin Helen Graham Matthews, die auch die Torhüterin gibt, gilt als erstes britisches Frauenfußballteam. Die Schottinnen gewinnen beide Spiele, wobei das zweite mit einem Eklat endet. In der 55. Minute stürmen hunderte der 5000 Zuschauer*innen das Spielfeld. Die Fußballerinnen fliehen. Die Behörden sprechen ein Verbot von Frauenfußball auf schottischem Boden aus. Helen

Graham Matthews geht daraufhin nach England, gründet gemeinsam mit der Engländerin Nettie Honeyball ein neues Team: „The Lady Footballers". Unter dem Namen „Mrs. Graham" tourt Graham Matthews Ende des 19. Jahrhunderts mit ihrem Team durch England. Diese Zeit ist die erste Blüte des Frauenfußballs.

Am 23. März 1895 besiegt ein Frauenteam aus Nordengland seine Gegnerinnen aus Südengland in London, Crouch-End, mit 7:1. Lange Zeit hat dieses Spiel als erstes offizielles Frauenfußball-Match gegolten.

In Newcastle wohnen einer Partie sogar 8000 Zuschauer*innen bei. Den Fans also gefällt's, dem englischen Fußballverband weniger. 1902 fordert die Football Association (FA) ihre Mitgliedsvereine auf, keine Spiele mehr gegen Frauenteams auszutragen. Während sich der Männerfußball um die Jahrhundertwende professionalisiert, dauert es bis zum Ersten Weltkrieg, bis der Frauenfußball eine zweite Blütephase erlebt. Der Männerfußball pausiert. Es formieren sich Teams von Arbeiterinnen, überwiegend aus der Waffenindustrie. Da die Ausrichtung der Teams patriotisch ist, werden diese von offizieller Seite gebilligt. Die Spiele sind Charity-Veranstaltungen, man sammelt Geld für kriegsbedingte karitative Zwecke. Das bekannteste Team dieser Zeit sind die Dick Kerr's Ladies aus Preston, das von 1917 bis 1965 existiert. Bereits nach Kriegsende, im Jahr 1920, sehen unglaubliche 53.000 Zuschauer*innen im Liverpooler Goodison Park die Partie zwischen den Dick Kerr's Ladies und den St. Helen's Ladies.

Der Frauenfußball verbreitet sich in dieser Zeit rasant. Wöchentlich finden Spiele statt. 1921 gibt es in England bereits rund 150 Frauenteams. Doch auch die zweite Blütephase des Frauenfußballs in Großbritannien findet ein jähes Ende. Im Dezember 1921 entscheidet die FA, dass das Spiel „unpassend" für Frauen sei. Fortan ist es ihnen verboten, auf Plätzen von FA und Männerliga zu spielen. Man wolle die Frauen schützen, weil diese körperlich nicht in der Lage seien, Fußball zu spielen. Das ist wohl eine Ausrede. Viel eher wird vermutet, dass der FA der Frauenfußball zu erfolgreich geworden sei und dass der Fußball wieder sein rein maskulines Image zurückbekommen sollte. Ein halbes Jahrhundert lang bleibt dieses Verbot aufrecht.

... ABER NICHT IN ÖSTERREICH

In Österreich braucht es zu dieser Zeit kein Verbot. Frauenfußball ist um die Jahrhundertwende bis Anfang der 1920er-Jahre praktisch inexistent. Als Fußball-Zuschauer*innen sind Frauen Anfang des 20. Jahrhunderts, als der Männerfußball an Popularität gewinnt, aber gern gesehen. „Damen" genießen in Begleitung eines zahlenden Herrn ab etwa 1905 auf einigen Wiener Sportplätzen freien Eintritt.

Im *Wiener Sportblatt* wird im Juni 1906 ein weiblicher Fan-Typus des 1894 gegründeten Vienna Cricket and Football Clubs beschrieben. Der Autor namens „Tommy" widmet ihm auf Seite eins des Wochenblattes ein Porträt. Seit es bei den Cricketern freien Eintritt für Frauen gebe, habe sich eine neue Spezies gebildet, das „Cricketer Girl". Diese Spezies sei „ein echter Wiener Typus. Sie ist vielleicht am Himmelpfort- oder gar am Brillantengrund aufgewachsen; sie hat zwar nie Tennis gespielt und auch sonst keine Sports aktiv betrieben, sondern höchstens die schönen Spiele des ‚Tempelhupfens', ‚Vater, Vater leih mir d'Scheer' ausgeübt, aber das genügte für ihre körperliche Ausbildung, sie ist ‚g'wachsen wie a Bamerl' und hat entschieden Form und Linie." Das Cricketer Girl gebe Zurufe im Wiener

Dialekt aber auch in Englisch von sich. „Wie ganz ungewöhnlich nehmen sich die Wörter ‚Goal', ‚Corner', ‚out', ‚hands' in Verbindung mit den kernigen Wiener Aussprüchen aus!" Aber ohne diese englischen Ausdrücke, heißt es weiter, wäre das Cricketer Girl eben kein Cricketer Girl, „sondern vielleicht ein simples, süßes Mädel, das keine Ahnung hat, was ein Goal ist."

Gern gesehen sind Frauen auch bei Vereinsveranstaltungen – etwa bei Tanzveranstaltungen, Weihnachts- und Faschingsfeiern. Frauen übernehmen zudem Repräsentationsaufgaben im Verein – sie besticken die Klubfahnen oder verteilen Siegerpokale.

Aber selbst Fußball spielen? Das ist noch immer undenkbar. Und das, obwohl Frauen in Österreich-Ungarn schon ab den 1880er-Jahren männlich konnotierte Sportarten wie Radsport, Eishockey oder Handball ausüben.

Am 15. November 1894 findet in Österreich das erste offizielle Fußballspiel zwischen zwei eingetragenen Vereinen statt. Auf der Kuglerwiese in Döbling muss sich der im selben Jahr gegründete First Vienna Football Club dem Vienna Cricket and Football Club mit 0:4 geschlagen geben. Der Fußballsport gewinnt in Österreich mit den Jahren an Popularität. 1901 gewinnt Österreich sein erstes inoffizielles Länderspiel gegen ein Auswahlteam der Schweiz mit 4:0. Als erstes offizielles Länderspiel geht die Partie Österreich gegen Ungarn, die ursprünglich

Wien gegen Budapest lautet, in die Annalen. Österreich siegt am 12. Oktober 1902 am Wiener WAC-Platz mit 5:0. 1912 nimmt das Fußball-Nationalteam an den Olympischen Spielen in Stockholm teil. Österreich belegt nach drei Siegen und zwei Niederlagen unter elf teilnehmenden Nationen den sechsten Platz. Im selben Jahr kommen zu einem Länderspiel gegen Ungarn mehr als 10.000 Zuschauer*innen. Zwei Jahre später wird gegen denselben Gegner die 20.000er-Marke überschritten.

Mit der zunehmenden Popularität des Sports kommen Frauen in Verbindung mit Fußball praktisch nicht mehr in der Berichterstattung vor. Allerdings soll es bereits vor dem ersten Weltkrieg ein Frauenfußballteam in Wien gegeben haben. Beim „Sp. Kl. Donaustadt" habe es „so etwas Ähnliches wie eine Damenfußballmannschaft unter dem Namen ‚Tipp-Topp'" gegeben, erinnert sich der Fußballtrainer Rudolf Barbarovsky im Jahr 1957. Mehr Informationen zu „Tipp-Topp" gibt es nicht.

1919 wird Frauenfußball zumindest thematisiert. „Sollen Frauen Fußball spielen?", fragt das *Wiener Tagblatt* im März. Als Anlass für den Artikel dient eine Engländerin, die sich für Frauenfußball stark gemacht haben soll. Die Zeitung kommt wenig überraschend zum Schluss, dass Fußball kein geeigneter Sport für Frauen sei. Bezug genommen wird dabei auf ein Frauenfußballspiel in den 1890ern in England, das „ein vollständiges Fiasko" gewesen sei. Fußball sei ebenso wenig ein geeigneter Sport für Frauen wie Boxen, Gewichtheben, Ringen oder der Marathonlauf. Dies seien „Sportzweige, die samt und sonders nicht danach angetan sind, die natürliche weibliche Anmut hervorzuheben, wie dies etwa beim Tennis oder beim Kunsteislauf der Fall ist." Es gebe aber nicht nur ästhetische Gründe dafür, dass Frauen bestimmte Sportarten nicht ausüben sollten. Es gehe auch darum, „die Grenzen zu erkennen, die von der Natur selbst gezogen worden sind, und über die hinaus zu streben, Torheit wäre." Die körperliche Konstitution der Frau sei eben eine andere, als jene des Mannes. Mädchen müssten daran denken, dass sie eines Tages Mütter werden sollen. Durch die Sportausübung dürfe der Frau kein Nachteil für ihren künftigen Beruf erwachsen, sorgt sich der Autor des Artikels, Felix Schmal. „Man braucht nur daran zu denken, dass ein zufälliger Tritt in den Leib, der den männlichen Körper weiter keinen Schaden zufügt, für den weiblichen Körper von verhängnisvollen Folgen begleitet sein kann. Die Frau hat sich bei Ausübung des Sports vor Auswüchsen und Übertreibungen zu schützen." Schmals Conclusio: „Fußball ist kein geeigneter Frauensport." Diese oder ähnliche Argumente gegen Frauenfußball sind auch in späteren Jahren immer wieder zu hören und zu lesen.

Im selben Jahr wird von einem Spiel in Norwegen vor 10.000 Zuschauer*innen berichtet. Ein reines Frauen-Team besiegt demnach ein gemischtes Team aus Männern und Frauen mit 5:1. Das *Illustrierte Sportblatt* berichtet neutral über dieses Ereignis und erwähnt zudem, dass Frauen in Skandinavien, anders als in Deutschösterreich, schon in vielen Sportarten Fuß gefasst hätten – etwa im Schwimmen, im Rudern, in der Gymnastik und in der Leichtathletik. „Jetzt suchen sie auch im Fußballsport Betätigung. In den großen Städten existieren bereits eine große Zahl von Fußball-Frauenriegen."

Hierzulande manifestiert sich Fußball nach dem Ersten Weltkrieg als Männersport. Die Arbeiterschaft bekommt zunehmend Zugang zum Fußball. Die Sitten unter Zuschauer*innen werden rauer. Ab den 1920ern wird regelmäßig von Ausschreitungen berichtet. Eine Tatsache, die Frauen mehr und mehr von Stadionbesuchen abhält.

Frauen bekommen in dieser Phase zwar mehr Zugang zum aktiven Sport, allerdings soll es dabei weniger um Wettkämpfe und Spitzenleistungen, sondern vielmehr um die Erhaltung der Gesundheit und der Schönheit gehen. So ist Gymnastik zu dieser Zeit eine der häufig betriebenen Sportarten.

Die Teilhabe von Frauen am Sport muss hier auch im politischen und gesellschaftlichen Konnex betrachtet werden. 1918 erhalten Frauen in Österreich das Wahlrecht. Die Zunahme an politischen und sozialen Rechten geht aber Hand in Hand mit dem Verschwinden der Frauen aus dem Erwerbsleben. Junge, unverheiratete Frauen arbeiten häufig als Verkäuferinnen, Stenotypistinnen oder Sekretärinnen. Ab dem Zeitpunkt ihrer Heirat wird ihre Rolle als Hausfrau und Mutter festgeschrieben. Die organisierte Frauenbewegung gerät Anfang der 1920er-Jahre ins Wanken.

Im Sport begnügen sich Frauen nicht lange mit dem reinen Gesundheits- und Schönheitssport. Auch sie wollen Wettkämpfe abhalten. Das tun sie dann auch. Die Zeitungsberichte über Frauenwettkämpfe fallen allerdings eher abwertend und spöttisch aus. Frauenfußball ist Anfang der 1920er-Jahre in Österreich kaum bis nicht existent. Und doch ist er ein Thema. In Zeitungen wechseln sich extrem ablehnende Meinungen zum Frauenfußball mit sachlichen und sogar wohlwollenden Artikeln ab. Anfang 1921 wird in mehreren österreichischen Zeitungen erneut die Frage aller Fragen gestellt: „Sollen Frauen Fußball spielen?" Zitiert wird ein nicht namentlich genannter „hervorragender englischer Sportmann". Dieser weist vor allem auf angeblich erhebliche gesundheitliche Gefahren für Fußball spielende Frauen hin, etwa auf mögliche Zusammenbrüche aufgrund von Übermüdung und auf Herzschädigungen. „Andererseits ist das Laufen, Treiben, Springen und plötzliche Umwenden, welches das Spiel ergibt, der Bildung der inneren Organe schädlich und entwickelt die Fußknöchel in einer Weite, die sie unschön erscheinen läßt. Schließlich veranlassen die Anstrengungen, die nötig sind, den Ball zu treffen oder das Tor zu halten, die Frau zu Verzerrungen des Gesichts, die, häufig wiederholt, ihre Spuren in Form von Runzeln und häßlichen Linien zurücklassen." Tennis, Schwimmen und Laufen seien, dem Sportmann zufolge, wesentlich besser geeignete Sportarten für Frauen als Fußball.

Die *Kronen-Zeitung* schreibt im Herbst von Bestrebungen, den Frauenfußball in Wien zu etablieren. In anderen Medien ist davon aber nichts zu erfahren.

Anfang Februar 1922 erscheint im *Wiener Sporttagblatt* ein ausführlicher und sachlich gehaltener Artikel unter dem Titel „Fußball und die Frauen". Der Autor nimmt Bezug auf Frauenfußballspiele in Frankreich und England. In England wird kurz nach dem Bann der FA von 1921 eine eigene Frauen-Liga gegründet: die English Ladies Football Association (ELFA). So heißt es in dem Artikel: „Nun wird aber in der letzten Zeit in allen Sportblättern des öfteren berichtet, daß es in England und Frankreich bereits diverse Damenteams gibt, welche die Sache sehr ernst nehmen und untereinander regelrechte Matches austragen, die sich eines großen Zulaufes erfreuen. Man hört, dass sich in England die führenden Sportkreise dem Frauenfußball gegenüber sehr ablehnend verhalten und mit Gewaltmaßregeln, wie Entziehen der Spielerlaubnis auf Sportplätzen usw., das Ausbreiten der aktiven Beteiligung von Frauen am Fußballsport verhindern wollen. Bei uns ist es einstweilen schwer, sich ein abschließendes Urteil zu bilden, solange der Frauenfußball nur vom Hörensagen bekannt ist."

Weniger neutral fällt ein Bericht mit dem Titel „Frauenfußball" im Februar 1922 im *Wiener Montags-Journal* aus, in dem der Autor letztlich zu dem Urteil kommt, dass Fußball kein Sport für Frauen sei. „In letzter Zeit", so heißt es zu Beginn des Artikels „hat man sich in Sportkreisen vielfach mit diesem Thema beschäftigt und so manches Für und Wider eingehend erörtert. [...] Die Frauen haben sich bereits fast alle Sportgebiete erobert. Im Schwimmen, in der Leichtathletik, Fechten, Touristik haben sie ganz gute Leistungen erreicht, allerdings infolge ihrer schwächeren Konstitution mäßigere Erfolge als ihre männlichen Partner." Die erste Voraussetzung für einen erfolgreichen Fußballer sei „ein hart trainierter, starker Körper. Darüber verfügt das zarte Geschlecht naturgemäß nur in den seltensten Fällen und kann somit die erste Voraussetzung nicht erfüllen. [...] Wenn wir also die Schlußfolgerung ziehen, so sehen wir, daß eigentlich herzlich wenig für die Einführung von Frauenfußball spricht. Der Frauen wesentlichste Eigenschaft ist Grazie und gerade diese Eigenschaft wird im Fußball unterdrückt."

ERSTE HALBZEIT

BLICKPUNKT 1922-1938

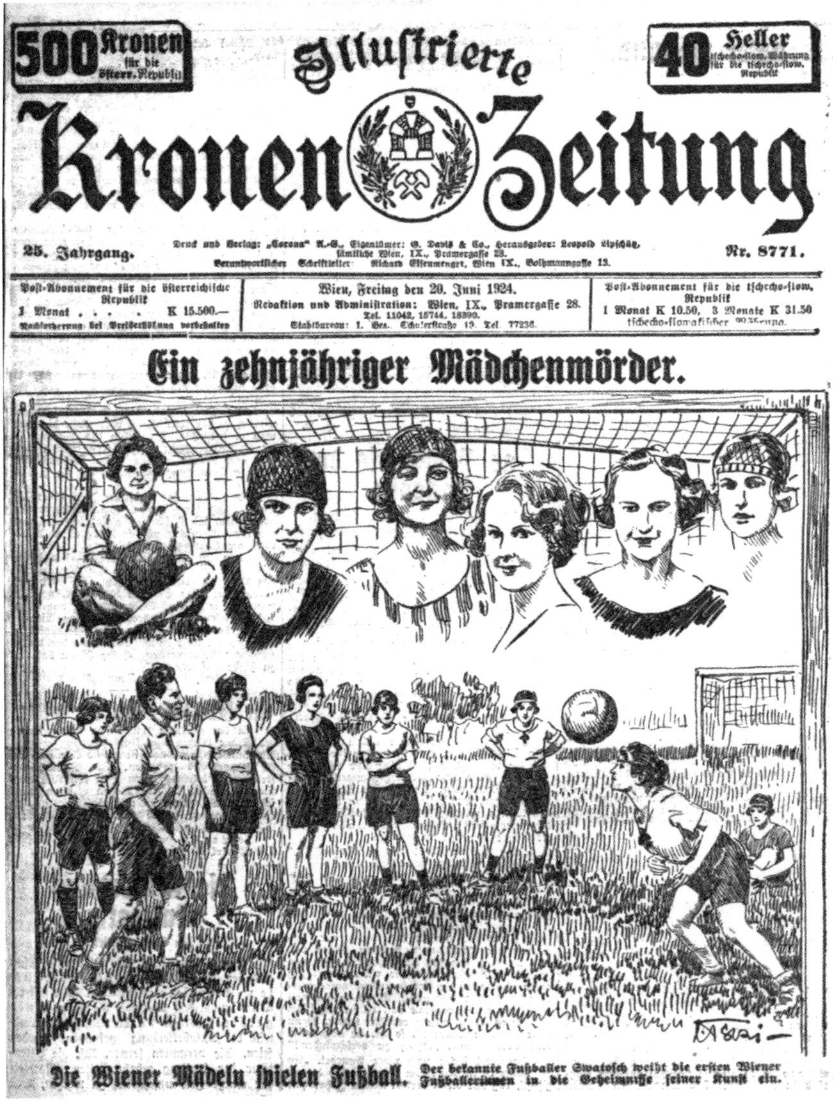

500 Kronen für die österr. Republik

Illustrierte Kronen Zeitung

40 Heller für die tschecho-slow. Republik

25. Jahrgang.

Druck und Verlag: „Corona" A.-G., Eigentümer: G. Davis & Co., Herausgeber: Leopold Lipschütz, sämtliche Wien, IX., Pramergasse 28. Verantwortlicher Schriftleiter: Richard Ellenmengert, Wien IX., Boltzmanngasse 13.

Nr. 8771.

Post-Abonnement für die österreichische Republik
1 Monat . . . . K 15.500.—
Nachforderung bei Preiserhöhung vorbehalten

Wien, Freitag den 20. Juni 1924.
Redaktion und Administration: Wien, IX., Pramergasse 28.
Tel. 11042, 15744, 18390.
Stadtbureau: 1. Bez. Schulerstraße 19. Tel. 77236.

Post-Abonnement für die tschecho-slow. Republik
1 Monat K 10.50, 3 Monate K 31.50
tschecho-slowakischer Währung.

Ein zehnjähriger Mädchenmörder.

Die Wiener Mädeln spielen Fußball. Der bekannte Fußballer Swatosch weiht die ersten Wiener Fußballerinnen in die Geheimnisse seiner Kunst ein.

Eine Illustration auf dem Titelblatt der Kronen-Zeitung zeigt Frauen beim Training mit dem bekannten Nationalspieler Ferdinand Swatosch. (Illustrierte Kronen-Zeitung, 20.6.1924, S. 1)

DIE ERSTEN SCHRITTE

Den kritischen Urteilen der Presse zum Trotz, es gibt Frauen und Mädchen, die Fußball spielen wollen. Der Fußballtrainer Rudolf Barbarovsky, der sich an „so etwas ähnliches wie eine Damenfußballmannschaft“ in der Wiener Donaustadt bereits vor 1914 erinnert hat, erwähnt in seinen 1957 im *Sportfunk* abgedruckten Erinnerungen auch ein Damenteam beim Sp. Kl. Ostmark im Jahr 1923. Es habe allerdings nicht lange existiert. In den Zeitungen taucht es kaum bis gar nicht auf.

Mitte Juli 1923: Es ist soweit. Die erste bekannte Meldung eines Frauenfußballspiels in Österreich. Im Rahmen einer Veranstaltung zum zehnjährigen Vereinsjubiläums des Männerklubs A. Sp. C. Liesing aus Niederösterreich wird auch ein Frauenfußballspiel angekündigt. Das *Sporttagblatt* kennt den Zweck des Spiels: „Für 1/2 5 Uhr nachmittags ist ein Damen-Fußballspiel angesetzt, das gewiß zur Erheiterung der Zuschauer beitragen wird.“

Ob das Spiel wirklich die Zuschauer erheitert hat, ist nicht zu erfahren. Aber das Ergebnis wird gemeldet. Das A-Team habe das B-Team mit 3:2 besiegt. Für Erheiterung sorgt jedenfalls Ende des Monats ein Ansuchen um die Abhaltung eines Frauenfußballspiels.

Der Wiener Fußballverband (W.F.V.) „behandelt" ein Schreiben einer gewissen „Vroni F.". Diese bittet um die „Bewilligung eines Damen-Fußballwettspieles zugunsten der Rettungs-Gesellschaft". Das Schreiben habe, so schreibt die *Kronen-Zeitung*, einen „Heiterkeitsausbruch" ausgelöst. Das Ansuchen wird selbstverständlich abgelehnt. „Nicht einmal die Wiener Rettungsgesellschaft als angeführte Nutznießerin vermochte die Herzen der Vorstandsmitglieder zu erweichen. Ohne Debatte gingen sie zur weiteren Tagesordnung über."

Die Frauen pfeifen offensichtlich auf das Verbot und veranstalten am 1. September ein Match auf dem Tschechischen-Herz-Platz in Wien-Favoriten. An dieser Stelle trägt heute die Wiener Austria ihre Heimspiele aus, damals ist es die Heimstätte des SK Slovan. Aus dem Benefizspiel wird ein Trainingsmatch. Denn die Partie wird beim Stand von 1:1 wegen eines Gewitters abgebrochen. Das Spiel soll am 15. September am selben Ort nachgeholt werden, aber auch diesmal läuft nicht alles glatt. Es erscheinen insgesamt nur elf Spielerinnen, sechs für die eine Seite, fünf für die andere. Die Teams werden schließlich durch Männer komplettiert. Die *Kronen-Zeitung* widmet dem Spiel ein paar Tage später Karikaturen auf dem Titelblatt und einen Liedtext auf Seite zwei. Die Zeichnungen zeigen verschiedene Szenen, etwa eine Rauferei auf dem Spielfeld, oder die Torfrau, die auf einem Hocker sitzt, neben ihr ein Baby auf dem Boden. Unter der Querstange des Tores ist Wäsche aufgehängt. Der Zeichner hat sich also durchaus Mühe gemacht, Fußball spielende Frauen der Lächerlichkeit preiszugeben.

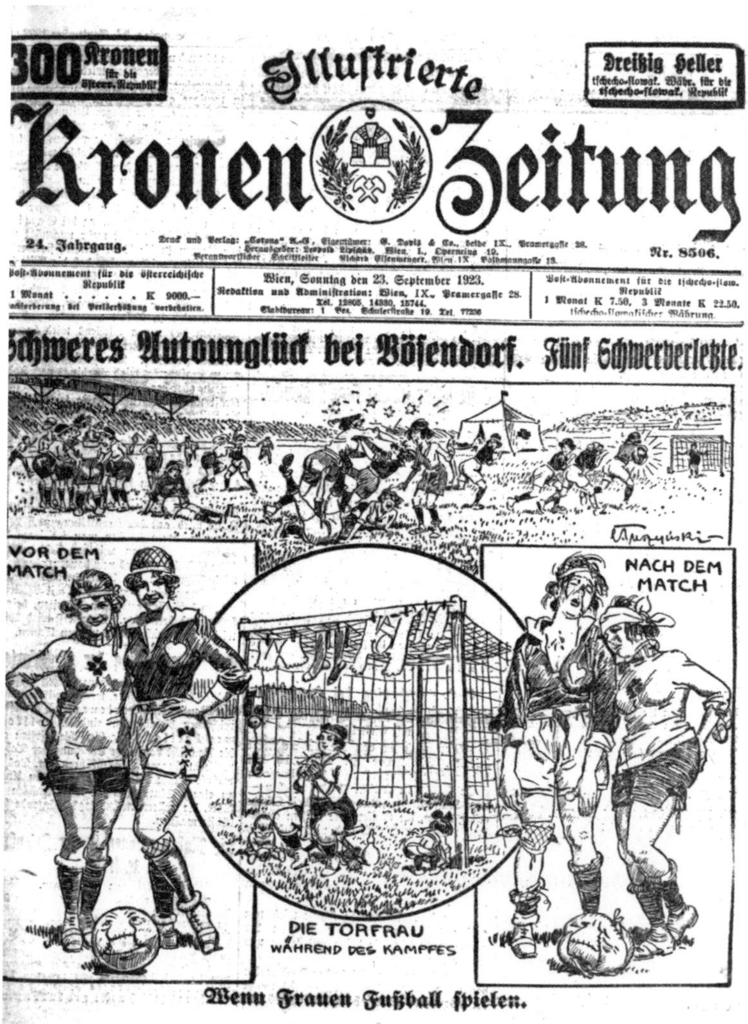

Die Kronen-Zeitung macht sich in einer Karikatur auf dem Titelblatt über Fußball spielende Frauen lustig.
(Illustrierte Kronen-Zeitung, 23.9.1923, S.1)

Im Liedtext, der nach der Melodie des „Uridil-Liedes“ zu singen sei, heißt es: „Heute ist ein Damenspiel, Damenspiel, Damenspiel! ‚S ist a Hetz und kost‘ nicht viel. [...] Jüngst gab‘s bei einer solchen Schlacht gar wilde Einzelkämpfe. Die Frauen kriegten, gebet acht, bald Wein-, bald Wadenkrämpfe. Man schrie, man lag sich in den Haaren und suchte nach dem Balle.“ Am Ende kommt der Autor, der sich mit Th. H. abkürzt, zum nur logischen Schluss: „Ein Fußballmatch, wo Männer fehlen, das werden keinem wir empfehlen. Ja das böse Damenspiel, Damenspiel, Damenspiel, das läßt uns in Zukunft kühl, denn jede Frau kennt ganz genau ihr Ziel.“

Ende 1923 wendet sich aber die ablehnende Haltung von Sportjournalisten gegenüber Frauenfußball – zumindest in *Der Montag*. Die Zeitung startet am 17. Dezember 1923 einen Aufruf an Frauen, die Fußball lernen möchten. Darin heißt es: „Der ‚Montag mit dem Sport-Montag‘ hat den Entschluß gefaßt, den Damen die Ausübung des Fußballsportes, ähnlich wie es in Amerika, England und Frankreich der Fall ist, zu ermöglichen. Zu diesem Zwecke wird er für die vorläufige Abhaltung der Uebungen über Winter Turnsäle mieten und Trainer auf seine Kosten zur Verfügung stellen. Zum Frühjahr sollen dann die ersten Damen-Uebungs- und -Wettspiele abgehalten werden.“ Zahlreiche Anmeldungen von „fußballdurstigen Damen“ lägen der Zeitung schon vor. Weitere Leserinnen sollten sich beim *Montag* melden. Die Zeitung beabsichtige auch, Musterstatuten für Damen-Fußballvereine auszuarbeiten „und überhaupt die Ertüchtigung des weiblichen Geschlechtes in jeder Hinsicht zu fördern". *Der Montag* zweifelt nicht daran, „daß auch bei uns viele Damen sich danach sehnen, ähnlich ihren vielbeneideten männlichen Kollegen, auf dem grünen Rasen Heldenrollen zu spielen und daß die Meldungen sehr zahlreich einlaufen werden". Schon eine Woche später berichtet *Der Montag* über den Erfolg des Aufrufs. Zahlreiche Anmeldungen seien eingetroffen. Die erste Dame, die sich angemeldet habe, wird abgebildet und näher vorgestellt. „Frau Martha Leopoldi, eine stadtbekannte Schönheit, war vor ihrer Verheiratung eine der beliebtesten Fußspitzentänzerinnen der großen europäischen Varietes. Sie trat unter dem Namen Martha Gores in fast allen Hauptstädten auf und entzückte hunderttausende Besucher. Wir hoffen, daß Frau Martha Leopoldi auch im Damen-Fußballsport denselben Erfolg erzielen wird wie auf der Bühne."

Wöchentlich wird nun über die Aktion berichtet. Am 4. Februar 1924 ist vom Beginn der sportärztlichen Untersuchungen für die ersten 60 der angemeldeten Frauen zu lesen. Vor dem Start der Kurse solle eine Versammlung der angemeldeten Frauen stattfinden, zu der auch Leser eingeladen werden. Mitte März ist die erste Selektion der Fußballerinnen abgeschlossen. Die ärztlichen Untersuchungen der ersten 150 Damen hätten ergeben, „daß viele Damen, nach Ansicht unseres Vertrauensarztes, den Anstrengungen des Fußballsports nicht gewachsen sind". 43 Frauen bleiben übrig. Sie werden namentlich genannt und zunächst zu einem Theoriekurs eingeladen. Als

Trainer engagiert *Der Montag* Ferdinand Swatosch. Der damals knapp 30-Jährige ist Nationalspieler und einer der bekanntesten Fußballer Wiens. Ein echter Coup also. Swatosch, schreibt *Der Montag*, werde „unsere Damen zuerst theoretisch und dann praktisch in die Geheimnisse des Fußballsports einführen". *Montag*-Redakteur Roman Frisch sollte Swatosch bei seiner Arbeit unterstützen.

Mitte April beginnt der Theoriekurs, bei dem Swatosch die Grundbegriffe des Fußballs erklärt. Am 22. April schließlich wird der Name des zu gründenden Vereins bekanntgegeben: „Erster Wiener Damenfußballklub Diana". Unter Swatoschs Leitung wird das Fußballtraining aufgenommen. Die erste Übungseinheit besteht aus Schnurspringen, einem 800-Meter-Lauf und Ballübungen. „Die Damen waren mit großer Begeisterung bei der Sache [...] und Herr Redakteur Frisch hatte Mühe, um sieben Uhr die fünfzig erschienenen Damen zum Einstellen des Trainings zu bewegen, da sie unbedingt noch weiterspielen wollten." Die Austragung eines ersten Spiels wird in Aussicht gestellt. „Wir hoffen, daß unsere Damen nach zwei bis drei Monaten intensiven Trainings den Wienern ein Propagandawettspiel mit einer führenden französischen Damenmannschaft werden vorführen können."
Zweimal pro Woche trainieren die Frauen fortan – unter Ausschluss der Öffentlichkeit. Die Spielerinnen machen große Fortschritte, es könne nun schon früher an erste Spiele vor Publikum gedacht werden. Am 26. Mai schreibt *Der Montag*, dass die nötigen Schritte für eine Klubgründung eingeleitet worden seien.

Die Montags-Fußballerinnen machen sogar im Ausland Schlagzeilen. In der deutschen Zeitschrift *Der Fußball* veröffentlicht Ende Mai 1924 ein Bild der Trainingsgruppe. Am 10. Juni 1924 erscheint im *Montag* schließlich ein Foto von Fußballerinnen. Betitelt ist es lediglich mit „Eine Fußball-Weibschaft. (Der erste weibliche Fußballtrainer Fräulein Pipsi Krema.)“ Mehr Informationen dazu gibt es nicht. Krema hat dem Kurs der Zeitung angehört. Am 23. Juni 1924 richtet *Der Montag* einen Hinweis an seine Fußballerinnen: „Infolge der Sommerurlaube tritt in unseren Damenfußballkursen mit Gültigkeit ab Sonntag, den 22. Juni eine sechswöchige Unterbrechung ein. Von dem Wiederbeginn unserer Kurse werden unsere Damen rechtzeitig unterrichtet werden.“ Danach aber endet die Berichterstattung der Zeitung über ihre Frauenfußball-Aktion abrupt. „Es ist nicht mehr zu eruieren, was da passiert ist – ob das Interesse der Frauen am Fußballspiel oder jenes der Zeitung an der Berichterstattung nachgelassen hat, ist ungewiß“, schreibt der Sporthistoriker Matthias Marschik in seinem Buch „Frauenfussball und Maskulinität“.

Während des Projekts des *Montag* gibt es noch weitere frauenfußballerische Initiativen in Wien, über die die *Kronen-Zeitung* berichtet. Die Leopoldauer Sportfreunde, der Club Hacking und der SC Krieau möchten Damenriegen einführen und rufen fußballinteressierte Frauen auf, sich zu melden. Auch die Montags-Fußballerinnen trainieren weiter. Darüber ist nun in der *Kronen-Zeitung* zu lesen. Spannend ist, dass aus der komplett negativen und abwertenden Berichterstattung noch im Jahr davor, plötzlich eine sachliche und wohlwollende wird. Im Juni widmet die Zeitung den Fußballerinnen erneut eine Titelseite. Diesmal macht man sich nicht lustig. In einer Zeichnung sind Ferdinand Swatosch und einige Fußballerinnen beim Kopfball-Training zu sehen. Die Gesichter von sechs Spielerinnen werden extra gezeigt. Der Text zum Bild: „Die Wiener Mädeln spielen Fußball. Der bekannte Fußballer Swatosch weiht die ersten Wiener Fußballerinnen in die Geheimnisse seiner Zunft ein."

[Siehe Abbildung auf Seite 21]

Bemerkenswert fallen die näheren Erläuterungen zum Titelbild auf Seite zwei aus. Schließlich schreiben wir noch immer das Jahr 1924. Darin ist von Gleichberechtigung und Emanzipation die Rede. Die Zeitung schreibt davon, dass sich Frauen nach und nach unterschiedliche Sportarten, wie Rudern, Leichtathletik, Hockey oder Handball erobert hätten. „Nur von der Ausübung des Fußballspieles, dem beliebtesten unter allen Gruppenspielen, hielten sich unsere Frauen und Mädchen auch jetzt noch ferne. Dies war umso überraschender, als in Amerika, England und Frankreich zahlreiche Damen-Fußballvereine existieren, wo viele große Warenhäuser ihre weiblichen Fußball-‚Mannschaften' haben." Die Zeitung schreibt davon, dass jährlich ein Damenländerkampf zwischen England und Frankreich stattfinde und von der Existenz einer Damen-Fußballmeisterschaft in Paris. „Es konnte daher kein Zweifel darüber bestehen, daß auch bei uns in

Wien genügendes Interesse unter den Frauen für den Fußballsport vorhanden ist. [...] Aber es fand sich bisher niemand, der die Wiener Fußball-Amazonen zusammengerufen hätte, um sie in die Mysterien dieses erfrischenden Sports einzuführen." Die *Kronen-Zeitung* bezeichnet es daher als glückliche Idee, „daß der Herausgeber des ‚Montag mit dem Sport-Montag' diesen Schritt vor einigen Monaten getan hat." Weiters ist zu lesen, dass in einigen Wochen das erste Damen-Fußballmatch in Wien in Szene gehen solle. Und: „Es schweben sogar schon Unterhandlungen, um noch heuer eine Pariser Fußball-Weibschaft zu einem Wettspiel nach Wien zu bringen." Zu diesem Spiel kommt es aber anscheinend nicht. Es wird angemerkt, dass es einen Unterschied zwischen Männer- und Frauenfußball geben müsse. „Das Weib personifiziert Schönheit, Zartheit, Elegance, Lieblichkeit, Anmut, Grazie und Charme. Diese Tugenden, ohne die wir uns die Frau einfach nicht vorstellen können, müßten auch im Fußball zur Geltung kommen, wenn er als Damensport hier dauerndes Leben fristen will."

Frauen müssen beim Fußballspielen also unbedingt schön sein. Die *Kronen-Zeitung* meint offenbar, dass das möglich ist. In den Jahren davor und auch noch Jahre später, ist eines der zentralen Argumente gegen Frauen im Fußball, dass dieser Sport der Anmut, dem Aussehen der Frau schaden könne. Von einer Vermännlichung des Frauenkörpers beim Fußballspielen wird noch Jahrzehnte später die Rede sein.

Am 5. Juli 1924 wird im *Sport-Tagblatt* ein Damenfußballspiel im Rahmen eines Sportfestes angekündigt. Über das Spiel berichtet wird danach aber nicht. Erst zwölf Jahre später ist zu erfahren, dass das Spiel stattgefunden hat. Die *Illustrierte Wochenpost* schreibt im November 1936, dass Josefine Lauterbach als 15-Jährige damals mitgespielt habe. Bei den Spielerinnen handelt es sich aber nicht um die Montags-Fußballerinnen, die zu dieser Zeit ja trainingsfrei haben. Nur einen Monat später wird vom nächsten Frauenfußballspiel berichtet. *Die Stunde* bringt am 9. August 1924 unter dem Titel „Amazonen-Schlacht in der Brigittenau" eine Vorschau auf das, so wird geschrieben, „erste Wiener Damen-Fußball-Match". Es ist nicht das erste. Das Spiel gehe „im XX. Bezirk im Rahmen der Jubiläums-Veranstaltungen des Sp. Cl. Ostmark" in Szene. Die Zeitung schreibt, dass ein Großteil der Spielerinnen „seit Monaten fleißig unter Ferdl Svatoschs [sic] Leitung" trainiere. Das deutet also darauf hin, dass es sich um jene Spielerinnen handelt, die dem Aufruf des *Montag* gefolgt sind. Einige der Frauen, schreibt *Die Stunde*, sollen „bezüglich Tricks, Dribbling usw. ihre größten männlichen Vorbilder übertreffen." Mit der Spielführerin der „Weibschaft", einem gewissen Fräulein M., wird ein Interview abgedruckt. „Man hat uns", sagt Fräulein M., „hier große Schwierigkeiten gemacht. Ärzte haben gegen das Damenfußballspiel gewettert, in den Mädchenschulen wurde dagegen ein strenges Verbot erlassen. Unsere ärgsten Feinde jedoch sind die männlichen Fußballer, die die berechtigte Angst haben, daß unsere Weibschaften im Publikum mehr ziehen werden, als ihre Mannschaften." Die *Kronen-Zeitung* vom 10. August 1924 berichtet von diesem

Spiel und davon, dass 4000 Zuschauer*innen vor Ort gewesen seien. Allerdings hätten sich keine 22 Spielerinnen eingefunden. „Da hatte also Lampenfieber doch so manche wieder zuhause bleiben lassen." Der Veranstalter habe schließlich unter den Zuschauer*innen Freiwillige gesucht. Die *Kronen-Zeitung* differenziert dann auch bei der Leistungsbeurteilung. „Je weniger einzelne konnten, umso mehr wußte man die Talente mehrerer anderer Damen zu schätzen, die offenbar ernst trainiert hatten und vor dem Fußball keinerlei Respekt mehr besaßen."

Unter dem Titel „Damenfußball. Die gestrige Fußballparodie auf dem Ostmark-Platz" berichtet *Der Tag* vom selben Match ziemlich vernichtend. Erwähnt wird nicht, dass einige Spielerinnen direkt aus dem Publikum engagiert wurden und somit wohl keine oder kaum Fußballerfahrung mitgebracht haben. So heißt es im Artikel: „Es war eine Affenschande, was sich Samstag um sieben Uhr abends auf dem Sportplatz Ostmark tat." ... „Was die zweiundzwanzig Weiblein gestern vor den Augen von viertausend zahlenden, quietschvergnügten Zuschauern produzierten, das hatte mit Fußball absolut nichts zu tun." ... „Es wird behauptet, daß einige der Damen bereits trainiert hätten. Der Augenschein überzeugte vom Gegenteil. Die meisten Schönen trafen den Ball überhaupt nicht, selbst wenn er still zu ihren Füßen lag." ... „Bis acht Uhr war noch kein Tor gefallen. Natürlich nicht. Denn, da die Damen den Ball gewöhnlich nicht trafen, hätte er von alleine in irgend ein Tor rollen müssen. Daß keine der Damen ‚einwerfen' konnte, überraschte niemanden." Das Spiel endet 0:0.

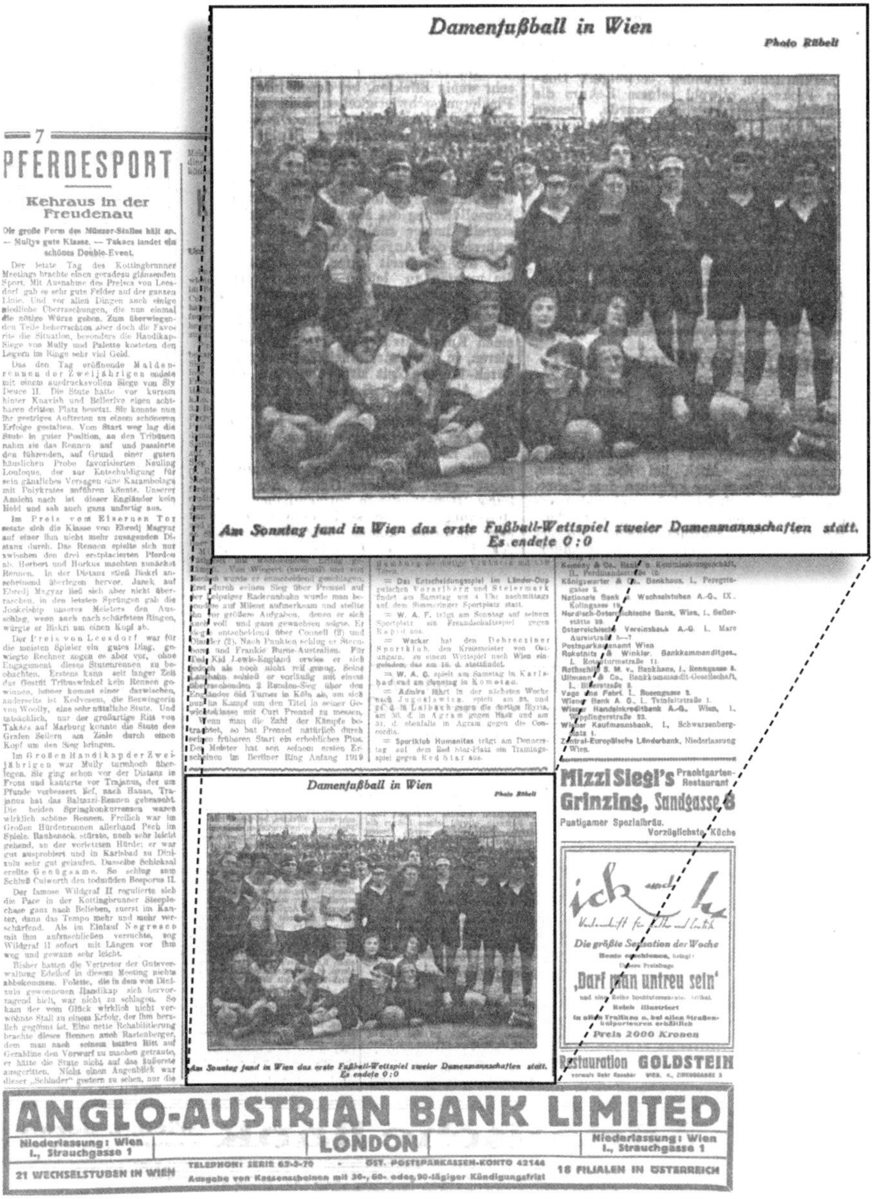
Damenfußball in Wien

Photo Rübelt

Am Sonntag fand in Wien das erste Fußball-Wettspiel zweier Damenmannschaften statt. Es endete 0:0

7

PFERDESPORT

Kehraus in der Freudenau

Die große Form des Münzer-Stalles hält an. – Mully's gute Klasse. – Takacs landet ein schönes Double-Event.

Mizzi Siegl's Prachtgarten-Restaurant Grinzing, Sandgasse 8

Puntigamer Spezialbräu. Vorzügliche Küche

„Darf man untreu sein"

Preis 2000 Kronen

Restauration GOLDSTEIN

ANGLO-AUSTRIAN BANK LIMITED

LONDON

Niederlassung: Wien I., Strauchgasse 1

21 WECHSELSTUBEN IN WIEN

18 FILIALEN IN ÖSTERREICH

Die zwei Teams, die im August 1924 ein Match auf dem Ostmark-Platz bestritten haben, werden in der Zeitung „Die Stunde" abgebildet. (Die Stunde, 14.8.1924, S.7)

Der Montag fühlt sich am 11. August 1924 bemüßigt zu erklären, dass „wir mit dieser ‚Veranstaltung' nicht das Mindeste zu tun haben". Nur zwölf statt 22 Fußballerinnen hätten sich eingefunden. Die Vorführung sei sportlich eine Blamage gewesen. „Wie wir den Damenfußballsport auffassen, geht am besten daraus hervor, daß wir mit den Damen, welche bei uns unter Anleitung Ferdinand Swatosch' bereits einige Monate trainieren, noch lange kein öffentliches Match veranstalten." Allerdings tauchen in den Aufstellungen ein paar Nachnamen von Spielerinnen auf, die auch im Rahmen der Initiative von *Der Montag* genannt worden sind. Bemerkenswert ist jedenfalls, dass gleich mehrere Zeitungen von diesem Spiel berichten. Pech für die Frauen, dass ausgerechnet jene Partie, die eine derart große Aufmerksamkeit auf sich zieht, so unglücklich verläuft (Stichwort: Spielerinnen aus dem Publikum).

Die Berichterstattung über Frauenfußball wird danach immer weniger. Im Juli 1925 findet ein weiteres Damenspiel im Rahmen eines Sportfestes des ASV Hertha statt. Viel mehr ist darüber nicht zu erfahren, außer dass es nicht ernst genommen wird. In der *Kronen-Zeitung* heißt es: „Nach einigen humoristischen Fußball-Spielen, bei denen die Favoritner Jugend sowie Damen mitwirkten, folgte der interessante Teil des Sportprogrammes." Nämlich richtiger Männersport: Ring- und Boxkämpfe.

1926 sollte ein Frauenfußball-Spiel zweier englischer Teams auf der Hohen Warte in Wien stattfinden. Ein englischer Manager habe sich, laut *Kronen-Zeitung*, diesbezüglich an die Vienna gewandt. „Der gute Engländer", heißt es in dem kurzen Bericht, „wird also die Hohe Warte mieten und dort zwei englische Damen-Fußballteams miteinander kämpfen lassen, woraus hervorgeht, dass uns Wienern aber schon wirklich nichts erspart bleibt". Anscheinend wird aus diesem Spiel nichts. Zumindest findet sich in der Presse keine Berichterstattung darüber. Interessant ist jedenfalls, dass sich die Meinung der Sportjournalisten, vor allem jener der *Kronen-Zeitung*, über den Frauenfußball schon wieder um 180 Grad gedreht hat. Aus der positiven Haltung des Jahres 1924 wird wieder eine ablehnende. So viel sei vorweggenommen, die *Kronen-Zeitung* wird ihre Meinung zum Frauenfußball wieder ändern.

Im Juli 1926 steigt auf der Hohen Warte ein Fußballspiel zwischen Vertretern der Bühne und der Presse. Vier Frauen spielen hier eine Rolle. Schauspielerin Leopoldine Konstantin nimmt den Anstoß vor. Auch bei den drei Offiziellen der Partie handelt es sich um Frauen. Die *Kronen-Zeitung* schreibt im Vorbericht: „Eine Dame wird als Schiedsrichterin [...] in Tätigkeit treten [...], dessen Reiz noch dadurch erhöht werden soll, daß auch die zwei Gehilfinnen dieses Schiedsrichters weiblichen Geschlechtes sein werden. Die schönen Gattinnen zweier bekannter Wiener Schiedsrichter werden das „Outwachleramt" versehen." Möglicherweise ist es das erste Mal, dass eine Frau als Schiedsrichterin eines Fußballspiels fungiert.

Über Frauenfußball in Österreich wird in der Folge und bis 1934 praktisch nicht mehr berichtet. Der Fußballsport der Männer entwickelt sich in dieser Zeit endgültig zum urbanen Massenphänomen. Für Fußballerinnen scheint da kein Platz mehr zu sein. Der Gegenwind aus der Arbeiterschicht gegen Frauenfußball ist stark. Wohl zu stark. Stattdessen entwickelt sich ab den 1920er-Jahren Handball zum wichtigsten Frauenteamsport. Auch Hockey wird von Frauen praktiziert. Ab 1926 bekommt Frauensport mehr Platz in der Berichterstattung. Die beiden auflagenstärksten Sportzeitungen, das *Illustrierte Sportblatt* sowie das *Sport-Tagblatt führen eigene Rubriken für den Frauensport ein. Dabei wird allerdings häufig das Aussehen* der Sportlerinnen thematisiert.

Die Emanzipationsversuche im Sport müssen Ende der 1920er-Jahre mehr oder minder als gescheitert betrachtet werden. Dies passiert quasi Hand in Hand mit der gesellschaftlichen Entwicklung. Die Frau wird in die Rolle als Mutter und Hausfrau gedrängt. Die schon früher geäußerten Vorurteile gegen den Frauensport werden wieder verstärkt eingebracht: Sport führe zu Vermännlichung, zu frühzeitiger Alterung und zur Schädigung weiblicher Geschlechtsorgane.

Der deutsche Frauenarzt Stephan Westmann schreibt in seinem 1930 erschienenen Buch „Frauensport und Frauenkörper“, dass „die Natur mit Mann und Frau verschieden geartete Ziele verfolgt“. Sie strebe mit dem Mann das Ziel einer aktiven Lebensgestaltung an, der Frau teile die Natur eine mehr passive Rolle zu. Das Fußballspiel, schreibt Westmann, sei für die Frau zu robust und zu grob. „Tatsächlich“, schreibt Westmann, „wenden sich auch nur sehr wenige Frauen dieser Sportart zu." Auch die Kirche lehnt den Frauensport ab.

Eine bemerkenswerte Geschichte erzählt die *Kronen-Zeitung* 1933. Jene von der Wiener Schauspielerin Polly Wettl, die unter dem Namen Polly de Vienna ein berühmter Filmstar in Brasilien wird. Wettl gründet in Brasilien den Frauenfußballclub Flamengo. Sie selbst ist die Kapitänin des Vereins, unter ihren Mitspielerinnen sind einige Deutsche und Wienerinnen.

In Österreich wird im autoritären Ständestaat (1934 bis 1938) der Sport unter staatliche Kontrolle gestellt. Die Arbeitsgemeinschaft für Sport und Körperkultur in Österreich - kurz ASKÖ - wird nach den Februarkämpfen 1934, wie alle sozialdemokratischen Organisationen, aufgelöst. Frauen sind für Anstand und Sittlichkeit im Verein, sowie für Grazie und Schönheit im Sport zuständig. Weil es 1936 sowohl für die von Hitler instrumentalisierten Olympischen Winterspiele in Garmisch-Partenkirchen als auch die Olympischen Sommerspiele in Berlin österreichische Medaillenanwärterinnen gibt, dürfen Frauen teilnehmen. Bei den Winterspielen sind von 60 Teilnehmer*innen zehn Frauen, bei den Sommerspielen sind 17 von 234 österreichischen Teilnehmer*innen weiblich.

VERBANDSGRÜNDUNG UND ERSTE MEISTERSCHAFT

Die 1930er-Jahre bringen nach einem deutlichen Rückgang der Berichterstattung zu Beginn des Jahrzehnts einen kurzen, aber äußerst beachtlichen Aufschwung des Frauenfußballs in Wien – beachtlich vor allem aufgrund der politischen Lage und des massiven Gegenwinds gegen den Frauensport und erst recht gegen den Frauenfußball. Gleich eine Reihe von Frauenfußballvereinen werden gegründet und sogar eine Meisterschaft wird eingeführt. Eine junge Frau spielt dabei eine entscheidende Rolle.

Am 5. Dezember 1934 berichtet die *Kronen-Zeitung*, dass „eine reizende, zierliche, kleine Dame“ in der Redaktion der Zeitung erschienen sei. Frauen seien schon in vielen Sportarten aktiv, habe die Frau erklärt: „Warum nicht auch Fußball?! Ich bin entschlossen, diesem längst fühlbar gewordenen Mangel abzuhelfen, ich habe den ersten Wiener Damen-Fußballklub gegründet!“ Die Frau zeigt die Vereinsstatuten. Der Antrag zur Gründung des „1. Damen-Fußball-Club Kolossal in Wien“ war im November genehmigt worden. Den Namensteil „Kolossal“ gibt es im Dezember nicht mehr. Einen geeigneten Sportplatz gäbe es bereits. Und sie habe auch schon mit „einzelnen führenden Sportfunktionären" Kontakt aufgenommen, die ihr eine Förderung des weiblichen Fußballsports zugesagt hätten. Auf die Frage der Zeitung nach der Anzahl der Vereinsmitglieder habe die Frau geantwortet: „Eines! Ich! Aber ich fordere die Wienerinnen, die die Berufung in sich fühlen, den Wiener Damen-Fußballsport zu begründen, hiermit feierlichst auf, sich mittels Postkarten beim ‚1. Wiener Damen-Fußballklub, Wien, I., Gonzagagasse 11" zu melden. Dort werden sie alles Nähere erfahren." Die Frau will nicht, dass ihr Name in der Zeitung erscheint. Dem Wunsch kommen die Redakteure nach. Es handelt sich um die damals 22-jährige Edith Klinger. Diesmal also ist es eine Frau, die die Zügel in die Hand nimmt. Anders als etwa bei dem von der Zeitung *Der Montag* in den 1920er-Jahren gegründeten 1. DFC Diana, wo zunächst alle wichtigen Funktionen von Männern bekleidet werden. Klinger ist vielleicht die wichtigste Protagonistin des Frauenfußballs in Österreich in den ersten Jahrzehnten des 20. Jahrhunderts. Denn ihre Initiative entpuppt sich als Riesenerfolg. Schon eine Woche nach dem Aufruf berichtet die *Kronen Zeitung* von einem „Sturmangriff der Fußballerinnen". Zahlreiche Frauen hätten sich telefonisch oder schriftlich auf den Artikel vom 5. Dezember hin gemeldet. Auch Klinger selbst habe „einige hundert Briefe" von Interessentinnen erhalten. Der Wunsch, Fußball zu spielen, muss in vielen jungen Frauen schon geschlummert sein. Und die 22-jährige Edith Klinger gibt mit ihrer Initiative den Frauen die Chance, ihrem Wunsch nachzugehen. „Alle Damen wollen Goals schießen, alle wollen fußballerische

Lorbeeren erringen“, schreibt die *Kronen-Zeitung*. Der Schreiber des Artikels will beim ersten Match den Schiedsrichter geben. „Er möchte einmal fühlen, wie das ist, wenn 22 Damen nach seiner Pfeife tanzen!“

„Es wird wirklich ernst!“, schreibt die *Kronen Zeitung* am 13. Februar 1935. „Seit gestern können Rapid und Admira bereits zu zittern beginnen, denn der 1. Wiener Damen-Fußballklub ist auf dem Marsch.“ Der Klub habe nämlich seine erste Generalversammlung abgehalten. Die Sportlerinnen könnten es „nicht erwarten, mit der Ball'nschupferei anzufangen. Sie möchten am liebsten im Prater den Schnee wegkehren und sogleich beginnen. Ja, wenn in der weiblichen Seele eine Leidenschaft brennt . . .!“ In Anwesenheit von etwa 100 Vereinsmitgliedern wird die vorläufige Klubführung gewählt. Gründerin Edith Klinger wird Geschäftsführerin, Alice Maibaum Schriftführerin, Martha Szmetana Kassiererin. Neben den beiden Beisitzerinnen Emilie Redl und Wilma König, gibt es zwei männliche Beisitzer: Otto Betzelt und Hugo Beidl. „Ohne Männer geht's halt nicht“, merkt die *Kronen-Zeitung* an. Anfang März 1935 schreibt auch die Wochenzeitung *Sport-Telegraf* über die Gründung des 1. DFC Wien. Geschäftsführerin Edith Klinger sei „zwar ein sehr kleines Fräulein, aber dafür sehr nett. Und resolut; furchtbar resolut.“ Klinger betreibe den Fußballsport seit ihrem siebten Lebensjahr. „Für mich existiert kein anders Vergnügen als Fußball“, wird sie zitiert. Viele der 100 Vereinsmitglieder hätten schon andere Sportarten wie Handball oder Hockey ausgeübt und alle hätten bereits mit Herren

Fußball gespielt. Als Trainer kann der 1. DFC Wien einen prominenten Sportler präsentierten: den Radprofi Ferry Dusika. Am 24. März absolvieren die Frauen des 1. DFC Wien ihr erstes Training. Die *Kronen-Zeitung* ist dabei, als 60 Spielerinnen zweieinhalb Stunden lang bei widrigen Witterungsbedingungen vorwiegend Schussübungen absolvieren. In ihrem Bericht fokussiert sich die Zeitung aber zunächst auf das Äußere der Frauen. Viele von ihnen besitzen zu diesem Zeitpunkt noch keine Fußballausrüstung: „Es war also ein recht buntes Bild, das sich dem Beschauer bot. Es war sogar ein schönes, buntes Bild, weil doch jede einzelne sich nach ihrem Gusto in Dreß werfen konnte und weil der Ehrgeiz der Spielerinnen nicht einmal so sehr darin bestand, den Ball richtig zu treffen, sondern darin, am Spielplatz ‚schick' zu erscheinen." Schließlich fragt sich die Zeitung, welche Begrifflichkeiten zu verwenden seien: Mannschaft „oder [...] vielleicht sogar Weibschaft??", „Tormann (oder Torfrau?)". Die *Kronen-Zeitung* bekommt gleich zwei „Sensationen" zu sehen: „Die Torhüterin wirbelt den Ball mit einem Riesenschuß zu 50 Meter in die Luft". Eine kleine Spielerin, „die man wegen ihrer zarten Linien die ‚Papierene' betiteln könnte, stoppte den Ball besser als zu Hause wahrscheinlich die Strümpfe". Aber auch andere Spielerinnen hätten eine gute Figur gemacht - „oder hatten zumindest eine". Teilweise zeigt sich die Zeitung durchaus beeindruckt von den Leistungen der Frauen, um sich dann wieder lustig zu machen. „Der einzige Gegner, der sich den Fußballerinnen entgegenstellte, war - der Ball. Ein verfluchter Kerl, was der alles anstellen kann!"

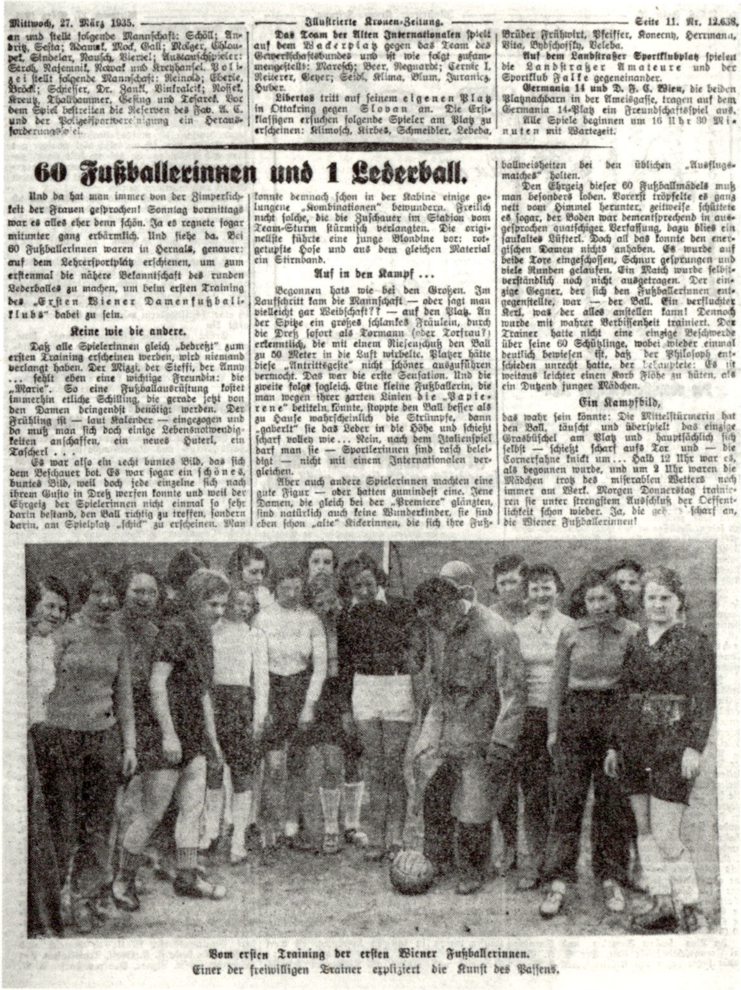

Mittwoch, 27. März 1935. — Illustrierte Kronen-Zeitung. — Seite 11. Nr. 12.638.

an und stellt folgende Mannschaft: Schöll; Andritz, Sesta; Adamek, Mock, Gall; Molzer, Chloupek, Sindelar, Nausch, Vierzel; Austauschspieler: Stroh, Rafemnik, Nowak und Kreyhansel. Polizei stellt folgende Mannschaft: Reinold; Eberle, Bröckl; Schiesser, Dr. Zankl, Vinkralcik; Rossek, Kreuz, Thallhammer, Gesing und Tesarek. Vor dem Spiel bestreiten die Reserven des Fav. A. C. und der Polizeisportvereinigung ein Herausforderungsspiel.

Das Team der Alten Internationalen spielt auf dem Wackerplatz gegen das Team des Gewerkschaftsbundes und ist wie folgt zusammengestellt: Maresch; Beer, Regnardt; Cernic I, Reiterer, Geyer; Seidl, Klima, Blum, Juranicz, Huber.

Libertas tritt auf seinem eigenen Platz in Ottakring gegen Slovan an. Die Erstklassigen ersuchen folgende Spieler am Platz zu erscheinen: Klimosch, Kirbes, Schmeidler, Lebeda, Brüder Frühwirt, Pfeiffer, Konecny, Herrmann, Vita, Bydschofsky, Veleba.

Auf dem Landstraßer Sportklubplatz spielen die Landstraßer Amateure und der Sportklub Falke gegeneinander.

Germania 14 und D. F. C. Wien, die beiden Platznachbarn in der Ameisgasse, tragen auf dem Germania 14-Platz ein Freundschaftsspiel aus.

Alle Spiele beginnen um 16 Uhr 30 Minuten mit Wartezeit.

60 Fußballerinnen und 1 Lederball.

Und da hat man immer von der Zimperlichkeit der Frauen gesprochen! Sonntag vormittags war es alles eher denn schön. Ja es regnete sogar mitunter ganz erbärmlich. Und siehe da. Bei 60 Fußballerinnen waren in Hernals, genauer: auf dem Lehrersportplatz erschienen, um zum erstenmal die nähere Bekanntschaft des runden Lederballes zu machen, um beim ersten Training des „Ersten Wiener Damenfußballklubs" dabei zu sein.

Keine wie die andere.

Daß alle Spielerinnen gleich „bedreßt" zum ersten Training erscheinen werden, wird niemand verlangt haben. Der Mizzi, der Steffi, der Anny ... fehlt eben eine wichtige Freundin: die „Marie". So eine Fußballausrüstung kostet immerhin etliche Schilling, die gerade jetzt von den Damen dringendst benötigt werden. Der Frühling ist — laut Kalender — eingezogen und da muß man sich doch einige Lebensnotwendigkeiten anschaffen, ein neues Huterl, ein Tascherl . . .

Es war also ein recht buntes Bild, das sich dem Beschauer bot. Es war sogar ein schönes, buntes Bild, weil doch jede einzelne sich nach ihrem Gusto in Dreß werfen konnte und weil der Ehrgeiz der Spielerinnen nicht einmal so sehr darin bestand, den Ball richtig zu treffen, sondern darin, am Spielplatz „schick" zu erscheinen. Man konnte demnach schon in der Kabine einige gelungene „Kombinationen" bewundern. Freilich nicht solche, die die Zuschauer im Stadion vom Team-Sturm stürmisch verlangten. Die originellste führte eine junge Blondine vor: rotgetupfte Hose und aus dem gleichen Material ein Stirnband.

Auf in den Kampf ...

Begonnen hats wie bei den Großen. Im Laufschritt kam die Mannschaft — oder sagt man vielleicht gar Weibschaft?? — auf den Platz. An der Spitze ein großes schlankes Fräulein, durch die Dreß sofort als Tormann (oder Torfrau?) erkenntlich, die mit einem Riesenschuß den Ball zu 50 Meter in die Luft wirbelte. Platzer hätte diese „Antrittsgeste" nicht schöner auszuführen vermocht. Das war die erste Sensation. Und die zweite folgt sogleich. Eine kleine Fußballerin, die man wegen ihrer zarten Linien die „Papierene" betiteln könnte, stoppte den Ball besser als zu Hause wahrscheinlich die Strümpfe, dann „gaberlt" sie das Leder in die Höhe und schießt scharf volley wie ... Nein, nach dem Italienspiel darf man sie — Sportlerinnen sind rasch beleidigt — nicht mit einem Internationalen vergleichen.

Aber auch andere Spielerinnen machten eine gute Figur — oder hatten zumindest eine. Jene Damen, die gleich bei der „Premiere" glänzten, sind natürlich auch keine Wunderkinder, sie sind eben schon „alte" Kickerinnen, die sich ihre Fußballweisheiten bei den üblichen „Ausflugsmatches" holten.

Den Ehrgeiz dieser 60 Fußballmädels muß man besonders loben. Vorerst tröpfelte es ganz nett vom Himmel herunter, zeitweise schüttete es sogar, der Boden war dementsprechend in ausgesprochen quatschiger Verfassung, dazu blies ein saukaltes Lüfterl. Doch all das konnte den energischen Damen nichts anhaben. Es wurde auf beide Tore eingeschossen, Schnur gesprungen und viele Runden gelaufen. Ein Match wurde selbstverständlich noch nicht ausgetragen. Der einzige Gegner, der sich den Fußballerinnen entgegenstellte, war — der Ball. Ein verfluchter Kerl, was der alles anstellen kann! Dennoch wurde mit wahrer Verbissenheit trainiert. Der Trainer hatte nicht eine einzige Beschwerde über seine 60 Schützlinge, wobei wieder einmal deutlich bewiesen ist, daß der Philosoph entschieden unrecht hatte, der behauptete: Es ist weitaus leichter einen Korb Flöhe zu hüten, als ein Dutzend junger Mädchen.

Ein Kampfbild,

das wahr sein könnte: Die Mittelstürmerin hat den Ball, täuscht und überspielt das einzige Grasbüschel am Platz und hauptsächlich sich selbst — schießt scharf aufs Tor und — die Cornerfahne knickt um ... Halb 12 Uhr war es, als begonnen wurde, und um 2 Uhr waren die Mädchen trotz des miserablen Wetters noch immer am Werk. Morgen Donnerstag trainieren sie unter strengstem Ausschluß der Oeffentlichkeit schon wieder. Ja, die gek... scharf an, die Wiener Fußballerinnen!

Vom ersten Training der ersten Wiener Fußballerinnen.
Einer der freiwilligen Trainer expliziert die Kunst des Passens.

Trainer und Spielerinnen bei der ersten Trainingseinheit des 1. DFC Wien. (Kronen-Zeitung, 27.03.1935, S. 11)

Nach dem ersten Training kommt es offenbar zu einem Eklat. Scheinbar ist es die männliche Beteiligung im Vorstand, die für Diskussionen sorgt. Klinger will den Vorstand rein weiblich halten, einige der Frauen sind dagegen. Eine außerordentliche Generalsversammlung wird einberufen. Diese findet nach zwei weiteren Trainings am 31. März statt. Die beiden Männer im Vorstand, Otto Betzelt und Hugo Beidl, treten zurück. Der 1. DFC Wien wählt einen neuen – rein weiblichen – Vorstand. Klinger wird erneut zur Obfrau gewählt. Neben den beiden Männern treten noch weitere Vereinsmitglieder aus. Sie gründen einen eigenen Verein: den Österreichischen D.F.C. Wien. Betzelt wird Obmann. Sieben Männer und drei Frauen sind im Vorstand vertreten. Edith Klinger schmiedet derweil neue Pläne. Sie absolviert die ordentliche Schiedsrichterprüfung des ÖFB mit Auszeichnung. Daraufhin verbietet der ÖFB Frauen, die Schiedsrichterprüfung abzulegen. Klinger aber übt das Amt der Unparteiischen aus – erstmals am 18. Mai 1935, als das Seniorenteam des Wiener Sport-Clubs das Wiener Operettenteam in Dornbach mit 5:1 besiegt. „Ein Mädl, das auf 22 Männer pfeift!“, titelt die *Kronen-Zeitung*, die der Premiere einen einspaltigen Bericht widmet. „Sie sah aus wie ein Unschuldslamperl und hatte auch die blauen, treuherzigen Augen dazu“, heißt es. Denn Klinger sei von Kopf bis Fuß in Weiß gekleidet gewesen. „Mit Mut, Energie, mit Grandezza und einem durchschlagenden Erfolg“ habe Klinger ihr Premierenmatch gepfiffen. Eine „strenge, gerechte und fachkundige Spielleiterin“ sei Klinger gewesen. Von allen Seiten sei Klinger am Ende beglückwünscht worden.

Klinger pfeift einige Hobbyspiele sowie Freundschaftsspiele von regulären Vereinsteams – auch im Ausland. Sogar nach Skandinavien wird sie eingeladen. Ob sie jemals ein Ligaspiel geleitet hat, ist nicht bekannt.

Am 20. Juni 1935 sollte im Rahmen eines Sportfestes der Landstraßer Amateure ein Match zwischen dem 1. DFC Wien und DFC Wien stattfinden. Es kommt nicht dazu. Acht Tage vor der geplanten Austragung verbietet der ÖFB nicht nur diese Partie. Allen Vereinen des ÖFB wird untersagt, Frauenfußballspiele auf ihren Plätzen auszurichten. Unter dem Titel „Der frauenfeindliche Fußballverband!“ bezieht die *Kronen-Zeitung* klar gegen das Urteil Stellung. „Pflicht des Verbandes wäre es, sich den weiblichen Fußballbetrieb erst einmal anzuschauen und dann eine Entscheidung zu fällen. Einfach ein Verbot auszusprechen, heißt, sich die Sache sehr bequem zu machen.“ Im Juli 1935 wird ein weiterer Frauenverein gegründet: der DFC Austria. Inwieweit der Klub mit dem gleichnamigen Männerverein verbunden ist, ist nicht klar. Es gibt zwar personelle Überschneidungen, allerdings keine klaren Hinweise darauf, dass die Initiative bei der Gründung des DFC Austria vom Männerverein ausgeht. Der DFC startet ambitioniert, trainiert zweimal wöchentlich – und wie die beiden anderen Klubs auf dem Lehrersportplatz in Hernals. Dieser Platz ist nicht unter ÖFB-Obhut und darf daher legal von den Frauen benutzt werden. Auch DFC Austria wird von der *Kronen Zeitung* unterstützt, wie aus einer im November 1935 in der

Zeitung abgedruckten Danksagung des Vereins hervorgeht. Am 16. August 1935 bietet die *Kronen-Zeitung* einen Überblick über die frauenfußballerische Szene in Wien und über die Schwierigkeiten der Kickerinnen. Die Wiener Damenfußballklubs seien völlig auf sich allein gestellt, sie bekämen keine Förderung, „ja im Gegenteil, der Fußballverband hat es sogar [...] für gut befunden, eine Art Bannstrahl gegen die Fußballerinnen zu schleudern". Die Kickerinnen kämen zudem nicht aus wohlhabenden Kreisen. Berichtet wird auch über ein geplantes Spiel des 1. DFC Wien gegen einen belgischen Frauenverein. Dazu kommt es aber nicht.

Die *Kronen-Zeitung* bleibt den Fußballerinnen auf den Fersen. Im September erscheint eine ganzseitige, reich bebilderte Reportage vom Training des 1. DFC Wien auf dem Lehrersportplatz. Die Zeitung muss überrascht feststellen, dass die Spielerinnen nicht nur über Fußball reden, „sondern wirklich und wahrhaftig Fußball spielen können. Das sagen wir nicht, um galant zu sein, sondern - weil's wahr ist!" Aus den Bildern könne man nicht nur erkennen, dass die Kickerinnen „fesch und bildsauber" seien, sondern auch, „daß die fußballerische Ausbildung der jungen Damen schon sehr weit fortgeschritten ist". Diverse Spielerinnen werden namentlich genannt.

Statt des großen Spiels gegen einen belgischen Klub, bestreitet der 1. DFC Wien, der später 1. DFC Tempo heißen wird, im Oktober 1935 eine Doppelpartie gegen Schülermannschaften. Die erste Garde des 1. DFC muss sich den Buben nach 60 Minuten Spielzeit mit 1:3 geschlagen geben. Die zweite Garde verliert 0:6. Eine Woche später gehören die Schlagzeilen aber den anderen beiden Frauenvereinen. Am 13. Oktober 1935 ist es endlich so weit, das erste Spiel des organisierten Frauenfußballs geht über die Bühne. Die *Kronen Zeitung kündigt* die Partie auf dem Lehrersportplatz, dem heutigen Postsportplatz, als „denkwürdiges Fußball-Ereignis" an. „Sieht man von vereinzelten Vorläufern ab, so ist dies das erste richtige Frauenfußballspiel in Wien." Von dem Spielverlauf „wird sehr viel für die Zukunft der weiblichen Fußballerei abhängen, es wird sich zeigen, ob es sich hier um eine vorübergehende Laune sportlustiger junger Damen oder um den Anfang eines wirklichen neuen Damensportzweiges handelt". Die Zeitung geht erneut auf die ablehnende Haltung des ÖFB dem Frauenfußball gegenüber ein: „Die Einstellung, die der Fußballverband zu der Neuerung einnimmt, der die fußballspielenden Damen sozusagen in Acht und Bann getan hat, ist jedenfalls die verkehrteste die es gibt!"

Vor 2000 Zuschauer*innen und nach einem Anstoß des Fußballstars Matthias Sindelar trennen sich DFC Wien und DFC Austria nach zweimal 35 Minuten mit 3:3. Mehrere Zeitungen berichten von dem Spiel. *Der Tag* schreibt von einem „unerwartet schönen Kampf". Das Spiel sei vom Anpfiff bis zum Schlusspfiff „unerhört spannend" gewesen. Natürlich ist auch die *Kronen-Zeitung* dabei, die der Partie am 15. Oktober mehr als eine Seite widmet. Die Zeitung lobt sich zunächst selbst. Nur die *Krone hätte*

Propaganda für diese „Sportkuriosität" gemacht. «Aber das hat vollauf genügt, einen Sturm auf die Kassen zu entfesseln.» Das Blatt schreibt sogar von 2600 Zuschauer*innen. Die „Wiener Fußballkiebitze" hätten gesehen, „daß die Madln gar nicht soviel danebenhauten, sie merkten verblüfft, daß nicht etwa der Ball mit den Mädln, sondern wirklich die Mädln mit dem Ball machten, was sie wollten". Die Frauen hätten den großen männlichen Fußballstars schon manches von deren Kunst abgeschaut. Es sei zu einem „richtigen, fesselnden Sportschauspiel" gekommen, „das allen Zuschauern höchsten Respekt abnötigte. Zum Schluß ging das Publikum leidenschaftlich mit". Hart im Nehmen seien die Kickerinnen auch gewesen. „Zwei Mädeln bekamen einmal aus nächster Nähe den Ball mit Wucht ins zarte Antlitz geschossen; aber auch das machte ihnen nichts." Das Match sei „ein voller Erfolg" gewesen. Am Ende des Berichts nennt das Blatt noch alle beteiligten Spielerinnen, „auf daß sie einmal an die Nachwelt kommen oder zumindest in die Geschichte des Wiener Damensports".

Heinrich Brückner, ehemaliger Trainer des DFC Austria, erinnert sich 1957 im *Sportfunk* an das Spiel: „Schon nach kurzer Spieldauer wurden die ersten Beifallsrufe laut, und nach und nach fühlte man eine Stimmung über dem Sportplatz liegen, wie sie sich so mancher Herrenverein vergeblich gewünscht haben mag." Die Zuschauer*innen hätten die Partie „ganz elektrisiert" verfolgt. Das fußballerische Können der Frauen habe „die wahren Fußballkenner immer wieder zu fast frenetischem Beifall" hingerissen.

Nr. 12.837. Seite 6. — Illustrierte Kronen-Zeitung. — Dienstag, 15. Oktober 1935.

22 Wiener Mädeln erleben ihren ersten Ball.

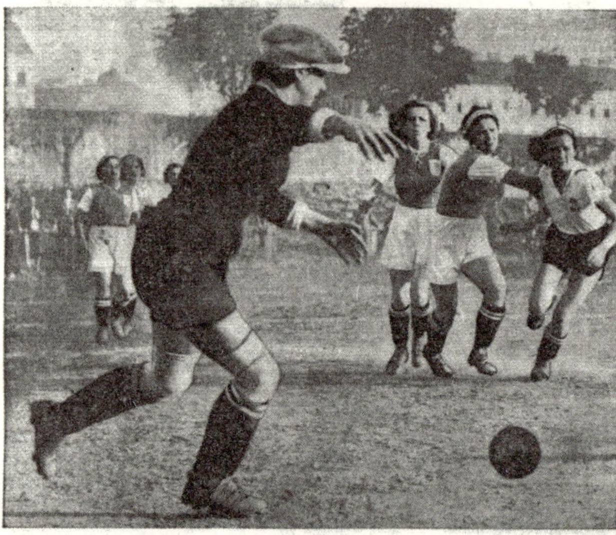

Zweiundzwanzig junge Wienerinnen waren Sonntag in Hernals zu ihrem ersten Ball ausgerückt. Sie hatten sich festlich herausgeputzt und ein neckisches Band ins Haar geflochten. Bloß die funkelnagelneue Gewandung, in der sie alle erschienen waren, entsprach nicht so ganz dem Bild, das man sich bisher von Balltoiletten zu machen pflegte. Statt der weißen Kleider hatten sie nämlich — Hosen an, und statt der zierlichen Tanzschuhe sah man behäbige Treter an ihren zarten Füßerln. Aber sie wußten schon, was sie taten. Der erste Ball dieser zweiundzwanzig wackeren Wiener Mädeln war nämlich ein Fußball, war das erste richtige Damenmatch, das es in Wien zu sehen gab.

Nur die „Kronen-Zeitung" hatte für diese lustig-interessante Wiener Sportkuriosität Propaganda gemacht. Aber das hat vollauf genügt, einen Sturm auf die Kassen zu entfesseln. Genauer gesagt: auf die einzige Kassa, die die Veranstalter eröffnet hatten. Bescheiden wie unsere ersten Fußballerinnen sind, hatten sie nämlich selbst nicht recht an ihre Zugkraft geglaubt und waren sozusagen „freudig bestürzt", als sie den großen Andrang sahen. Freudig ob der Zuschauermenge; bestürzt, weil der Kartenvorverkauf nicht flott genug vonstatten ging. Erst einige rasch ernannte fliegende Verkäufer schufen Abhilfe, und als der Kampf begann, waren 2800 (!!!) erwartungsvoll gestimmte Zuschauer auf dem Lehrer-Platz versammelt.

Die meisten von ihnen waren — Hand aufs Herz — nur gekommen, um eine Hetz' zu haben, um in der heutigen schweren Zeit einmal einen lustigen Sonntag zu verleben. „Das wird ein Theater, wie die Madln danebenhauen werden!" so hatten die matcherprobten Wiener Fußballkiebitze gedacht, aber sie sahen zu ihrem Erstaunen, daß die Madln gar nicht soviel danebenhauten, sie merkten verblüfft, daß nicht etwa der Ball mit den Mädln, sondern wirklich die Mädln mit dem Ball machten, was sie wollten. Und was das Überraschendste war: sie wollten fast immer das Richtige. Sie hatten den großen männlichen Fußballstars schon manches von ihrer Kunst abgespickt, so daß je weiter der Kampf fortschritt, aus der erwarteten Hetz' ein richtiges, fesselndes Sportschauspiel wurde, das allen Zuschauern höchsten Respekt abnötigte. Zum Schluß ging das Publikum leidenschaftlich mit, es gab einen Bahöl fast wie bei einem Ländermatch!

Im Anfang allerdings nahm man die Angelegenheit lediglich von der heiteren Seite. Einer der Zuschauer hatte sogar — sehr galant war das nicht von ihm — eine riesige Kuhglocke mitgebracht, mit der er schon beim Aufmarsch der Damen (der übrigens sehr hübsch arrangiert war), beim feierlichen Ankick durch Meister Sindelar und bei den ersten Angriffen damisch zu läuten begann. Später war er dann so aufgeregt, ob endlich das ausgleichende Goal fallen werde, daß er ganz vergaß, weiter zu bimmeln!!

„Minna reiß an!" „Schau dar die Schroppin an, wia die mit dem Ball'n umananderschupft!" „Mizzerl, wannst net urndli schiaßt, muaßt murgen wieder Kinderwaglschiab'n!" „Hörst, die klane Blonde, die rennt gar net schlampert!" „Kinder, dös war a Hetz, wann da aner die Hosen zerrissen werden möcht'!" — Das waren so die Stimmen des Volkes, die sich rings um das Fußballfeld andauernd kräftigst vernehmen ließen. Als aber die Mittelstürmerin des Damen-Fußballklub Wien Fräulein Emma Redl, die man die „Papierene" nennt, in vorbildlicher Manier das erste, stürmisch bejubelte Goal erzielte, erhob sich ein junger Mann und schrie begeistert: „Von nun ab werd'n mir kochen und die Madln werd'n Fußball'n spül'n!"

Aber nicht nur das fußballerische Können der Mädln hat die Menge begeistert, mehr noch bewunderte man die Schneid und den Mut der jungen Damen. Mehrere von ihnen kamen sehr unsanft zu Fall und rannten weiter, als ob nichts geschehen wäre, zwei Mädeln bekamen einmal aus nächster Nähe den Ball mit Wucht ins zarte Antlitz geschossen; aber auch das machte ihnen nichts. Ein paar Sekunden lang verhüllten sie mit den Händen ihr stark errötetes Haupt und spielten dann tapfer weiter.

Auch die Disziplin der Damen war musterhaft. Herr Stangl, der mutige Mann, der sich zu 22 Damen in die Arena wagte, um das Schiedsrichteramt zu versehen, hatte es leicht. Jede seiner Anordnungen wurde aufs

Im ersten Spiel des organisierten Frauenfußballs zwischen DFC Wien und DFC Austria (3:3) „hauen die Madln", wie die Kronen-Zeitung festhält, „gar nicht so viel daneben". (Kronen-Zeitung, 15.10.1935, S. 6)

Zwei Wochen nach der Premierenpartie, am 27. Oktober, besiegt DFC Wien DFC Austria im Rückspiel auf dem Merkur-Platz in Wien-Ottakring (heute: Sportanlage Erdbrustgasse) mit 2:0. Zunächst untersagt der Wiener Fußball-Verband die Austragung dieser Partie. Der WFV sieht in der geplanten Kopplung des Frauenspiels mit einem Meisterschaftsspiel der ersten Liga des Gewerkschaftsbundes einen Verstoß gegen die Verbandsstatuten. Zwei Tage vor der Partie schwenkt der Verband um und erteilt doch noch seine Erlaubnis. Die Berichterstattung zu diesem Spiel fällt dann deutlich weniger ausführlich aus, als jene zum Hinspiel. „Trotz strömenden Regens waren gegen 1000 Zuschauer anwesend", schreibt *Der Morgen*. Anscheinend sind es aber nur 500 Zuschauer*innen. Zwei Spielerinnen des DFC Austria scheiden verletzt aus. Interessant ist, dass am selben Nachmittag ein weiteres Frauenfußballspiel in Szene geht. Der 1. DFC Wien will Frauenfußball auch außerhalb Wiens bekannt machen und trägt ein Propagandaspiel in Baden aus. Der Klub tritt gegen ein kombiniertes Team des DFC Wien an. Der Verein bestreitet an diesem Sonntag also gleich zwei Spiele: „Die Wiener Damen werden mit zahlreichen Schlachtenbummlern nach Baden kommen", kündigt die *Kronen-Zeitung* an. Unter ihnen seien auch prominente Sportler. Vor 1000 Zuschauer*innen siegt der 1. DFC Wien schließlich mit 3:1. Die *Badener Zeitung* schreibt, dass die Zuschauer auf ihre Rechnung gekommen seien, „denn die Damen konnten das Leder richtig behandeln". Die Spielpositionen werden männlich angegeben. „Der Zenterhalf und Mittelstürmer der ‚Schwarzen' boten famose Leistungen, und hätte der Tormann F.C. Wiens nicht so glänzend abgewehrt, so wäre die Niederlage höher ausgefallen." Die Marketing-Aktion jedenfalls fruchtet. In Baden entsteht noch am selben Tag der Wunsch nach Gründung eines Frauenteams. Interessentinnen werden gebeten, sich im Gasthaus Willixhofer in Baden zu melden. Zu einer Klubgründung dürfte es dann doch nicht gekommen sein.

Der Frauenfußball ist mittlerweile ins Rollen gekommen. Mit D.F.C. Rapid, D.F.C. Ottakring sowie einem Firmenteam der Färberei Seidl in Hacking im Westen Wiens, werden weitere Vereine gegründet. Zahlreiche Spiele finden noch bis Jahresende 1935 statt. Besondere Brisanz hat die erste Begegnung zwischen dem 1. DFC Wien und dem DFC Wien am 10. November am Sport-Club-Platz. Schließlich ist der DFC Wien ja nach einer Abspaltung vom 1. DFC entstanden.

Vor 1500 bis 2000 Zuschauer*innen endet das Spiel torlos. Es wird, wie in der *Wiener Sonn- und Montags-Zeitung* zu lesen ist, von einem „ungenannt sein wollenden, bekannten Schiedsrichter" geleitet. „Beiderseits wurde bis zum Schlußpfiff mit großer Verbissenheit gekämpft." Eine erneute Begegnung zwischen den beiden Vereinen - in Brunn am Gebirge - wird angekündigt. Und dort wird entsprechend Werbung gemacht. „Schon seit Tagen künden in Brunn am Gebirge und rings in der Umgebung große gelbe Plakate den sportlichen Leckerbissen an, der heute auf dem Sportplatz in der Enzersdorferstraße den Besuchern serviert werden soll: das erste Brunner Damenmatch!", schreibt die *Kronen-Zeitung*. Die Spielerinnen der beiden Vereine reisen gemeinsam im Autobus an. Natürlich soll das Spiel bei jeder Witterung stattfinden. „Denn wenn ein Match angesetzt ist, wollen die Fußballerinnen spielen, selbst wann's Schusterbuben schneit." Die Begegnung der beiden ersten Vereine findet erneut keine Siegerinnen: 1:1. Die Frauen spielen nicht nur Fußball, sondern veranstalten auch Versammlungen, Vereins- oder Tanzabende. Erste Transfers werden vermeldet. Weitere Frauenvereine kommen hinzu: Sowohl der FC Brigitta XX, als auch der SC Schwarzweiß gründen Frauenabteilungen. Der wohl erste Frauenverein außerhalb Wiens wird in der Steiermark gegründet: der DFC Graz. In den Zeitungen kommt dieser Klub aber praktisch nicht vor. Und sogar in Bratislava kommt es zu Vereinsgründungen. Allerdings wird gegen Ende des Jahres 1935 die Berichterstattung über Frauenfußball weniger. Die Anfangseuphorie ist offenbar verpufft. Die *Kronen-Zeitung* bleibt dem Frauenfußball treu. Allerdings werden die Berichte auch hier deutlich kürzer. Zu erfahren ist von einer weiteren bemerkenswerten Premiere: dem ersten internationalen Spiel eines österreichischen Vereins. Beteiligt ist nicht einer der großen, mittlerweile durchaus renommierten Vereine, sondern der noch relativ junge D.F.C. Ottakring. In Bratislava trennt er sich am 15. Dezember 1935 vom DFK Bratislava 3:3.

Anfang 1936 gibt es bereits zehn Frauenfußballvereine in Wien. Und es kommen noch einige dazu. Nennenswert ist die Gründung des DFC Vindobona Wien am 3. Jänner. Nicht weniger als

32 Frauen möchten in den Verein aufgenommen werden. Das Traineramt übernimmt der ehemalige Sport-Club-Spieler Franz Plank. Der 1. DFC Wien wird indes in „Erster Wiener Damen-Fußball-Club Tempo" umbenannt. Insgesamt werden zwischen Jänner und März 1936 zehn neue Frauenfußball-Vereine gegründet. Einer davon ist das Firmenteam D.F.C. Salge Atzgersdorf. Atzgersdorf liegt damals noch in Niederösterreich – also eines der wenigen Teams außerhalb Wiens. Gegen D.F.C. Austria bestreiten die Atzgersdorferinnen am 26. Jänner das erste Frauenfußball-Spiel des Jahres 1936. Vor 500 bis 700 Zuschauer*innen sind die erfahreneren Austrianerinnen klar überlegen und gewinnen mit 7:1. Bei schlechtem Wetter sieht die *Kronen-Zeitung* „ein hübsches Wettspiel. [...] „Die Damen konnten das ziemlich scharfe Tempo des Spieles trotz des tiefen Bodens bis zum Schluß beibehalten."

In einem ausführlichen Artikel gibt *Der Morgen* Anfang Februar einen Überblick über die Lage im Frauenfußball. Der Artikel ist einigermaßen neutral gehalten, obgleich einiges an Kritik am Frauenfußball abgedruckt wird – nicht nur von Männern. Die Radioturnerin Käthe von Hye wird wie folgt zitiert: „Damenfußball – das bedeutet für mich eine Herde losgelassener Frauen!" Der Fußball enthalte vollkommen unweibliche Bewegungen und eine Gruppe streitender Frauen wäre alles andere als schön. Ein Schiedsrichter sagt: „Bei Damenfußball, den ich grundsätzlich ablehne, kann natürlich von nennenswerten, sportlichen Leistungen gar keine Rede sein." Das Ganze sei mehr Sensationsgier. Der „Wunderteam"-Spieler Karl Zischek kann sich nicht vorstellen, wie Frauen köpfeln könnten, wenn sie doch auf ihre Wasserwellen achtgeben müssten. Und der „Fußballdoktor Michel Schwarz" weist nicht als Erster darauf hin, dass Fußball für Frauen ungesund und viel gefährlicher als für Männer sei. Denn Frauen hätten „viel empfindlichere Organe". Im selben Artikel wird von der geplanten Meisterschaft und der bisherigen Ausbreitung des Frauenfußballsports berichtet. 1000 Zuschauer*innen seien durchschnittlich bei den Freundschaftsspielen dabei. Zum Vergleich: Ende der 2010er-Jahre beträgt der Zuschauer*innenschnitt in der Bundesliga der Frauen etwa 100. Allerdings wird 1936 auch wesentlich mehr in den Zeitungen berichtet. Regelmäßig finden sich Spielankündigungen und -berichte. Besonders häufig berichten neben der *Kronen-Zeitung*, das *Kleine Blatt*, sowie die *Kleine Volks-Zeitung*.

Grund zum Feiern gibt es im Februar beim 1. DFC Wien, der nun ja Tempo heißt. In kleinem Kreis wird der Jahrestag der Gründung begangen. Die *Kronen-Zeitung* weist darauf hin, dass sie es war, die das Projekt von Anfang an unterstützt habe. Die Fußballerinnen seien damals auf heftigen Widerstand gestoßen. „Der Klub konnte schließlich die Oeffentlichkeit überzeugen, daß Damenfußball keine Laune einiger sensationshungriger Mädchen war, sondern ernst betrieben wurde." Tempo plane für das Frühjahr einige Matches im In- und Ausland. Zunächst zeigt aber wieder der DFC Austria sein fußballerisches Können. Am 9. Februar geht es erneut gegen Salge Atzgersdorf. Das Firmenteam hat sich für den Vergleich in Wiener Neustadt mit drei Spielerinnen von Vindobona verstärkt. Die Austrianerinnen fahren dennoch den zweiten hohen Sieg ein: 9:1. „1800 begeisterte Zuschauer“ (*Kronen-Zeitung*) sind dabei. Nach Toren von Frl. Gerhart (Salge), Frl. Scher, Frl. Kantner, Frl. Heinzelmeier steht es zur Halbzeit 3:1 für die Austria. „Nach der Pause war die Stürmerreihe der Austria in großer Form, da die ‚Salge‘-Halfreihe sehr stark nachließ.“ Kantner (3), Binder (2) und Scher erzielen die weiteren Treffer. „Stürmisch akklamiert verließen beide Damenteams den Platz.“

Derweil wird der nächste große Schritt gesetzt: ein Verband wird gegründet: die Österreichische Damen-Fußball-Union (ÖDU). Im Jänner finden dazu erste Sitzungen statt. Am 19. Februar 1936 wird der Verband vom Bundeskanzleramt genehmigt. Das Ganze geht also ziemlich zügig vonstatten. Im März vermeldet die ÖDU die behördliche Genehmigung und ihr festes Präsidium. Vorsitzender ist der Trainer des DFC Wien, Franz Holzer. Edith Klinger ist seine Stellvertreterin. Der Wiener Fußballverband dient der ÖDU als Vorbild. „Es wurden Verbandscheine angeschafft, Straf- und Meldeausschuß eingerichtet, Kartei angelegt, jede einzelne Spielerin war auf gesundheitliche Schäden versichert“, erinnert sich Rudolf Babarovsky, ehemaliger Trainer des Frauenvereins Brigitta XX, 1957.

Sportlich geht es weiter rund. Zwischen 9. Februar und Ende April vergeht keine Woche mit nicht zumindest einem Frauenfußballspiel in Wien und Wien-Umgebung. Die Kritiken zu den Spielen fallen unterschiedlich aus. Die *Badener Zeitung* etwa ist nach einem 5:0 der Austria gegen Salge der Meinung, „daß die Damen doch noch nicht über vollwertiges Können im Fußball verfügen". Die regelmäßig berichtenden Zeitungen urteilen durchwegs positiver. Derweil beginnt auch *Der Montag* wieder ausführlicher über Frauenfußball zu schreiben. Die Berichterstattung über Frauenfußball wirkt selbstverständlich. Es ist nichts mehr Utopisches. Genauso wie bei Männerspielen, werden Aufstellungen genannt, Partien angekündigt, Ergebnisse gemeldet und Spielberichte abgedruckt. Natürlich sind die Berichte über Männerfußball ausführlicher. Trotzdem: eine solch „normale" und vor allem regelmäßige Berichterstattung über Frauenfußball in Österreich wird 80 Jahre später nicht einmal der sensationelle Erfolg des Nationalteams bei der Europameisterschaft 2017 (Halbfinale) auslösen. Der Frauenfußball wird auf professionellere Beine gestellt, denn die ÖDU hat große Pläne: Eine Meisterschaft soll schon bald gestartet werden. Die Spielerinnen müssen sich registrieren, brauchen Spielerpässe und müssen gewisse Spielregeln bei Transfers beachten. Die Geselligkeit kommt auch nicht zu kurz. Ende Februar geht der „Erste Fußballerinnen-Ball" in Wien-Hernals in Szene. Fußballerinnen und Anhänger des Frauenfußballsports werden dazu eingeladen. Einige Klubs suchen gezielt nach neuen Spielerinnen. Sie sollten Erfahrung in Handball oder Hockey mitbringen. Die Partie DFC Wien gegen DFC Vindobona lockt Anfang März 1000 Zuschauer*innen an. Schlachtenbummler werden mit dem Bus von Kagran zum Spielort nach Süßenbrunn, das damals noch zu Niederösterreich gehört, transportiert. Bei dem laut *Kronen-Zeitung*

„schönen Propagandaspiel“ ist beim siegreichen DFC Wien (3:1) „der frische Zug zum Tor“ auffällig. „Schöne Flankenbälle“, „kleine Tricks“ gibt es zu bestaunen. Einzelne Spielerinnen werden hervorgehoben, etwa die Torfrau Fink, die „einige schwere Bälle“ hält. Frauenfußball soll auch außerhalb Wiens bekannt gemacht werden. Tempo tritt Mitte März in St. Pölten gegen DFC Salge Atzgersdorf an. In den Reihen des Firmenteams finden sich durchwegs Spielerinnen des starken DFC Austria. Gleichzeitig hat Tempo einige starke Spielerinnen verloren. In der Partie scheidet dann auch noch die Torfrau verletzt aus. Und so schlittert Tempo vor 800 Leuten in ein Debakel – 0:8 oder 0:9 (je nach Quelle). In einem Bericht über das Spiel erfährt man, dass die Spielerinnen Alice Maibaum und Poldi Kantner rassige Schönheiten seien. Immerhin werden auch fußballerische Qualitäten hervorgehoben. Interessant ist, dass die *Kronen-Zeitung*, die ja den als 1. DFC Wien gegründeten Verein Tempo von Beginn an unterstützt hat, zwar einen Vorbericht auf das Match bringt und zwei Tage später erwähnt, dass es stattgefunden hat – aber weder Ergebnis, noch sonstige Details zum Spiel nennt. Dem ÖFB freilich sind die fußballerischen Aktivitäten der Frauen ein Dorn im Auge. Die *Kronen-Zeitung* hat Mitte März Informationen, wonach man den Wiener Fußballerinnen schon bald „das Lebenslicht ausblasen“ wolle. Den Frauen solle verboten werden, dem Lederball nachzujagen. Funktionäre hätten den „mörderischen“ Plan ausgeheckt. Der Fußballverband wolle seinen Vereinen verbieten, ihre Sportplätze an Damenteams zu vermieten. Die Begründung: das Fußballspiel der Damen sei „unernst, unästhetisch und nicht zuträglich". Die Zeitung freilich vermutet, dass der Fußballbund den Frauenfußball „als unliebsame Konkurrenz" des Männerfußballs empfindet. Die Kickerinnen sähen die geplante Aktion als „Armutszeugnis für den männlichen Fußballbetrieb". Auch das *Wiener Montagblatt* bekommt Wind von dem anstehenden Verbot, urteilt aber etwas anders als die *Kronen-Zeitung*, wie schon im Titel klar wird: „Schluß mit den Wettspielen weiblicher Fußballmannschaften!" Die Frauenspiele seien „Unfug", sie entbehrten „jedes sportlichen Ernstes". Es gäbe zahlreiche Beschwerden über „eine Reihe von Unzukömmlichkeiten, die sich bei diesen Veranstaltungen ereigneten". Die Zeitung bleibt allerdings die Information schuldig, um welche Unzukömmlichkeiten es sich hier handeln soll. So oder so. Das Verbot kommt. In einem Erlass des ÖFB, der am 21. März 1936 veröffentlicht wird, heißt es: „Der Oesterreichische Fußballbund hat die Verbandsvereine verständigt, daß Plätze von Vereinen, die dem Verband unterstehen, für Damenwettspiele nicht zur Verfügung gestellt werden dürfen. Der Oe. F. B. führt damit eine Bestimmung der FIFA durch, die Vermietungen von Sportplätzen der FIFA-Vereine an andere Veranstalter von Fußballspielen verbietet."

Aber die Damen-Fußball-Union verfügt mittlerweile über fünf Sportplätze, die nichts mit dem ÖFB zu tun haben. Schwierigkeiten durch das Verbot ergeben sich dennoch. Die Trainingsmöglichkeiten sind nun eingeschränkter, manche der Plätze sind nicht zentral gelegen. Für Vereine bzw. ange-

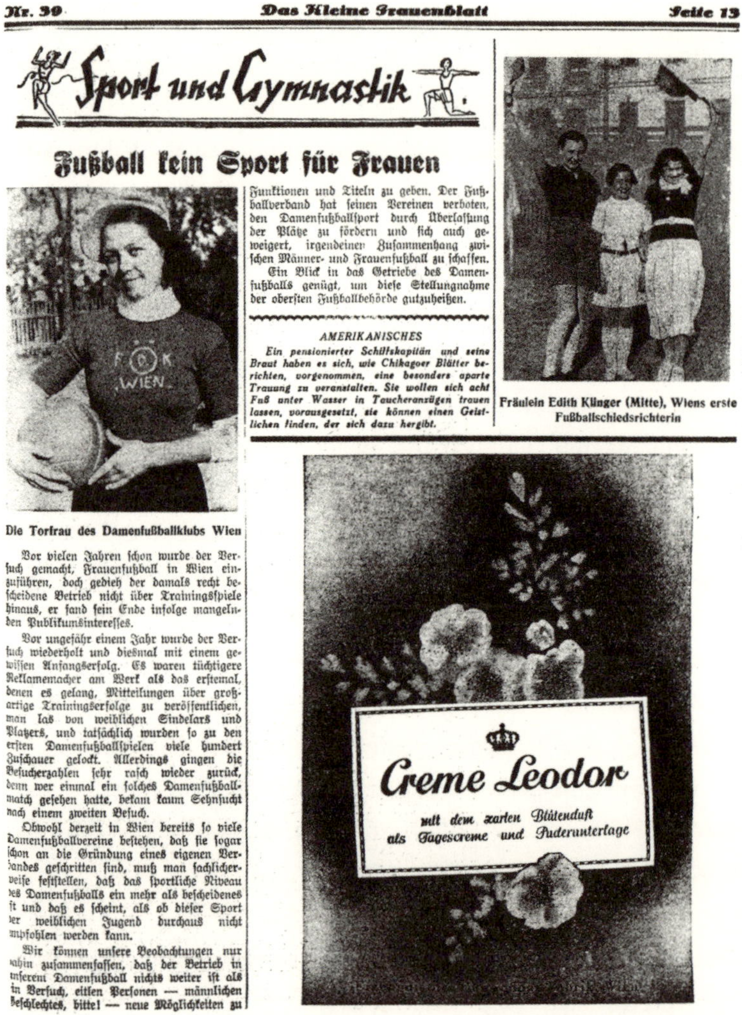

Nr. 39 Das Kleine Frauenblatt Seite 13

Sport und Gymnastik

Fußball kein Sport für Frauen

Die Torfrau des Damenfußballklubs Wien

Vor vielen Jahren schon wurde der Versuch gemacht, Frauenfußball in Wien einzuführen, doch gedieh der damals recht bescheidene Betrieb nicht über Trainingsspiele hinaus, er fand sein Ende infolge mangelnden Publikumsinteresses.

Vor ungefähr einem Jahr wurde der Versuch wiederholt und diesmal mit einem gewissen Anfangserfolg. Es waren tüchtigere Reklamemacher am Werk als das erstemal, denen es gelang, Mitteilungen über großartige Trainingserfolge zu veröffentlichen, man las von weiblichen Sindelars und Platzers, und tatsächlich wurden so zu den ersten Damenfußballspielen viele hundert Zuschauer gelockt. Allerdings gingen die Besucherzahlen sehr rasch wieder zurück, denn wer einmal ein solches Damenfußballmatch gesehen hatte, bekam kaum Sehnsucht nach einem zweiten Besuch.

Obwohl derzeit in Wien bereits so viele Damenfußballvereine bestehen, daß sie sogar schon an die Gründung eines eigenen Verbandes geschritten sind, muß man sachlicherweise feststellen, daß das sportliche Niveau des Damenfußballs ein mehr als bescheidenes ist und daß es scheint, als ob dieser Sport der weiblichen Jugend durchaus nicht empfohlen werden kann.

Wir können unsere Beobachtungen nur dahin zusammenfassen, daß der Betrieb in unserem Damenfußball nichts weiter ist als ein Versuch, eitlen Personen — männlichen Geschlechtes, bitte! — neue Möglichkeiten zu Funktionen und Titeln zu geben. Der Fußballverband hat seinen Vereinen verboten, den Damenfußballsport durch Überlassung der Plätze zu fördern und sich auch geweigert, irgendeinen Zusammenhang zwischen Männer- und Frauenfußball zu schaffen.

Ein Blick in das Getriebe des Damenfußballs genügt, um diese Stellungnahme der obersten Fußballbehörde gutzuheißen.

AMERIKANISCHES

Ein pensionierter Schiffskapitän und seine Braut haben es sich, wie Chikagoer Blätter berichten, vorgenommen, eine besonders aparte Trauung zu veranstalten. Sie wollen sich acht Fuß unter Wasser in Taucheranzügen trauen lassen, vorausgesetzt, sie können einen Geistlichen finden, der sich dazu hergibt.

Fräulein Edith Klinger (Mitte), Wiens erste Fußballschiedsrichterin

Creme Leodor

mit dem zarten Blütenduft als Tagescreme und Puderunterlage

Das kleine Frauenblatt rät der weiblichen Jugend davon ab, Fußball zu spielen. Im Bild links oben: „Mutz Fink", Torhüterin von DFC Wien. Rechts oben (Mitte): Edith Klinger, Frauenfußball-Initiatorin und Schiedsrichterin. (Das kleine Frauenblatt, 27.9.1936, S. 13) strebte Vereinsgründungen außerhalb Wiens bedeutet das Platzverbot vielfach das Aus. Auch für Klubs, die an Männervereine gekoppelt sind, wird die Situation schwieriger. Dennoch und scheinbar unbeeindruckt von dem Verbot wird weitergekickt. Die unmittelbar anstehenden Partien werden alle ausgetragen. Nur wenige Tage nach dem ÖFB-Bann wohnen der Partie DFC Wien gegen Vindobona in Wien-Floridsdorf 3000 Zuschauer*innen bei. Und das, obwohl zeitgleich das Männer-Länderspiel Österreich gegen die Tschechoslowakei stattfindet. DFC Wien gewinnt 3:1.

Die Zuschauerzahlen bleiben beachtlich. 2500 Fans sind Ende März beim 6:0-Kantersieg von Vindobona gegen Tempo in Favoriten. Am selben Wochenende sehen mehr als 2000 Menschen (unterschiedliche Angaben zur Anzahl) in Ottakring das 3:2 im Topspiel zwischen DFC Austria und DFC Wien. Für DFC Wien ist es die erste Niederlage überhaupt. Für Unmut bei den Wienerinnen sorgt die Tatsache, dass der Schiedsrichter zehn Minuten nachspielen lässt. In dieser Zeit fällt der Siegtreffer für die Austria. Der Spielleiter rechtfertigt sich damit, dass er lediglich eine Spielunterbrechung wegen der Verletzung der DFC-Wien-Torfrau Fink eingerechnet habe.

Die Zeitung *Der Morgen* nimmt die hohen Zuschauerzahlen zum Anlass, um Kritik am vom ÖFB ausgesprochenen Platzverbot kundzutun: „Wenn der Fußballverband der Meinung ist, dass der Damenfußball außerhalb seines Programmes liege, so hat er damit eigentlich recht. Aber dadurch, dass er den angeschlossenen Vereinen verbietet, seine Plätze für Damenspiele zu vermieten, geht er schon um einen Schritt zu weit und stigmatisiert den Damenfußball als etwas Abwegiges. Schließlich kümmert sich der Verband ja auch nicht darum, ob die Vereine ihre Plätze für Tombola-Veranstaltungen oder Frühlingsfeste vermieten." Auch im April werden zahlreiche Testspiele abgehalten. Ein geplantes Spiel in Linz findet jedoch nicht statt – vermutlich wegen des ÖFB-Banns. Offenbar gibt es aber immer wieder inoffizielle Spiele außerhalb Wiens. Ebenfalls im April wird der nächste Meilenstein gesetzt. Die Österreichische Damenfußball-Union schreibt eine Meisterschaft aus. Neun Teams sind dabei – wenig überraschend alle aus Wien: DFC Wien, DFC Hertha, Vindobona, Lichtental, Tempo, Schwarz-Weiß, DFC Austria, DFC Rapid und Brigitta XX. Österreich ist eines der ersten Länder, das eine offizielle, von einem Verband organisierte, Landesmeisterschaft organisiert. Um Werbung für die anstehende Meisterschaft zu machen, werden zwei Auswahlspiele abgehalten. Dafür treten Spielerinnen aus unterschiedlichen Klubs in einem A-Team und einem B-Team gegeneinander an. Die Fußballfans sollen sich dabei von der Spielstärke der Kickerinnen überzeugen. Das erste Spiel am 18. April auf dem Baumgartner Platz wird von starkem Wind beeinträchtigt. „Ein orkanartiger Wind fegte über das Spielfeld, der mancher Herrenmannschaft Schwierigkeiten bereitet hätte", heißt es in der *Kronen-Zeitung*. Gerade deshalb sei die Technik der Spielerinnen aber gut zur Geltung gekommen. Die Partie endet 2:2. Auch das zweite Auswahlspiel, eine Woche später auf dem Heiligenstädter

Platz, findet kein siegreiches Team: 3:3. 1500 Zuschauer*innen sind trotz kühler Witterung vor Ort. Drei weitere Testspiele gehen noch bis Ende April in Szene – darunter ein Propagandaspiel in Niederösterreich. In Neunkirchen trennen sich Brigitta und Tempo vor rund 2000 Menschen mit 2:2. Es gibt aber ein Nachspiel. Der Wiener Fußballverband leitet gegen Neunkirchen ein Verfahren wegen der Durchführung des Frauenspiels ein und unternimmt alles, um den Frauenfußball zu stoppen. Er verhindert ein weiteres geplantes Testspiel, das in Tulln hätte stattfinden sollen. Mit Billigung des ÖFB wird den Vereinen aufgetragen, bereits existierende Damenfußballsektionen aufzulassen bzw. wird ihnen untersagt, Frauenabteilungen zu gründen. Zudem dürfen Funktionäre keine Funktionen im Damenfußball übernehmen. So kurz vor dem geplanten Meisterschaftsbeginn ist das ein harter Schlag für die Fußballerinnen. Einige Vereine werden zwangsweise aufgelöst. Brigitta, Hertha und Schwarzweiß – alle drei Vereine wollen in der Meisterschaft antreten – sollten gemäß den Vorgaben auch aufgelöst werden, weil sie an Männervereine angekoppelt sind. Die Klubs kommen dem Verbandsbeschluss aber zuvor, indem sie aus den Frauenabteilungen kurzerhand eigenständige Vereine machen. Der für 1. Mai geplante Meisterschaftsbeginn wird verzögert – aber nur um einen einzigen Tag. Weder ÖFB noch WFV konnten ihn verhindern. Der 2. Mai 1936 ist also ein historischer Tag im österreichischen Fußball. DFC Wien und Hertha wird die Ehre zuteil, das allererste Ligaspiel im Frauenfußball abzuhalten. Am Baumgartnerplatz setzt sich der Favorit DFC Wien mit 9:0 durch.

Allein Emilie Redl sorgt für sechs Treffer. Zu der Zuschauerzahl gibt es keine eindeutigen Angaben, von 250 ist zu lesen, aber auch von 800.

Die Frauen spielen im Grunde nach den bekannten Fußballregeln – nur drei Dinge sind anders: Die Spielzeit beträgt zweimal 40 Minuten. Zum besonderen persönlichen Schutz vor Verletzungen ist ein Handspiel erlaubt. Und die Torfrau darf im Torraum nicht angegangen werden. In Frankreich und in Belgien gibt es in dieser Zeit deutlich mehr Einschränkungen. So werden etwa kleinere Bälle benutzt, das Spielfeld ist kleiner und die Spielzeit beläuft sich auf 60 Minuten. Finanziert wird der Spielbetrieb durch Spenden, Tanzabende, Vorträge und Zuschauereinnahmen. Auch nach dem Ligastart werden Testspiele ausgetragen, ehe am zweiten Mai-Wochenende 1936 die erste vollständige Meisterschaftsrunde auf dem Programm steht. Im Spitzenspiel trennen sich DFC Wien und DFC Vindobona vor 1000 Zuschauer*innen auf dem Tschechischen-Herz-Platz mit 1:1. Die ersten Spiele der Meisterschaft gehen also mehr oder weniger planmäßig auf verbandsfreien Plätzen über die Bühne, Zeitungen berichten wohlwollend, das Publikumsinteresse ist rege. Aber der WFV hat nach wie vor kein Herz für Frauenfußball, er legt ein weiteres Platzverbot nach. Zudem will der Wiener Verband bei der Sport- und Turnfront vorpreschen, um ein generelles Verbot für Damenfußball zu erwirken. Das Verbot besagt, dass Plätze, die an Frauen vermietet werden, danach nie mehr von Männervereinen genutzt werden dürfen. Das betrifft den häufig von Frauen genutzten Sportplatz Tschechisches

Herz in Favoriten, auf dem der tschechische Männerverein SK Slovan spielt. Dieser bleibe wegen der Abhaltung von Damen-Fußballspielen gesperrt. Zudem wird angeordnet, dass auf dem Baumgartner Sportplatz und auf dem Heiligenstädter Platz ab dem 18. Mai 1936 keine Frauenfußballspiele mehr ausgetragen werden dürfen. Über dieses weitere Verbot erfahren auch Zeitungsleser im Westen, etwa durch den *Allgemeinen Tiroler Anzeiger*. Von den Spielen an sich ist im Westen allerdings nichts zu lesen. Daraus lässt sich schließen, dass Frauenfußball von Journalisten der westlichen Bundesländer nicht wahrgenommen, ignoriert und/oder abgelehnt wird.

In Wien steht erneut die *Kronen-Zeitung* den Frauen zur Seite: „Die Furcht vor der weiblichen Konkurrenz scheint also schon sehr groß zu sein!" Die Zeitung druckt einen offenen Brief von Heinrich Brückner, Trainer und Obmann des DFC Austria, sowie Verbandskapitän der Österreichischen Damenfußball-Union (ÖDU). Er erwähnt die „unsägliche, ideelle Arbeit", die den Frauenfußball auf das aktuelle Niveau gebracht habe. Als Beweis diene die große Anziehungskraft auf das sportverständige Publikum. „Warum der Wiener Fußballverband gegen den Damen-Fußballsport so heftig Stellung nimmt, ist mir und allen Anhängern unverständlich." Die Argumente gegen Frauenfußball („unästhetisch", „gesundheitsschädlich") entbehrten jeder Grundlage, „denn bei allen anderen Damen-Sportzweigen wie Handball, Hockey, Schwimmen usw. könnte man die gleichen Bedenken hegen". Die meisten Spielerinnen seien bereits durchtrainiert zum Fußball gekommen. Die Matches verliefen sehr fair und würden daher kaum Gefahren mit sich bringen. „Bis heute ist noch kein Unfall zu verzeichnen." Dass die Frauen den Fußballsport sehr ernst nähmen, beweise die kürzlich begonnene Meisterschaft. Brückner verweist auch auf einen gesellschaftlichen Aspekt: „Bei der großen Arbeitslosigkeit, welche gerade unter der weiblichen Jugend vorherrscht, bietet der Damen-Fußballsport Ablenkung vor großen Gefahrenmomenten!" Auch Vereine, die ihre Plätze für Frauenspiele zur Verfügung stellten, würden profitieren, da diese einen Teil der Einnahmen durch die Spiele erhielten. „Durch die Damenwettspiele haben sich einige Amateurvereine aus ihrer mißlichen finanzielle Lage erholt. Warum also das Verbot?", fragt Brückner. „Wo liegt des Pudels Kern? Vielleicht im Konkurrenzneid?" Brückner erwähnt noch, dass der Wiener Fußballverband noch weitere Schritte gegen den Frauenfußball plane, „die der jungen und hoffnungsvollen Damenfußballsport-Bewegung das schwer errungene Dasein verbieten wollen. Geschieht uns da nicht ein großes Unrecht? Wir wollen hoffen, daß das Recht über die Angst vor der Damenfußball-Konkurrenz siegen wird und die begonnene sportliche Arbeit ungestört fortgesetzt werden kann. Bevor das Platzverbot für den Heiligenstädter Platz und den Baumgartner Platz greift, geht sich noch eine Meisterschaftsrunde – die zweite – aus. Es könnte die letzte sein. Vier Spiele stehen am Wochenende des 16. und 17. Mai an. Zwei werden in Baumgarten, eines in Heiligenstadt und eines in Favoriten – auf dem Tschechischen-Herz-Platz des SK Slovan, der laut Verordnung des WFV bereits für Männerspiele gesperrt ist - ausgerichtet.

Nr. 42 — Das Kleine Frauenblatt — Seite 13

Die Frau im Garten

Von Rudolf Brezina

Winterobstaufbewahrung im Keller

(Freilagerung und Torfaufbewahrung)

Obst hat bekanntlich die Eigenschaft, fremde Gerüche sehr leicht an sich zu ziehen. Es muß daher eine Hauptsorge der Hausfrau sein, daß sich im Obstkeller keine geruchverbreitenden Dinge wie Sauerkraut, Gemüse, Käse, Kohl, Petroleum und dergleichen befinden. Von großer Bedeutung ist auch die Lüftbarkeit des Raumes, da besonders im Herbst höhere Temperaturen entstehen. Dabei ist aber auch wieder Zugluft unter allen Umständen zu vermeiden, um einen Feuchtigkeitsverlust des Obstes infolge zu rascher Atmung zu verhüten.

Vor Beziehen der Räume durch die Früchte müssen die Keller einer gründlichen Reinigung unterzogen werden. Wände und Decken sind mit Kalkmilch zu streichen, Stellagen und Hürden behandelt man mit Sodalösung. Empfehlenswert ist auch ein nachheriges Ausschwefeln des Raumes bei abgedichteten Türen und Fenstern. Auf einen mittleren Raum rechnet man 3 bis 5 Schwefelstangen.

Versuche jüngeren Datums haben den Beweis erbracht, daß man Obst mit großem Erfolg auch in Torfmull lagern kann, welcher seiner isolierenden Wirkung halber zur Aufbewahrung sehr geeignet ist. Torfmull ist ein vollständig geruchloses Naturprodukt, aus Pflanzenwurzeln, das auch im Garten als Bodenverbesserungsmittel dient. Der zu diesem Zwecke verwendete Torfmull muß frisch sein. Eine leichte Befeuchtung desselben ist zweckmäßig. Die im Handel erhältlichen Torfballen werden zerschlagen und unter ständigem Umschaufeln ganz leicht überbraust, so daß der Mull zum Schluß gleichmäßig etwas durchfeuchtet ist. Zur Einlagerung werden Kisten verwendet, am besten Zuckerkisten, da diese geruchlos sind. Das Einlagern erfolgt nun auf folgende Weise: Auf den Boden der Kiste kommt eine zirka 2 bis 3 Fingerbreit hohe Torfschichte, worein man die erste Lage Früchte bettet. Äpfel mit dem Fruchtstiel nach unten, Birnen in schiefer Lage. Die Lagerung erfolgt in solchen Zwischenräumen, daß sich die Früchte gegenseitig nicht berühren. Das ist eine Vorsichtsmaßnahme, welche sich gegen die Ausbreitung eventuell sich bildender Fäulnis richtet. Es soll verhindert werden, daß der Befall auf die anderen Früchte übergreift, da der umgebende Torf die Fäulnis in sich auffaugt und so den Fäulnisherd örtlich beschränkt. Abwechslungsweise folgen nun Obst- und Torfschicht aufeinander, bis zum Aufbrauchen des Vorrates. Als Abschluß kommt wieder eine breitere Torfschichte.

Bei Weintrauben empfiehlt sich eine mehrschichtige Lagerung nicht, aus Gründen größerer Druckempfindlichkeit dieser Obstart, weshalb man diese in möglichst flachen Behältern aufbewahrt. Damit der Torf auch die kleinste Lücke zwischen den Beeren ausfüllt, stößt man das Kistel einige Male leicht auf den Boden, um eine innige Verbindung zwischen den Früchten und dem Lagermaterial herzustellen.

Sport und Gymnastik

Sollen Frauen Fußballspielen?

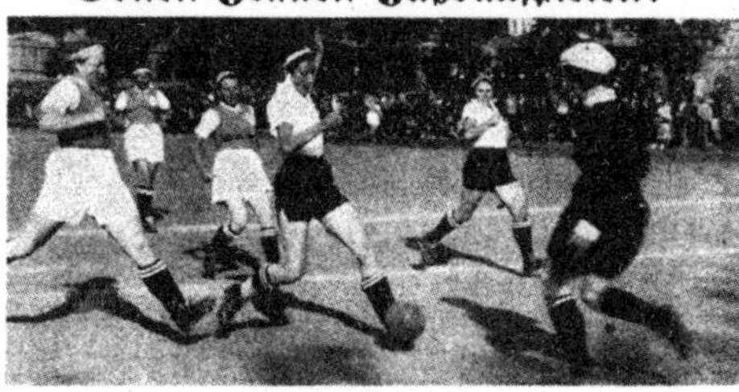

Aus einem Damenmatch

Das „Kleine Frauenblatt" hat sich kürzlich zur Frage, ob Fußball ein für Frauen geeigneter Sport sei, eindeutig ablehnend geäußert. Es ist interessant, festzustellen, daß die Entscheidung über den Damenfußballsport gerade jetzt in allen Ländern spruchreif geworden ist und daß die Ablehnung durch die Sportbehörden in allen Ländern mit der gleichen Entschiedenheit erfolgt.

Überall geht das ärztliche wie das sportliche Urteil dahin, daß die Bewegungen beim Fußball für den Frauenkörper nicht zuträglich seien. Anstoß bei den sportlichen Stellen hat auch die Erfahrung erregt, daß in den meisten Ländern die Moral im Gebiet des Frauenfußballes sich nicht mit den sportlichen Zielen vertrage.

Bei uns in Österreich, natürlich in erster Linie in Wien, liegen die Verhältnisse so, daß durch den Männerfußball in tausenden Familien der gemeinsame Genuß des freien Sonntags verhindert wird.

Das sonntägige Mittagessen wird in nervöser Hast vom Ehegatten förmlich hinuntergeschlungen. Die Hausfrau muß betrübt sehen, um wie viel größer der Antwert ist, den die Künste eines Sindelar und Platzer gegenüber ihren Kochkünsten bei den männlichen Mitgliedern der Familie finden.

Die meisten Frauen nehmen den Fußballkoller ihrer Ehehälften als unabwendbare Fügung des Schicksals hin und warten Sonntag brav und geduldig vor den Toren des Stadions oder des Hütteldorfer Sportplatzes, bis der Schlußpfiff des Schiedsrichters ertönt und ihre Männer heiter oder zerknirscht, je nachdem, ob ihre Mannschaft gewonnen oder verloren hat, erscheinen.

Einige aber haben scheinbar beschlossen, sich an der Männerwelt zu rächen und selbst Fußball zu spielen. Überall begegnete der Damenfußball anfangs großem Interesse, das aber sehr bald großer Enttäuschung Platz machte. Während zum Beispiel in Wien anfangs 2000 bis 3000 Zuschauer den Fußballspielen der Frauen beiwohnten, sind die Besucherzahlen in letzter Zeit auf 200 bis 300 bei den Meisterschaftsspielen gesunken. Es lehnt also sichtlich auch das Publikum das Damenfußball ab, so daß uns die Stellungnahme der Sportbehörden eigentlich als überflüssig erscheint.

Zuletzt war es der tschechische Fußballverband, dessen Urteil über das Damenfußball von einem Fachblatt folgendermaßen gutgeheißen wird:

„Der Tschechoslowakische Fußballverband hat etwas außerordentlich Vernünftiges getan. Er hat den ihm unterstellten Vereinen schlankweg verboten, ihre Plätze Frauenteams zur Verfügung zu stellen. Wenn man auch der Auffassung sein kann, daß Fußballsport als solcher der Gesundheit der Frau keinen Schaden zufügen kann, so bleiben doch die ästhetischen Bedenken restlos bestehen.

Der persönliche Angriff, das Losgehen auf den Gegner, das vehemente Springen nach dem Ball, das energiegeladene Rempeln — das alles sind Dinge, welche sportbegeisterte Frauen von der aktiven Beteiligung am Fußball fernhalten sollten. Vom Erhabenen zum Lächerlichen ist bekanntlich nur ein kleiner Schritt. Und vom graziösen Weib bis zur kämpfenden und rasenden Megäre dürfte die maßgebende Distanz auch nicht größer werden, wenn man sich die saftigen und mehr oder weniger unumgänglichen Keilereien um den Ball vorstellt.

Das kleine Frauenblatt hält erneut fest, was es von Frauenfußball hält: nichts. (Das kleine Frauenblatt, 18.10.1936, S.13)

Dort besiegt Vindobona Brigitta vor 500 bis 1000 Zuschauer*innen mit 4:0. Allerdings bringt Brigitta für das Match nur zehn Spielerinnen zusammen. Wie tags darauf berichtet wird, will Vindobona Kontakt mit einem internationalen Club aus Belgien, Frankreich oder der Tschechoslowakei für ein Vergleichsmatch nach Wien einladen. Die große Frage hingegen ist: Wie geht es nun mit der österreichischen Meisterschaft weiter? Die Antwort: Ganz normal. Die Verbote werden offenbar ignoriert, die nächsten Partien stehen auf dem Plan. Und alle Matches der kommenden Wochen finden auf den schon bekannten Plätzen statt: dem Heiligenstädter Platz, dem Baumgartner Platz, und dem Tschechisches-Herz-Platz. In Favoriten lockt am 21. Mai das Spitzenspiel zwischen DFC Wien und DFC Austria (1:1) 1500 Menschen an. Vindobona gibt wenige Tage später bekannt, dass der Tschechisches-Herz-Platz nun seine fixe Heimstätte sei. Außerdem vermeldet der Verein zwei prominente Zugänge: die mehrmalige österreichische Sprintmeisterin Dolly Wagner sowie die Handballtorfrau Ilse Zaunrith verstärken ab nun den Klub aus Favoriten. Die großen Leistungsunterschiede zwischen den drei Topvereinen Austria, DFC Wien sowie Vindobona und dem Rest belegen ein 12:0-Erfolg von Vindobona gegen Hertha und ein 13:0 der Austria gegen Lichtenthal am letzten Mai-Wochenende 1936.

Während die Frauen also ihren Meisterschaftsbetrieb trotz der Verbote des WFV weiterführen, springt ihnen auch die Zeitung *Der Montag* zur Seite. In einem Kommentar heißt es, dass alles Mögliche versucht wird, um den Damenfußballsport in

Wien und in Österreich unmöglich zu machen. „Es wird protestiert, integriert und gehetzt. Das ist sicherlich nicht sportlich.“ Man solle die Frauen einfach Fußball spielen lassen. Auch die Propagandaspiele außerhalb Wiens werden fortgesetzt. Am 8. Juni lockt die Partie Tempo gegen DFC Austria (0:4) in Klosterneuburg 2000 Zuschauer*innen an. In der Ankündigung des Matches, das im Rahmen eines Sportfestes über die Bühne geht, hält die *Neue Klosterneuburger Zeitung* fest, dass das Spiel trotz falscher Gerüchte unbedingt stattfinden werde. Der WFV hat anscheinend versucht, die Partie zu verhindern. Der Sportplatz gehört allerdings der Gemeinde Klosterneuburg, und so kann der WFV nicht einwirken. Mehr als einen Monat später steigt auch auf dem anderen Donauufer, in Korneuburg, ein Propagandaspiel. 4000 Menschen (!) sehen ein 4:0 von DFC Austria gegen DFC Rapid. Das Spiel beginnt für die Frauen aber ganz und gar nicht lustig. Mit Kuhglockengeläut wollen einige junge Zuschauer die Frauen aus der Fassung bringen - wie sich Austria-Trainer Brückner 21 Jahre später im *Sportfunk* erinnert. „Die bedauernswerten Mädchen kämpften bereits mit den Tränen, aber dann nahmen sie sich zusammen und legten ein Spiel hin, daß den Korneuburgern zusehends die Lust zum Spotten verging. [...] Schließlich löste das herrliche Spiel unserer Mädchen hellen Jubel aus, und jede gelungene Aktion wurde mit stürmischem Beifall bedacht.“ In der Meisterschaft sind die Zuschauerzahlen deutlich geringer als bei den Propagandaspielen. Letztere werden häufig durch Plakate und Ankündigungen in den Lokalzeitungen beworben und im Rahmen von Sportfesten oder sonstigen Veranstaltungen ausgetragen. In der Liga liegen die Zuschauerzahlen im Juni im niedrigen bis mittleren dreistelligen Bereich. Zum Vergleich: In der Fußballmeisterschaft der Männer liegt der Zuschauerschnitt in dieser Zeit bei etwa 6000. In den Zeitungen wird zwar noch relativ regelmäßig über die Frauen-Spiele berichtet, allerdings nicht mehr so umfänglich. Fotos werden nur sehr selten abgedruckt.

Am 5. Juli fährt die Austria den Rekordsieg der Meisterschaft ein: ein 16:0 gegen Hertha. Allein Lauterbach erzielt acht Treffer, Kantner sechs, Hainzlmair zwei. Allerdings stehen Hertha nur neun Spielerinnen zur Verfügung. Immer wieder schaffen es vor allem die kleinen Vereine nicht, ein vollzähliges Team aufzustellen. Eine Anekdote liefert die Partie DFC Austria – DFC Rapid am 19. Juli 1936 in Heiligenstadt. Angeblich wird das Spiel beim Stand von 4:1 für die Austria abgebrochen, weil die Rapid-Torfrau Kreich mit Rücksicht auf ihre Frisur nicht weiterspielen will. „So wird nun das Spiel wegen der Dauerwellen der Rapid-Torhüterin 3:0 für Austria verifiziert werden", schreibt der *Morgen*. Die *Kronen-Zeitung* und das *Kleine Blatt* bringen zwar kurze Meldungen zu der Partie, die Dauerwellen-Anekdote wird dabei aber nicht erwähnt. Die Austria jedenfalls sichert sich den Frühjahrsmeistertitel. Das wird gemeinsam mit anderen Frauenvereinen im Klublokal gefeiert.

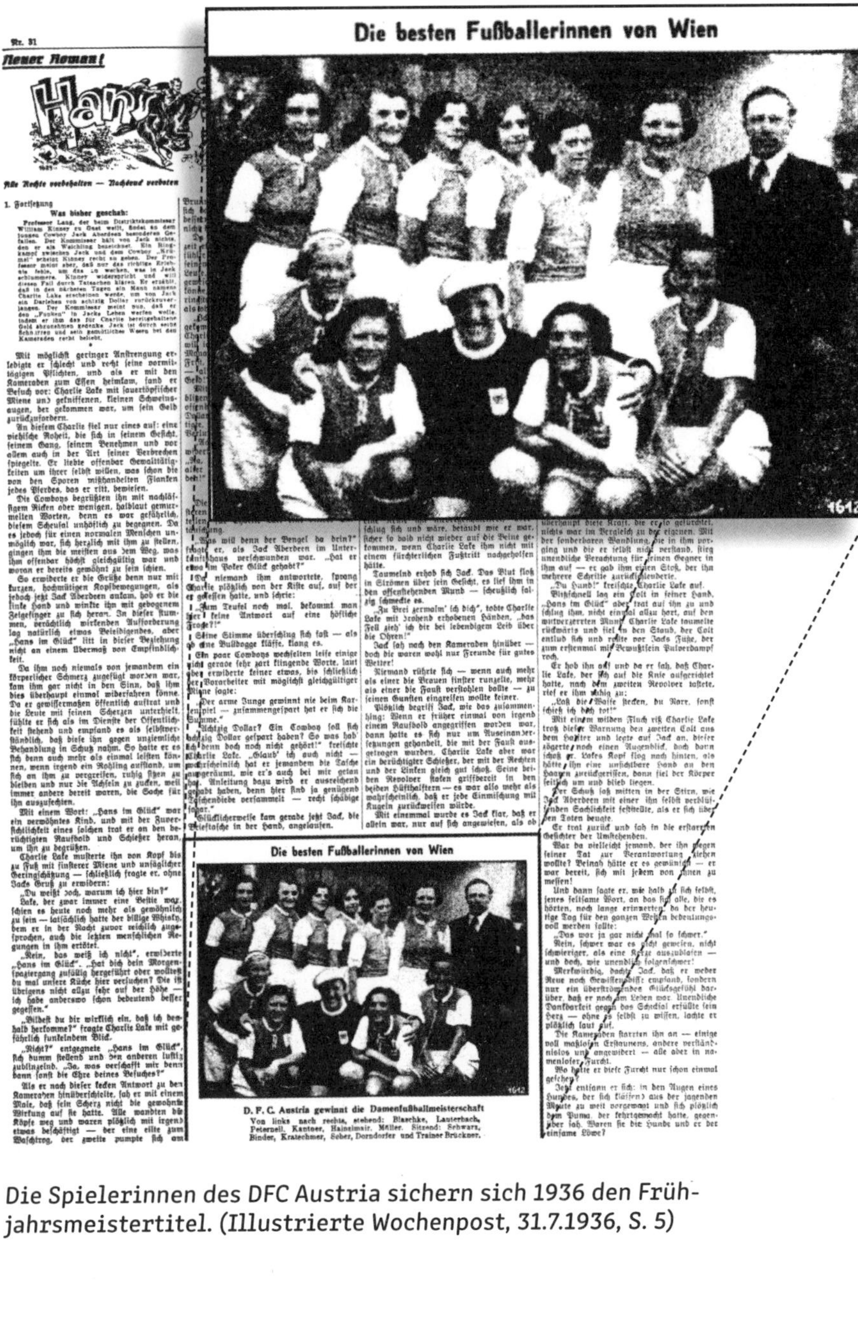

Die Spielerinnen des DFC Austria sichern sich 1936 den Frühjahrsmeistertitel. (Illustrierte Wochenpost, 31.7.1936, S. 5)

Im Sommer werden sogar Länderspiele geplant. Ende Juni findet in Favoriten ein Auswahlkampf „A-Team gegen B-Team“ statt. Aus den Erkenntnissen dieses Spiels sollte das Nationalteam für Begegnungen mit Frankreich und Belgien aufgestellt werden. Dank zweier Treffer von Redl (DFC Wien) setzt sich das B-Team vor 800 Zuschauer*innen durch. Zu den Länderspielen kommt es aber nicht. Es stehen keine adäquaten Plätze zur Verfügung. Zudem ist das finanzielle Risiko zu hoch. Die Liga-Klubs nutzen die Sommerpause zur Spielerinnen-Akquise, zu häufigeren Trainingseinheiten, zu Test- und Propagandaspielen, zu Versammlungen und Geselligkeitsveranstaltungen. Besonders dringend sucht Hertha nach Spielerinnen. Der Verein hat bereits mehrmals keine vollständige Elf aufbieten können. Aber auch Fußball gespielt wird im Sommer. Testspiele in Wien und Niederösterreich werden abgehalten. 2000 Zuschauer*innen lockt Mitte August das Duell der Damenfußballclubs Austria gegen Rapid (5:0) in Stockerau an. Dreistellige Zuschauerzahlen weisen die meisten anderen Partien auf. Während der Olympischen Sommerspiele vom 1. bis 16. August in Berlin wird aber nur noch wenig über Frauenfußball berichtet.

Die Ö.D.U. plant unterdessen die Herbstmeisterschaft – diese sollte bis 25. Oktober abgeschlossen sein. Da Hertha nicht genügend Spielerinnen auftreiben kann, ist der Klub in der Rückrunde nicht mehr dabei. Er wird durch ein zweites Team des DFC Austria ersetzt. Die Herbstrunde beginnt am 22. August mit einem erneuten Aufeinandertreffen zwischen Austria und Rapid. Allerdings stehen Rapid zunächst nur sieben Spielerinnen zur Verfügung. Zu wenig. Die Meisterschaftspartie wird gecancelt und mit 3:0 für die Austria gewertet. Stattdessen wird dann ein Freundschaftsspiel mit weniger Spielerinnen abgehalten, das die Austria mit 10:1 für sich entscheidet. Die Zeitungen berichten nun deutlich weniger als noch in der Frühjahrsrunde. Auch die Zuschauerzahlen fallen in den ersten Runden bescheiden aus, sie liegen nur bei 100 bis 200. Hinzu kommt, dass gleich mehrere Vereine unter Spielerinnenmangel leiden. Es läuft also nicht rund. Zu allem Übel kommt dann noch der medial begleitete Scheidungsprozess zwischen der Tempo-Spielerin Marie (Maria) Lutz und ihrem Mann, dem Dachdecker Karl Lutz. Dieser habe, so berichtet die *Kronen-Zeitung*, die Scheidungsklage eingebracht, weil seine Gattin in letzter Zeit durch das häufige Training und die vielen Spiele von ihrem Haushalt abgelenkt sei. Sie komme ihren Pflichten als Hausfrau nicht mehr „in wünschenswerter Weise" nach. Mehrere Spielerinnen von Tempo sind zu dem Scheidungsprozess geladen. Vier Tage später berichtet die *Kronen-Zeitung* und das *Kleine Blatt* im Chronik-Teil über den Start des Prozesses. Marie Lutz wird in der Kronen-Zeitung zunächst als „hübsche, schlanke Blondine" beschrieben. In der Klage heißt es: „Der Gatte muß für sich und seinen zehnjährigen Sohn kochen, die Wirtschaft führen, während die Frau Tore schießt und die restliche Zeit im Kreis der Fußballerinnen verbringt." Diese Zustände hätten den Gatten in unerträglicher Weise in Anspruch genommen, umso mehr, als er während des Tages seinem Beruf nachgehen müsse. „Obwohl Karl Lutz seiner Frau immer ein ausreichendes Wirtschaftsgeld gegeben hat, soll sie einen großen Teil davon für ihre sportlichen Zwecke und nachfolgende Gasthausbesuche verwendet haben. Und schließlich habe sich Marie sowohl dem Gatten, als auch Fremden gegenüber geäußert, bevor sie den Sport lasse, solle lieber die Familie zugrunde gehen." Marie Lutz wehrt sich gegen den Vorwurf eines unordentlichen Lebenswandels. Die Hauswirtschaft vernachlässige sie nicht. Im Übrigen sei sie vom Gatten selbst zum Fußballspiel ermuntert worden. Dieser habe auch oft bei ihren Spielen zugeschaut. Als sie von Tempo zur Austria gewechselt ist, sei ihr Mann darüber in größte Wut geraten. Dieser habe ihr eine „schallende Ohrfeige" verpasst und sie gezwungen, zu Tempo zurückzukehren. Zusammenfassend sagt Marie Lutz: „Selbst wenn ich an dem einen oder anderen Abend mit Rücksicht auf den Fußballsport außer Haus weilte, oder wenn sich mein Mann an einem solchen Abend das Nachtmahl selbst kochen mußte, ist das noch kein Scheidungsgrund. Es ist selbstverständlich, daß ich auf meine Gesundheit ebenso bedacht sein mußte, wie mein Gatte auf seine Bequemlichkeit." Der Prozess ist im konservativen Österreich ein Skandal. Und er schlägt hohe Wellen – Zeitungen aus dem europäischen Ausland und sogar aus Ozeanien berichten darüber. Die Verhandlung findet im November statt, da hat sich das Paar bereits getrennt. Marie Lutz' Mitspielerin Alice Maibaum und ihre Schwester sagen für sie aus. Erst im Mai 1937 fällt das Urteil. Die *Kronen-Zeitung* berichtet darüber, dass der Richter die Klage von Karl Lutz abgewiesen habe, weil der Fußballsport die Frau nicht an der Ausübung ihrer häuslichen Pflichten gehindert habe und eine Vernachlässigung des Haushalts nicht feststellbar gewesen sei.

Anfang September bekommen auch Steirer und Steirerinnen Frauenfußball zu sehen. 1000 Zuschaer*innen sehen in Mürzzuschlag das Meisterschaftsspiel zwischen Vindobona und Rapid (5:2). So manches Ligaspiel im Herbst muss wegen Personalmangels einzelner Vereine verschoben oder strafverifiziert werden. Besondere Personalsorgen haben Schwarzweiß und Rapid. Hinzu kommen wieder Platzprobleme. Auf dem Tschechisches-Herz-Platz und auf dem Baumgartner Platz wird nicht mehr gespielt. Wohl aufgrund des im Frühjahr ausgesprochenen Platzverbotes des Wiener Fußballverbands. Als Notlösung dient ein Platz am Schafberg, der aber häufig in suboptimalem Zustand ist. Heute befindet sich dort übrigens das Schafbergbad. Am 13. September scheint das letzte Spiel von Schwarzweiß auf. Das geplante Meisterschaftsspiel gegen DFC Wien muss kampflos abgegeben werden, da der Klub nur sechs Spielerinnen aufbietet. Stattdessen wird ein Freundschaftsspiel absolviert. Auch wenn es keine Berichte darüber gibt, ist Schwarzweiß wohl hiermit Geschichte. Ein paar der Spielerinnen spielen schon bald bei Lichtenthal. Dieser Klub ist ab Anfang Oktober auch mit einem zweiten Team – Lichtenthal 1b – in der Meisterschaft vertreten. Die Textilkauffrau und Kommerzialrätin Ella Zirner-Zwieback wird indes zur Präsidentin der Damen-Fußballunion gewählt. Franz Holzer bleibt Obmann, Edith Klinger wird zum Ehrenmitglied ernannt.

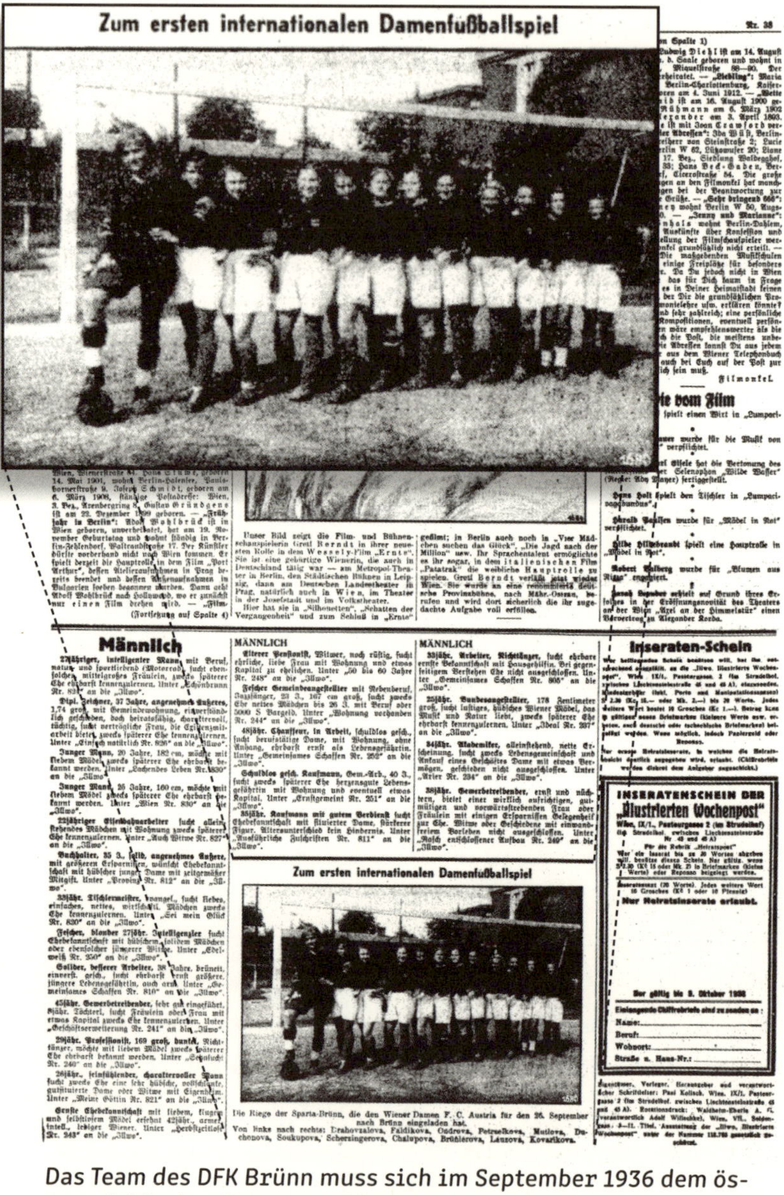

Zum ersten internationalen Damenfußballspiel

Männlich

Inseratenschein der Illustrierten Wochenpost

Zum ersten internationalen Damenfußballspiel

Die Riege der Sparta-Brünn, die den Wiener Damen F. C. Austria für den 26. September nach Brünn eingeladen hat.
Von links nach rechts: Drahovzalova, Faldikova, Ondrova, Petruelkova, Mutlova, Duchonova, Soukupova, Scherzingerova, Chalupova, Brühlerova, Lauzova, Kovarikova.

Das Team des DFK Brünn muss sich im September 1936 dem österreichischen Topteam DFC Austria mit 1:7 geschlagen geben. (Illustrierte Wochenpost, 18.9.1936, S. 16)

Am 26. September kommt es endlich wieder zu einem internationalen Spiel mit österreichischer Beteiligung. Der tschechische Klub DFK Brünn empfängt das heimische Topteam DFC Austria – und geht mit 1:7 unter. Dass die Partie überhaupt stattfindet, ist keineswegs selbstverständlich. Denn auch in der Tschechoslowakei ist der nationale Verband dem Frauenfußball gegenüber feindlich eingestellt – er verbietet das Match. Daraufhin gründen die Brünner Fußballerinnen, die bis dahin im Männerverein integriert sind, einen eigenen Verein – eben den DFK Brünn. Und da der Sparta-Platz der Stadt gehört, kann der Verband das Match nicht verhindern. Zwischen 2300 und 4000 Zuschauer*innen sind dabei – darunter 20 Schlachtenbummler aus Wien. Die Wienerinnen zeigen laut *Kronen-Zeitung* „ein wunderschönes Spiel", während die Technik der Brünnerinnen noch nicht so fortgeschritten sei. Zwei weitere geplante Partien der Brünnerinnen gegen ein österreichisches Team – diesmal Vindobona – werden im Oktober wegen schlechten Wetters abgesagt.

Ende September: Es ist wieder einmal Zeit, den Frauenfußball schlecht zu machen. Darum kümmert sich *Das kleine Frauenblatt*. Dieses hält fest, dass Fußball kein Sport für Frauen sei. Sachlicherweise müsse man feststellen, dass das sportliche Niveau des Frauenfußballs in Österreich „ein mehr als bescheidenes" sei. Der weiblichen Jugend sei dieser Sport nicht zu empfehlen. Die Wochenzeitung kommt zu einer ganz eigenen Einschätzung zum Damenfußballbetrieb. Dieser sei „nichts weiter als ein Versuch, eitlen Personen – männlichen Geschlechtes, bitte! – neue Möglichkeiten zu Funktionen und Titeln zu geben". Drei Wochen später legt dieselbe Zeitung nach. Die Ablehnung des Frauenfußballs durch die Sportbehörden erfolge in diversen Ländern mit der gleichen Entschiedenheit, wird festgestellt. Das ärztliche und sportliche Urteil gehe überall dahin, dass die Bewegungen beim Fußball für den Frauenkörper nicht zuträglich seien. „Der persönliche Angriff, das Losgehen auf den Gegner, das vehemente Springen nach dem Ball, das energiegeladene Rempeln" – all das seien Dinge, die Frauen von der aktiven Beteiligung am Fußball fernhalten sollten. Zur Erinnerung, Hockey und Handball sind zu dieser Zeit mehr oder weniger akzeptierte Sportarten für Frauen. Inwiefern also gerade die Bewegungen beim Fußball so schädlich für den Frauenkörper sein sollen, bleibt ein Rätsel. Die Zeitung liefert aber noch mehr Argumente gegen Frauenfußball. So vertrage sich die Moral im Gebiet des Frauenfußballs nicht mit den sportlichen Zielen. „Bei uns in Österreich [...] liegen die Verhältnisse so, daß durch den Männerfußball in tausenden Familien der gemeinsame Genuß des freien Sonntags verhindert wird." Das sonntägige Mittagessen werde in nervöser Hast vom Ehegatten förmlich hinuntergeschlungen. „Die Hausfrau muß betrübt sehen, um wie viel größer der Anwert ist, den die Künste eines Sindelar und Platzer gegenüber ihren Kochkünsten bei den männlichen Mitgliedern der Familie finden." Aber die meisten Frauen nähmen das Fußballfaible ihrer Männer „als unabwendbare Fügung des Schicksals" hin. Dass Frauen nun selbst Fußball spielen, sieht die Zeitung als Racheaktion an der Männerwelt. Aber der Damenfußball, so urteilt zumindest das Blatt, werde vom Publikum abgelehnt. Ausdrücklich unterstützt werden die Verbote der Männerverbände. Die Haltung der Zeitung ist nicht weiter überraschend. *Das kleine Frauenblatt*, das davor *Die Unzufriedene* hieß, ist im Jahr 1934, in der Anfangszeit des Austrofaschismus und des Dollfuß-Regimes, auf Parteilinie gebracht worden. Es vertritt katholische, konservative Werte.

Die Meisterschaft ist im Oktober gleich durch mehrere Spielabsagen geprägt – sei es wegen Unbespielbarkeit der Plätze, oder wegen des Platzverbotes. Außerhalb Wiens wird nun auch nicht mehr gespielt. Umso überraschender kommt, dass die Partie DFC Austria gegen Vindobona am 4. des Monats auf dem Tschechischen-Herz-Platz stattfindet. Die Spielstätte in Favoriten ist ja vom Platzverbot ausdrücklich betroffen und seit ein paar Wochen auch nicht mehr Schauplatz eines Frauenspiels gewesen. 1000 Zuschauer*innen sehen das 4:1 der Austrianerinnen. Ende Oktober lehnt die Sport- und Turnfront den Aufnahmeantrag der Österreichischen Damenfußball-Union (ÖDU) ab. Der Verband hält Damenfußball nämlich „für keinen selbständigen Sportzweig“. Die 1934 gegründete Österreichische Sport- und Turnfront sieht Frauen eher in ästhetischen, nicht wettkampfbetonten Sportarten. Leichtathletik, Schwimmen, Hockey und Handball werden toleriert. Die ÖDU schreibt in Reaktion auf die Entscheidung „[...] ist bestürzt darüber, daß Sportfront und Fußballverband eine ernst betriebene sportliche Disziplin ablehnen, ohne daß auch nur ein einzelner Funktionär dieser Körperschaften jemals in seinem Leben ein Damen-Fußballspiel gesehen hätte!" Der prominente Fußball-Experte Willy Schmieger, der sich immer wieder für Frauenfußball stark macht, schreibt in der *Kronen-Zeitung* einen sehr eindrücklichen Kommentar zu der ablehnenden Haltung der Sportverbände dem Frauenfußball gegenüber. Die fußballspielenden Damen, hält Schmieger fest, hätten ihn keineswegs ersucht, diesen Artikel zu schreiben. „Wenn ich nun dafür eintrete, daß man ihnen das Recht auf ihren Sport nicht nimmt, sondern sie duldet, wenn man sie schon nicht fördern will, so geschieht das einfach aus dem Grund, weil ich schon mehrere Fußballspiele von Damen gesehen habe und der festen Überzeugung bin, daß gegen diese Fußballspiele ebenso wenig einzuwenden ist, wie gegen Damen-Handballspiele." Schließlich handle es sich bei beiden Sportarten um Kampfsportarten. Das oft vorgebracht Argument, wonach das Fußballspiel dem weiblichen Organismus schaden könnte, wiegelt Schmieger mit dem Hinweis auf die abgeänderten Regeln bei den Frauen ab. So sei etwa das Rempeln verboten, es werde ein leichter Ball verwendet und die Spielzeit sei verkürzt. „Daß das Handballspielen der Damen unter dem Schutz des Handballbundes und der Sportfront steht, daß sogar offizielle Länderkämpfe der Damen im Handball veranstaltet werden, während das Fußballspiel der Damen in Acht und Bann getan wird und mit Feuer und Schwert ausgerottet werden soll, das geht mir nicht ein." Das widerspreche doch dem Grundsatz: „Gleiches Recht für alle!" Die Funktionäre sollten sich doch einmal ein Damen-Fußballspiel anschauen, um dann ein Urteil fällen zu können. „Vielleicht“, schreibt Schmieger, „hat der Damen-Fußball bei uns überhaupt keine Zukunft, vielleicht ist er nur eine Mode, die vorübergeht. Aber daß man ihn von vorneherein ung'schauter verdammen muß, das geht mir nicht ein.“ Schmieger schreibt es in diesem Kommentar nicht, aber klar ist wohl, dass die Herren Funktionäre Frauenfußball aus anderen Gründen ablehnen, als aus jenen, die sie offiziell nennen. Der Vergleich mit Handball macht dies nur deutlich. Denn, wie Schmieger schreibt: Es gibt keinen Grund, warum Frauenhandball erlaubt wird und Frauenfußball mit allen Mitteln, die zur Verfügung stehen, bekämpft wird. Bis heute ist kaum eine Sportart männlich konnotierter als Fußball. Und kaum eine Sportart ist beliebter. Das gilt für das Jahr 1936 genauso wie für das Jahr 2022. Und dieser Sport soll allein den Männern gehören. Da haben die Frauen einfach nichts verloren - schon gar nicht, wenn diese darin auch noch erfolgreich sind. So ist es damals. Und auch wenn die Verbote heute Geschichte sind, so ist diese Sichtweise auch heute noch weit verbreitet.

Im Herbst 1936 haben es die männlichen Sportfunktionäre noch nicht geschafft, den Frauenfußball zu Fall zu bringen, aber es ist ihnen gelungen, die Kickerinnen vor immense Probleme zu stellen. Kaum mehr ein vernünftiger Sportplatz steht zur Verfügung. Diverse Spiele müssen abgesagt werden. Doch dann geschieht ein Wunder: In der *Kronen-Zeitung* und in *Der Morgen* vermeldet die ÖDU Anfang November, dass schon bald eigene Plätze für den Frauenfußball errichtet werden. Für die Finanzierung und Errichtung werde „ein Komitee aus Wiener Persönlichkeiten des Wirtschaftslebens“ gebildet. Die Sportplätze, die schon im Dezember fertig sein sollen, werden von einem namentlich nicht genannten Mäzen gepachtet. Mit der Errichtung der Plätze sollen auch Frauen der arbeitenden Klassen, „denen es nicht gegönnt ist luxuriöse Sports, wie Tennis, Schwimmen, Skilaufen usw. zu betreiben“, die Möglichkeit erhalten, sich sportlich zu betätigen. Schon im kommenden Winter soll auf den neuen Plätzen ein Winter-Cup ausgerichtet werden. Es ist davon auszugehen, dass Ella Zirner-Zwieback, die neue Präsidentin der ÖDU und Inhaberin eines bedeutenden Bekleidungsgeschäfts in der Kärntner Straße im 1. Wiener Bezirk, entscheidend geholfen hat, Financiers aufzutreiben. Die Meisterschaft wird indes mit Spielen auf dem Heiligenstädter Platz und dem Schafbergplatz fortgesetzt. Mit einem 6:1 gegen Tempo sichert sich DFC Austria am 8. November vorzeitig den Meistertitel. Der DFC Rapid ist indes dauerhaft in einer prekären Situation – hat einfach zu wenige Spielerinnen, gibt sich aber kämpferisch. Via *Kronen-Zeitung* teilt der Verein mit, dass die Gerüchte von einer Vereinsauflösung nicht zuträfen. Im Gegenteil, man arbeite sogar daran, die Mannschaft zu verstärken. Lichtenthal benennt sich indes in DFC Vienna um – hat aber nichts mit dem Männerverein zu tun.

Im *Sport-Tagblatt* erscheint im Dezember 1936 ein ausführlicher Artikel mit dem Titel „Frauensport auf falschen Wegen!“ Darin kritisiert der Sportarzt Alexander Hartwich, die, seiner Meinung nach, negativen Entwicklungen im Frauensport. Hartwich missfällt „die übermäßige athletische Körperentwicklung". Die „unerfreuliche Erscheinung jüngsten Datums", der Frauenfußball, sei im Übrigen „ärztlicherseits strikt abzulehnen". Keine neuen Ansichten – aber solche Meinungen werden immer wieder publiziert.

Trotz aller Probleme und deutlich später als geplant, geht die Meisterschaft mit den letzten Spielen am 13. Dezember 1936 zu Ende. Die Austria gewinnt die Meisterschaft mit 29 Punkten und einem Torverhältnis von 88:6. DFC Wien ist mit einem Punkt weniger Zweiter, Vindobona landet auf Platz drei. Torschützenkönigin wird die Austrianerin Josefine Lauterbach. Lauterbach hatte Österreich 1928 bei den Olympischen Spielen in Amsterdam im 800-m-Lauf vertreten. Zum Saisonausklang werden mehrere Feste und Feierlichkeiten abgehalten. Die erste österreichische Frauenfußball-Meisterschaft ist trotz aller Verbote, trotz aller Widrigkeiten und Probleme zu Ende gespielt worden. Und das ist wahrlich ein Grund zum Feiern. Mit etwas Verspätung berichtet die *Neue Freie Presse* am 5. Jänner 1937 über den Ausgang der Meisterschaft und macht sich Gedanken über den Frauenfußballsport in Österreich: „Der Fußballverband hat sich bekanntlich energisch gegen den Damenfußballsport ausgesprochen und seinen Vereinen verboten, hiefür Plätze zur Verfügung zu stellen. Die Sportfront hat es abgelehnt, einen eigenen Damenfußballverband anzuerkennen, da jeder Sport nur durch einen einzigen Verband vertreten sein könne (was allerdings zum Beispiel im Skisport nicht stimmt, wo es zwei Verbände gibt). Nun macht es aber den Damen sichtlich Freude,

Fußball zu spielen. Ob man ihnen diese Freude so ohne weiteres nehmen soll und kann? Vor allem aber sind die Fußballerinnen in mehreren Sportvereinen zusammengeschlossen. Laut Sportgesetz müssen aber alle Vereine und Verbände, deren Mitglieder Sport oder Turnen betreiben, der Sport- und Turnfront angehören. Kann man bei den Fußballerinnen eine Ausnahme machen? Verbieten läßt sich der Damenfußballsport wohl schwerlich, aber er ließe sich kontrollieren und in günstigem Sinne beeinflussen. Das geht aber nur, wenn man ihn irgendwie zur Kenntnis nimmt." Da die Frauenfußball-Vereine eben nicht der Sport- und Turnfront angehören, sind sie de facto illegal.

DIE ZWEITE MEISTERSCHAFT

Die Fußballerinnen wollen weitermachen. Am 7. Jänner 1937 wird bei einer Generalversammlung der ÖDU über eine Ausweitung der Meisterschaft debattiert. Die neue Meisterschaft soll im April beginnen. Es sollen wieder Propagandaspiele abgehalten werden. Angeregt wird auch, mit dem Wiener Fußballverband bezüglich Platzöffnungen für den Frauenfußball zu diskutieren. Und der Wintercup wird terminiert. Dieser beginnt Mitte Jänner – also etwas später, als ursprünglich vorgesehen. Das Turnier wird nicht, wie angekündigt, auf neuen Plätzen gespielt. In Errichtung ist zumindest ein Sportplatz, der im Jänner aber noch nicht fertiggestellt ist. Acht Vereine nehmen teil: DFC Wien, Vienna, Austria, Rapid, Brigitta, Tempo, Vindobona und Austria 1B. Gespielt wird auf dem Heiligenstädter Platz und auf dem frisch renovierten Schafbergplatz. Letzterer ist mittlerweile von Vindobona gepachtet. Nach einigen Terminschwierigkeiten steigen die Semifinalspiele im März. Das Finale wird erst im April gespielt: DFC Austria setzt sich mit 3:0 gegen Brigitta durch. Anfang Februar zieht sich indes die Initiatorin der Frauenfußball-Bewegung bei ihrem Verein Tempo zurück: Edith Klinger erklärt ihren Rücktritt als Obfrau und bleibt einfaches Mitglied. Sie will dem Verein beratend zur Seite stehen. Alice Maibaum wird zur neuen „Obmännin" gewählt. Gekickt

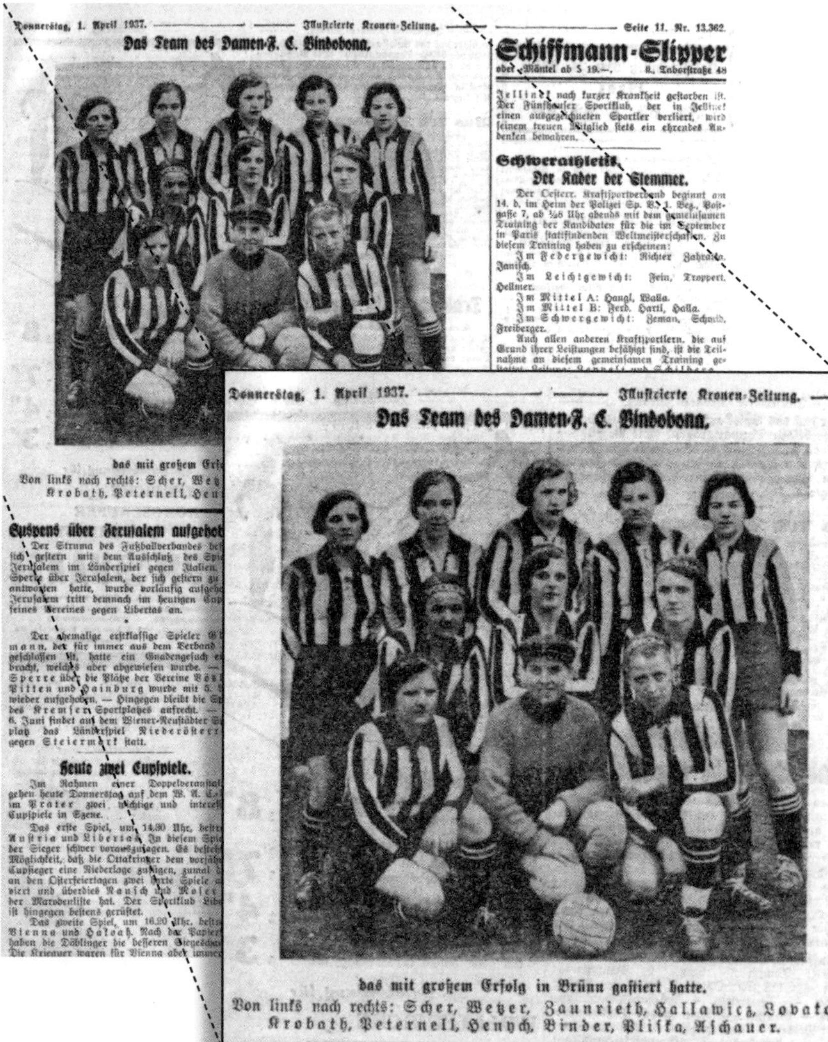
Donnerstag, 1. April 1937. Illustrierte Kronen-Zeitung.

Das Team des Damen-F. C. Vindobona,

das mit großem Erfolg in Brünn gastiert hatte.
Von links nach rechts: Scher, Wetzer, Zaunrieth, Hallawicz, Lovato, Krobath, Peternell, Henych, Binder, Pliska, Aschauer.

Das Team des DFC Vindobona wird anlässlich zweier Auslandsspiele gegen DFK Brünn abgebildet. Von links oben nach rechts unten: Scher, Wetzer, Zaunrieth, Hallawicz, Lovato, Krobath, Peternell, Henych, Binder, Pliska, Aschauer.
(Illustrierte Kronen-Zeitung, 1.4.1937, S. 11)

wird auch wieder international. Am letzten März-Wochenende unternimmt der DFC Vindobona einen Ausflug nach Brünn. Dort besiegt er den DFK Brünn in zwei Spielen vor zwischen 700 und 2000 Zuschauer*innen mit 5:2 und 4:1.

Nachdem Funktionäre und sogar einige Spielerinnen bei der Errichtung mitgeholfen haben, ist es am 11. April so weit: der neue Fußballplatz für Frauen im Wiener Prater wird eröffnet: der Olympiaplatz oder wie er ganz offiziell heißt: „Sportplatz der Österreichischen Damenfußball Union (Olympia)." Es ist also ein weiterer Meilenstein in der Geschichte der Wiener Fußballerinnen in den 1930ern. Der Sportplatz steht unter Obhut von DFC Austria und DFC Wien. Austria-Trainer Heinrich Brückner verwaltet den Platz. Den Platz herzurichten habe „unglaubliche Mühe" gekostet, wie sich Brückner 20 Jahre später im *Sportfunk* erinnert. Er selbst habe die notwendigen Barrieren und Holzbänke mit 350 Sitzgelegenheiten gezimmert. Der Olympiaplatz soll auch vermietet werden. Das Eröffnungsspiel bestreiten ein kombiniertes B-Team von Austria und DFC Wien, sowie Vienna. Vor 500 bis 600 Zuschauer*innen gewinnt das zusammengewürfelte Team mit 3:0. Das Hauptspiel bestreiten dann die zwei Topteams gegeneinander: DFC Austria besiegt DFC Wien mit 5:1. Der Olympiaplatz wird in der Folge zum Hauptschauplatz von Spielen und Trainings der Wiener Fußballerinnen.

Noch vor Beginn der zweiten Meisterschaftssaison wird Anfang Mai 1937 auf den beiden Sportplätzen der Fußballerinnen, dem

Olympiaplatz und dem Schafbergplatz, ein Turnier mit internationaler Beteiligung ausgetragen. Gäste sind die schon von ein paar Vergleichen mit Wiener Klubs bekannten Spielerinnen des DFK Brünn aus der Tschechoslowakei. Es ist der erste Auftritt eines ausländischen Frauenfußball-Teams in Österreich. Aus der heimischen Liga sind DFC Austria, DFC Rapid und Vindobona vertreten. Der zweite Spieltag, an dem Vindobona Rapid mit 6:1 besiegt und Austria gegen Brünn mit 6:2 erfolgreich bleibt, ist mit 1000 Zuschauer*innen auf dem Olympiaplatz gut besucht. Die Austria gewinnt das Turnier vor Vindobona, Brünn und Rapid. Am selben Tag, dem 2. Mai, geben sich Tempo und DFC Vienna (ehemals Lichtenthal) in einem Propagandaspiel vor 1500 Menschen in Mattersburg die Ehre. Tempo gewinnt 3:2.

Am 6. Mai zeigen sich DFC Wien und Tempo (2:0) sogar in Ungarn – in Sopron (Ödenburg) sind ebenfalls 1500 Zuschauer*innen anwesend. Somit wird auch die Ödenburger Zeitung auf Frauenfußball aufmerksam. Sie schreibt darüber, dass sich Frauen aus Großstädten immer mehr Berufen und Freizeitbeschäftigungen zuwenden würden, die früher eher von Männern ausgeübt wurden. „Unsere seligen Großmütter würden wohl entsetzte Augen machen, wenn sie mit ihren seinerzeitigen Anschauungen das heutige Leben der Damenwelt in einer Großstadt sehen würden.“ Im Sport aber leide die weibliche Anmut nicht unter der Betätigung von Sportarten, die hauptsächlich männlich geprägt sind. Und bei dem Frauenfußballspiel könne man sich davon überzeugen. „Diese neuartige Veranstaltung“

habe in Ödenburg schon im Vorfeld großes Interesse ausgelöst. Nach dem Spiel schreibt die Ödenburger Zeitung von unterschiedlichen Standpunkten im Publikum zum Thema fußballspielende Frauen. „Viele dachten mit Befriedigung daran, diesmal die Rollen vertauscht zu sehen [...]. Andere behaupteten, dieser Sport stehe mit der Würde einer zukünftigen Hausfrau nicht im Einklange; ein Mädchen gehöre in die Küche und greife nach dem ‚Kochlöffel' oder halte Umschau in der Waschküche." Beim Zusehen hätten sich Zuschauer „köstlich über die drollige Unbeholfenheit einiger beleibten Damenfußballspieler" amüsiert. Die Zeitung nimmt jedoch „einige ganz begabte Spieler" wahr. Dass sich der Schiedsrichter nicht mit einem „artigen Handkuß" bei den Damen eingestellt habe, sei von vielen bemängelt worden.

Die zweite Meisterschaft rückt indes immer näher. Einige Testspiele und schließlich ein Pfingstturnier auf dem Olympiaplatz werden davor noch abgehalten. Unter Beteiligung von Vienna, Rapid, Austria, Vindobona entscheidet wenig überraschend DFC Austria das Turnier für sich. Am 23. Mai schließlich beginnt die Meisterschaft, die von deutlich weniger Berichterstattung begleitet wird als die erste Saison. Meistens gibt es nur kurze Spielankündigungen und es werden Ergebnisse vermeldet. Acht Klubs sind dabei: Titelverteidiger DFC Austria, DFC Wien, DFC Vindobona, Tempo, DFC Rapid, Brigitta XX, DFC Vienna und das zweite Team des Meisters, DFC Austria 1b. Die meisten Spiele werden auf den beiden eigenen Plätzen (Olympia- und Schafbergplatz) ausgetragen. Gelegentlich gibt es noch andere Schauplätze, etwa den Donaufelder Platz. Die meisten Partien der ersten Spieltage gehen planmäßig über die Bühne. Im Juni erfolgt die nächste Vereinsumbenennung. Aus Brigitta XX wird Admira. Es ist also der nächste Verein nach Austria, Rapid und Vienna, der sich nach einem bekannten Männerklub benennt, aber nicht an den Männerverein gekoppelt ist. In der fünften Runde der Meisterschaft kommt es zu einer Premiere. Erstmals wird ein Ligaspiel im Ausland ausgetragen. Gemessen an der Zuschauer*innenzahl und an der Begeisterung ist es eine geglückte Werbemaßnahme. Vindobona und Tempo spielen in Szombathely (Steinamanger) in Ungarn vor 3000 Menschen. Ende Juni ist zu vernehmen, dass die Textilkauffrau Ella Zirner-Zwieback nach nur neun Monaten im Amt als Präsidentin der Damenfußball-Union (ÖDU) zurücktritt. Mit ihr gehen auch der Vorsitzende Franz Holzer sowie die Schriftführerin Rehberger. Als Begründung für die Rücktritte wird „geschäftliche Überbürdung" angegeben. Guido Moncher wird laut *Kronen-Zeitung* in die Union kooptiert. Der zweite Vorsitzende Herbert Treka übernimmt vorerst die Geschäftsführung. Allen Scheidenden sei der Dank des Vorstandes ausgesprochen worden. Im August wird schließlich der neue Vorstand gewählt. Rudolf Weinberger übernimmt den ersten Vorsitz, Herbert Trcka (Treka) bleibt zweiter Vorsitzender. Die ÖDU ist damit wieder in männlicher Hand. Nur zwei Monate später wird der Vorstand erneut gewählt. Franz Holzer ist nun wieder zurück und wird zum Ersten Vorsitzenden gewählt. In der Liga kämpfen nun auch die größeren Vereine mit Personalmangel. Für das eine oder andere Spiel können nicht elf Spielerinnen aufgeboten werden. Die größten Sorgen hat nach wie vor Rapid. Am 27. Juni etwa wird das Spiel gegen DFC Admira (vormals Brigitta) mit 0:3 strafverifiziert, weil Rapid nur sechs Spielerinnen aufgeboten hat. Sein offenbar letztes Meisterschafts- und Frauenfußballspiel absolviert Rapid am 4. Juli 1937 gegen DFC Vienna (0:3). Die Personalprobleme sind offenbar zu groß. Es geht sich nicht mehr aus. Die Austria gewinnt den Frühjahrsmeistertitel. Die Sommerpause wird wieder für Test- und Propagandaspiele genutzt. Vindobona und Tempo zieht es am 25. Juli erneut nach Ungarn. Vor 1000 Zuscher*innen in Magyarovar setzt sich Vindobona diesmal knapp mit 1:0 durch. Und auch ein Länderspiel wird geplant. Die *Kronen-Zeitung kündigt* am 28. Juli einen Damen-Fußball-Länderkampf Österreich gegen Tschechoslowakei an, der Anfang September in Wien stattfinden solle. „Die Fußballerinnen werden für diesen großen Kampf bis dahin ständig in Training bleiben. Das erste gemeinsame Training findet bereits heute Mittwoch auf dem Schafbergplatz statt." Es wäre also das erste Länderspiel für eine österreichische Frauenfußball-Elf. Aber schon der erste geplante internationale Vergleich (gegen Frankreich oder Belgien) war nicht zur Austragung gekommen. Ein Auswahlmatch für das geplante Länderspiel wird nach zwei Absagen schließlich am 28. August am Donaufelder Platz abgehalten. Das Auswahlteam Ost trennt sich vom Auswahlteam West mit 2:2. Im Ost-Team stellen die Austrianerinnen die meisten Spielerinnen. Das West-Team ist bunter gemischt. Die meisten Spielerinnen kommen von DFC Wien und von Admira. Ein weiteres Auswahlspiel – allerdings in leicht veränderten Besetzungen

– entscheidet das Ost-Team am 19. September mit 2:1 für sich. Zu einem Länderspiel kommt es aber auch diesmal nicht.

Die Herbstmeisterschaft beginnt mit dem vorgezogenen Spiel Tempo gegen Austria 1b (3:2) am 4. September auf dem Donaufelder Platz. Anfang Oktober tritt DFC Wien in Freundschaftsspielen gleich viermal gegen das schon bekannte Team von DFK Brünn an. Die ersten beiden Spiele finden in Wien statt, die anderen beiden in Brünn. Erstmals schaffen die Tschechinnen gegen ein österreichisches Team ein Remis – und das gleich zweimal. Ein kleines Jubiläum begeht die Austria-Kapitänin Poldi Binder am 24. Oktober. Vor dem Ligaspiel gegen Tempo wird sie anlässlich ihres 75. Spieles geehrt. Die *Kronen-Zeitung* bringt vor dem Match ein Bild „des weiblichen Bimbos", samt kurzer Biografie. „Das allseits beliebte Frl. Binder" sei von der Stürmerin zur Verteidigerin umfunktioniert worden. „Bei der Übersiedlung vom Sturm in die Verteidigung gab es viele Tränen, aber als musterhafte Sportlerin befolgte sie die Anordnung des Trainers Brückner getreu und entwickelte sich zu einem glänzenden ‚Back'." Die Austria gewinnt schließlich 2:0.

Bis zu 500 Fans sind in der Herbstmeisterschaft bei Spielen dabei. Die Propagandaspiele – meist außerhalb Wiens - sind durchwegs besser besucht. Im November beginnt ein Schiedsrichterkurs der ÖDU. Geleitet wird der Kurs von Franz Bildl, der früher als Funktionär im Männerfußball tätig war, nun aber im Vorstand der Damenfußball-Union sitzt. Funktionär*innen und

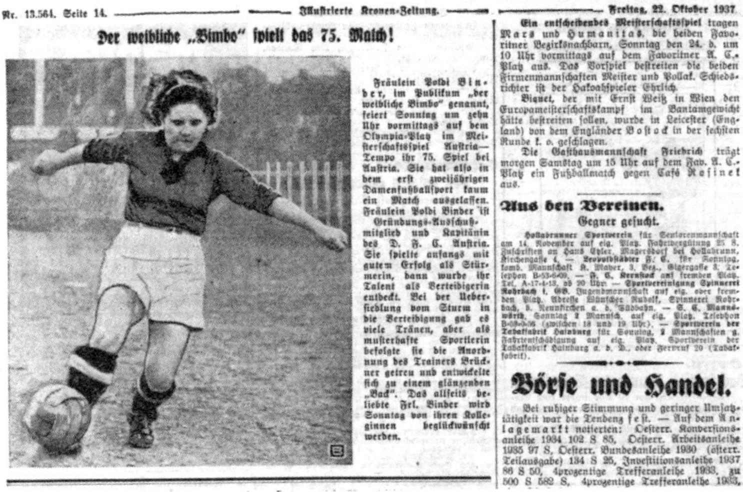

Nr. 13.564. Seite 14. — Illustrierte Kronen-Zeitung. — Freitag, 22. Oktober 1937

Der weibliche „Bimbo" spielt das 75. Match!

Fräulein Poldi Binder, im Publikum „der weibliche Bimbo" genannt, feiert Sonntag um zehn Uhr vormittags auf dem Olympia-Platz im Meisterschaftsspiel Austria—Tempo ihr 75. Spiel bei Austria. Sie hat also in dem erst zweijährigen Damenfußballsport kaum ein Match ausgelassen. Fräulein Poldi Binder ist Gründungs-Ausschußmitglied und Kapitänin des D. F. C. Austria. Sie spielte anfangs mit gutem Erfolg als Stürmerin, dann wurde ihr Talent als Verteidigerin entdeckt. Bei der Uebersiedlung vom Sturm in die Verteidigung gab es viele Tränen, aber als musterhafte Sportlerin befolgte sie die Anordnung des Trainers Brückner getreu und entwickelte sich zu einem glänzenden „Back". Das allseits beliebte Frl. Binder wird Sonntag von ihren Kolleginnen beglückwünscht werden.

Ein entscheidendes Meisterschaftsspiel tragen Mars und Humanitas, die beiden Favoritner Bezirksnachbarn, Sonntag den 24. d. um 10 Uhr vormittags auf dem Favoritner A. C.-Platz aus. Das Vorspiel bestreiten die beiden Firmenmannschaften Meister und Pollak. Schiedsrichter ist der Hakoahspieler Ehrlich.

Piquet, der mit Ernst Weiß in Wien den Europameisterschaftskampf im Bantamgewicht hätte bestreiten sollen, wurde in Leicester (England) von dem Engländer Bostock in der sechsten Runde k. o. geschlagen.

Die Gasthausmannschaft Friedrich trägt morgen Samstag um 15 Uhr auf dem Fav. A. C.-Platz ein Fußballmatch gegen Café Rafinek aus.

Aus den Vereinen.

Gegner gesucht.

Hollabrunner Sportverein für Seniorenmannschaft am 14. November auf eig. Platz. Fahrtvergütung 25 S. Zuschriften an Hans [illegible], Magersdorf bei Hollabrunn, Kirchengasse 4. — **Leopoldstädter F. C.** für Sonntag komb. Mannschaft K. [illegible], 3. Bez., [illegible]gasse 8, Telephon B-53-6-09. — **A. C. Kernstock** auf fremdem Platz. Tel. A-17-4-13, ab 20 Uhr. — **Sportvereinigung Spinnerei Rohrbach i. GB.** Jugendmannschaft auf eig. oder fremden Platz. Adresse [illegible] Rudolf, Spinnerei Rohrbach, b. Neunkirchen a. d. Südbahn. — **S. C. Mannswörth**, Sonntag 2 Mannsch. auf eig. Platz. Telephon B-58-8-06 (zwischen 18 und 19 Uhr). — **Sportverein der Tabakfabrik Hainburg** für Sonntag, 2 Mannschaften g. Fahrtentschädigung auf eig. Platz. Sportverein der Tabakfabrik Hainburg a. d. D., oder Fernruf 20 (Tabakfabrik).

Börse und Handel.

Bei ruhiger Stimmung und geringer Umsatztätigkeit war die Tendenz fest. — Auf dem Anlagemarkt notierten: Oesterr. Konversionsanleihe 1934 102 S 85, Oesterr. Arbeitsanleihe 1935 97 S, Oesterr. Bundesanleihe 1930 (österr. Teilausgabe) 134 S 25, Investitionsanleihe 1937 86 S 50, 4prozentige Trefferanleihe 1933, zu 500 S 582 S, 4prozentige Trefferanleihe 1933,

Poldi Binder, Kapitänin des DFC Austria, ist auch als „der weibliche Bimbo" bekannt.
(Illustrierte Kronen-Zeitung, 22.10.1937, S.14)

Spielerinnen der Vereine werden zur Teilnahme aufgerufen. Ende November endet die zweite Frauenfußballmeisterschaft. DFC Austria sichert sich erneut den Titel – vor DFC Wien und der Admira (vormals Brigitta). Berichtet wird darüber nur in den Kurznotizen.

DAS LETZTE JAHR DER WIENER FUSS-BALLERINNEN

1938. Eine Jahreszahl, bei der uns das Schaudern kommt. Das Jahr des Anschlusses Österreichs an Nazi-Deutschland. Das erste Jahr des Zweiten Weltkriegs mit all seinen grauenhaften Auswüchsen. Aber wer ahnt davon zu Beginn des Jahres? Und so soll das Leben weitergehen. So soll der Sport weitergehen. So soll es auch für die Fußballerinnen weitergehen. Sie wollen weiterspielen. Sie spielen auch weiter – so lange es geht. Eine dritte Meisterschaft soll durchgeführt werden. Die Planungen laufen. Noch im Dezember 1937 beschließt die ÖDU zwei interessante Änderungen. Der Vereinswechsel wird vereinfacht. Sofern eine Spielerin von ihrem alten Klub „freigegeben" wird, darf diese sofort für den neuen Verein auflaufen. Stimmt der alte Verein nicht zu, muss die Spielerin eine sechsmonatige Karenzfrist abwarten. Spannend ist der zweite Beschluss: die Spielzeit wird jener der Männer angeglichen. Frauen sollen nun statt zweimal 40, zweimal 45 Minuten kicken. Erwähnenswert ist auch, dass die ÖDU nun scheinbar erstmals eine Pressereferentin hat: es ist die Tempo-Verteidigerin Alice Maibaum. Mitte Dezember werden die Entwicklungen im Frauenfußball in der Zeitung *Der Montag* thematisiert. Es wird etwa kritisiert, dass es nur eine Frau im Vorstand der ÖDU gäbe. Der Autor empfiehlt den Frauen, das Heft selbst in die Hand zu nehmen. Eine Woche später reagiert die Pressereferentin der ÖDU, Alice Maibaum, in derselben Zeitung mit einem „Notschrei der Fußballerinnen". Sie kritisiert die mangelnde Kooperationsbereitschaft des ÖFB und verteidigt den überwiegend männlichen Vorstand der ÖDU. Die Funktionäre trügen keine Schuld an der schwierigen Situation des Frauenfußballs.

20 Jahre später schreibt der damalige Austria-Trainer Heinrich Brückner, dass die Damenfußball-Union einen Konsens mit dem ÖFB gesucht habe. Die ÖDU habe angeboten, die Hälfte ihrer Einnahmen an den ÖFB zu überweisen, um damit mittellose Vereine zu unterstützen. Brückner erklärt sich die „starre Haltung" des ÖFB damit, dass er wohl die Konkurrenz der Frauen gefürchtet habe.

Anfang 1938 ist wieder einmal Zeit, Frauenfußball infrage zu stellen und die altbekannten Argumente gegen ihn aufzuwärmen. Ob Damen Fußball spielen sollen, fragt die Zeitung *Fußball-Sonntag* „drei Prominente des Sports". Der Präsident des Wiener Fußball-Verbandes, Josef Gerö, ist, wenig überraschend, „absolut gegen den Frauenfußball". Der Kampfsport Fußball solle ausschließlich Männern vorbehalten sein. Gerö lehnt Frauenfußball auch aus „ästhetischen Gründen" ab. Der Verbandspräsident liefert also eine Wiederholung der immer gleichen und noch immer absurden Argumente. Immerhin sind unter den Befragten auch zwei Frauen. Die Leichtathletin Ronny Kohlbach meint: „Damenfußball, warum nicht? Ich vertrete den Standpunkt, daß die Frauen das Recht haben müssen, jeden Körpersport zu betreiben." Im Stemmen, Ringen und im Boxen will sie allerdings keine Frauen sehen. Im Damenfußball plädiert Kohlbach für strengere Regeln. „Denn was beim Mann vielleicht hart, scharf oder derb wirkt, wirkt bei Frauen schon ordinär." Und dazu solle es nicht kommen. Im Übrigen ist sie der Meinung, dass sich nur kräftigere, körperlich widerstandsfähige Frauen für Fußball entscheiden sollten. Die ehemalige Europameisterin im Kunstspringen, Mädy Epply, lehnt den Damenfußballsport hingegen „strikte" ab. Sie verabscheut ihn sogar. „Solche Art von Kampfsport – ich nehme da den Handballsport hinzu – eignet sich nicht für Frauen. [...] Frauen, die schwitzend, mit aufgelösten Haaren, einander stoßen und rempeln, sind ein Anblick, der niemand Vergnügen bereiten kann, der vielleicht Männern zur Belustigung dienen mag, was aber doch kaum der Zweck eines Sports sein kann." Im Februar wird erst einmal gefeiert. Der DFC Wien lädt zu einer „Ballnacht mit der Wiener Damenfußballerin". Laut *Kronen-Zeitung hätten «alle Wiener Fußballerinnen sowie bekannte Sportler und Sportlerinnen aus anderen Lagern» ihr Erscheinen zugesagt.* Nach der Veranstaltung berichtet die *Kronen-Zeitung* von deren „sehr animierten Verlauf". Viele hunderte Besucher seien anwesend gewesen. „Das lustige Faschingsfest" habe bis in die frühen Morgenstunden gedauert. Die *Kronen-Zeitung* bleibt am Ball, kündigt am 10. Februar den Saisonstart der Fußballerinnen an und gibt Neuerungen bekannt. So gebe es nun, unter der Leitung von Franz Bildl, ein zehnköpfiges Schiedsrichterkollegium. Die Fußballerinnen seien in der Spielpause keineswegs müßig gewesen. Sie seien durch Spezialtrainings und Ausflüge in Kondition gehalten worden. Angekündigt wird ein Turnier mit Admira, Tempo, Vindobona und DFC Wien, das am 20. Februar beginnen solle. Den Pokal dafür spendet Herr Bildl. Die Frauenfußballsaison beginnt zunächst mit einem Testspiel am 12. Februar: Vor 100 Zuschauer*innen besiegt Tempo Admira mit 3:1. Das Pokalturnier beginnt etwas verspätet – am 26. Februar – und sollte nicht mehr zu Ende gespielt werden können. Zum Auftakt treffen erneut Admira und Tempo aufeinander. Diesmal siegt Admira – mit 2:1. In den folgenden Tagen finden ein paar Testspiele statt. Das für 13. März geplante Pokalspiel zwischen Vindobona und DFC Wien wird wegen des nun erfolgten Anschlusses Österreichs an Nazi-Deutschland abgesagt. Während die meisten Zeitungen zu diesem Zeitpunkt ihre Berichterstattung über Frauenfußball einstellen, berichten die *Kronen-Zeitung*, die *Kleine Volkszeitung* und *Der Montag* vorerst noch weiter. Die ÖDU benennt sich in „Deutsch-Österreichische Damenfußball-Union (DÖDU)“ um. Inwiefern der Anschluss das österreichische Sportleben beeinflusst, zeigt sich etwa in einer in der *Kronen-Zeitung* am 19. März 1938 abgedruckten Weisung des ÖFB an alle Vereine und Schiedsrichter. Darin heißt es: „Vor Beginn eines jeden Spieles begeben sich beide Mannschaften mit den Linienrichtern unter Führung des Schiedsrichters in tadelloser Ordnung zur Mitte des Spielfeldes. Sie stellen sich in einer Linie [...] auf und grüßen schweigend mit dem deutschen Gruß. [...] Nach Beendigung des Spieles treten die Mannschaften auf der Mittellinie des Spielfeldes einander gegenüber und bringen auf das Zeichen des Schiedsrichters gemeinsam ein dreifaches ‚Sieg Heil‘ auf die deutsche Sportkameradschaft aus. [...] Auf keinen Fall darf die Feierlichkeit des Grußes beeinträchtigt oder verkürzt werden. [...] Die platzbesitzenden Vereine haben bei Ihren Veranstaltungen die Hakenkreuzfahne zu hissen." Sportverbände werden liquidiert, jüdische Sportler*innen und Funktionär*innen werden konsequent aus Vereinen ausgeschlossen. Innerhalb weniger Wochen wird das Sportwesen dem NS-System untergeordnet. Da Frauenfußball von keinem Verband anerkannt ist, agieren die Kickerinnen vorerst weiter. Wie schwierig die Umstände für sie in dieser Zeit sind, lässt sich kaum nachvollziehen. Es werden Versammlungen und Vereinsabende angesetzt. Am 26. März ist in der *Kronen-Zeitung* ohne nähere Erläuterung zu lesen, dass „anläßlich der Wiedervereinigung mit dem Deutschen Reiche" eine Generalamnestie für alle Fußballerinnen erlassen worden sei. Derartige Amnestien gibt es zu dieser Zeit auch in anderen Sportverbänden. Interessant ist, dass *Der Montag* am 28. März 1938 einen durchaus ausführlichen Rückblick auf die Damen-Fußballmeisterschaft, die „kürzlich" beendet worden sei, bringt. Kürzlich ist natürlich relativ, denn die Meisterschaft ist schon Ende November zu Ende gegangen. Der Rückblick beschränkt sich hauptsächlich auf Statistisches: Punkte, Torverhältnisse, Platzierungen, Vergleich zur Vorsaison, Torschützinnen. Am Ende schreibt die Zeitung noch, dass sich neben der Tschechoslowakei ein neues Damenfußballland gebildet habe: Jugoslawien. Dort gäbe es vier Frauenvereine. Die Austria werde noch im Frühjahr Matches gegen die jugoslawischen Teams ausrichten, wird berichtet. Dazu kommt es aber nicht. Am 2. April 1938 findet das letzte offizielle Frauenfußballspiel vor dem Krieg statt, das Pokalspiel zwischen DFC Wien und Vindobona (3:0). Da es sich um den letzten bekannten Bericht über ein Frauenfußballspiel in Österreich für sehr lange Zeit handelt, wird hier der Artikel der Wochenzeitung *Der Montag* vom 4. April 1938 vollständig und im Wortlaut wiedergegeben:

In der ersten Spielhälfte gaben sich die Gegnerinnen einen gleichwertigen Gegner ab. Wien verfügte über die bessere Stürmerreihe, während sich Vindobona auf eine sichere Verteidigung stützte. Nach der Pause nimmt Vindobona einige Umstellungen vor, die sich nicht auswirken. Schon scheint es, daß sich die Mannschaften torlos trennen, als zehn Minuten vor Spielende Redl einige Gegnerinnen umspielt und von der Strafraumgrenze einen wuchtigen Schuß abgibt, der von der Torlatte ins Netz springt. Gleich darauf erhöht dieselbe Spielerin nach einer Kombination des Innentrios. In weiteren fünf Minuten stellt dann Gerhart nach einem Sologang das Endresultat her. Wien hatte ihre besten Spielerinnen im Innentrio Gerhart, Redl, Kristinkowitz und Slejs und Schenk. Die Unterlegenen in Lovato, Aschauer und Henych 1.

Im April und im Mai finden sich noch mehrere Spielansetzungen – darunter auch zwei neuerliche Propagandaspiele in Ungarn. Vindobona plant ab dem 20. Mai sogar eine Polen-Reise mit fünf Spielen gegen polnische Damenteams – diese findet nicht statt. Von manchen Spielen ist bekannt, dass sie abgesagt worden sind und auch warum. Etwa wegen Visa-Problemen oder wegen Schlechtwetters. Zu den meisten geplanten Spielen gibt es keine Informationen mehr. Die letzten bekannten Spielansetzungen gibt es für 8. Mai 1938. Ein Testspiel und zwei Pokalspiele sollten zur Austragung kommen. Ob es jemals dazu gekommen ist, ist nicht bekannt. Dann ist Schluss. Mitte Mai wird die Berichterstattung über Frauenfußballspiele endgültig eingestellt.

Der ÖFB wird schon Ende März aufgelöst. Der damalige ÖFB-Präsident Richard Eberstaller informiert diesbezüglich die FIFA. Die gesamte Verwaltung der Fußballvereine wird dem Deutschen Reichsbund für Leibesübungen in Berlin-Charlottenburg übertragen. Amtlich ist die Auflösung mit 7. Juni. Im Juni verbieten die Nationalsozialisten schließlich offiziell den Frauenfußball in Österreich. „Schluß mit dem Damenfußball!", heißt es am 1. Juni 1938 im *Kleinen Blatt*. Der ÖFB habe recht gehabt mit seiner Ablehnung des Damenfußballsports. Dies gehe nunmehr aus einer Erklärung des amtlichen Organs des Reichsfachamtes Fußball im Deutschen Reichsbund für Leibesübungen, *Der Kicker*, hervor: „Ja, in Wien gab es regelrechte Damenfußballspiele. Es bedarf wohl keiner besonderen Begründung, daß diese sportliche Entartung in Zukunft nicht mehr geduldet werden darf!" „Aus ists mit dem Frauenfußball!", schreibt das *Vorarlberger Tagblatt* Mitte Juni. Gemäß der Gauführung dürfe für Fußballspiele und Fußballtrainings von Frauen kein Spielplatz mehr zur Verfügung gestellt werden. „Die bisher bestehenden Fußballmannschaften von Frauen sind aufzulösen." Es entspräche nur einem „gesunden Gefühl, wenn man das Fußballspiel und das Boxen als für Frauen ungeeignet, um nur dieses Wort zu wählen, ablehnt. Deshalb ist es erfreulich, daß die österreichische Gauführrung dieser Verirrung mit einem Federstrich ein Ende bereitet." Die kurze, aber sehr erfolgreiche Phase des Frauenfußballs in Österreich endet endgültig mit der Auflösung aller noch verbliebenen Vereine, sowie der Damenfußball-Union im August. Zum Abschluss seiner im *Sportfunk* 1957 abgedruckten Erinnerungen schreibt der ehemalige Trainer Heinrich Brückner, wie gerne er an die Zeit zwischen 1935 und 1938 zurückdenke. An eine äußerst bemerkenswerte Zeit im österreichischen Fußball: Als hunderte Frauen Fußball spielen wollen und Fußball spielen; als zahlreiche Klubs gegründet werden; als zwei komplette Meisterschaften durchgeführt werden - von einem Verband, der im Stande ist, sich selbst zu finanzieren; als die Matches der Frauen auf reges Publikumsinteresse stoßen; als sogar Männer deren sportliche Leistungen honorieren – zumindest ein paar. Und das alles trotz erbitterter Widerstände gegen den Frauenfußball. Brückner: „Wären wir 1938 nicht verboten worden, hätten wir, glaube ich, einen ungeahnten Aufstieg erlebt [...]. Im Laufe der Zeit hätte sich auch mancher Männerklub eine Damensektion zugelegt, oder wir wären vom Verband offiziell anerkannt worden." So aber ist der Beginn des Zweiten Weltkriegs auch der Beginn einer jahrzehntelangen Zeit ohne Frauenfußball in Österreich.

PAUSE

BLINDER FLECK 1938-1968

In der NS-Zeit wird Fußball wieder eindeutig als Männersport deklariert. Die Frauen sollen ihre Pflichten erfüllen – und zwar da, wo sie gerade gebraucht werden: in der Familie, als Fließbandarbeiterinnen in der Rüstungsindustrie oder als Verwaltungsangestellte. Abseits der Pflichten dürfen Frauen Sport betreiben, allerdings hauptsächlich zu dem Zweck, dass sich die Männer an den schönen Frauenkörpern erfreuen können. Bei Fußballspielen sind Frauen maximal als Aufputz auf der Ehrentribüne zugelassen. Nach dem Zweiten Weltkrieg wird in Österreich der „Männersport" Fußball, der in dieser Zeit sehr viel über Kampf definiert wird, immer populärer. Frauen und Fußball – das ist lange Zeit überhaupt kein Thema. Wenn man so will, ist die Zeit ab 1938 bis Ende der 1950er-Jahre bzw. sogar bis Anfang der 1970er-Jahre eine Art Mittelalter des Frauenfußballs. Alles, was sich die Frauen vor allem in den 1930er-Jahren erkämpft haben, scheint wie vergessen. Natürlich geht das Ganze Hand in Hand mit gesellschaftlichen Entwicklungen dieser Zeit. Die Frau ist festgesetzt auf ihre Rolle als Hausfrau und Mutter. Damit hat sie glücklich zu sein. Nach höherer Bildung braucht sie nicht zu streben. Und von Feminismus und Emanzipation ist keine Rede. Der Frauensport an sich existiert noch. Aber erstens sind Frauen im Spitzensport quantitativ deutlich in der Minderheit – nicht nur in Österreich. Zweitens müssen sich Sportlerinnen den von Männern gemachten Regeln unterwerfen. Männer bestimmen, welche Sportarten für Frauen adäquat bzw. zumindest akzeptabel sind und welche nicht.

Bei den Sportlerinnen handelt es sich in der Regel um Mädchen und junge Frauen. Handball und Skifahren sind die am meisten verbreiteten Sportarten unter Frauen. Für Männer bietet sich beim Zuschauen die Möglichkeit, diese in knappen Outfits zu sehen. Eiskunstlaufen, wo Österreich große Erfolge feiert, übt hier einen besonderen Reiz aus. Zwar werden wesentlich weniger Frauen zu großen internationalen Sportwettkämpfen entsandt als Männer, sie sind zum Teil aber deutlich erfolgreicher. Zum Beispiel im Jahr 1948: An den Olympischen Winterspielen in St. Moritz nehmen für Österreich 41 Sportler und zwölf Sportlerinnen teil. Sechs der acht Medaillen werden von Frauen gewonnen, darunter die einzige Goldene: Trude Jochum-Beiser gewinnt die Kombination im Skilauf. Bei den Sommerspielen im selben Jahr in London werden sogar alle vier Medaillen für Österreich von Frauen gewonnen. Die Speerwerferin Herma Bauma wird Olympiasiegerin. 26 österreichische Sportlerinnen und 88 Sportler sind in London dabei. Zu dieser Zeit gibt es noch deutlich weniger Wettkämpfe für Frauen. Die Frauen hätten Österreichs Ehre gerettet, schreiben Zeitungen nach den Spielen 1948. So heißt es etwa in der Grazer Parteizeitung der Sozialisten, *Neue Zeit*: „Es muß für unsere Männer wirklich beschämend sein, daß kein einziger von ihnen zu Medaillenehren kam, daß also Österreichs gesamter Sportruhm dem schwachen Geschlecht zu verdanken ist." Die Zeitung relativiert dies aber insofern, als die internationale Konkurrenz in den Frauen-Bewerben geringer sei.

Frauen werden nur dann hervorgehoben, wenn die Männer versagen. Nicht nur der Sport an sich, sondern auch die Berichterstattung bleibt selbstverständlich männliches Hoheitsgebiet. In den Sportverbänden bleiben Frauen, ungeachtet ihrer Erfolge, stark benachteiligt. Einzig der Allgemeine Sportverbund Österreichs (ASVÖ) bemüht sich um eine Stärkung des Frauensports. Olympiasiegerin und Weltrekordlerin Herma Bauma wird im dritten Sportdachverband – neben der ASKÖ (Arbeitsgemeinschaft für Sport und Körperkultur in Österreich) und der Sportunion – Frauenreferentin. „Es ist eine Tatsache, wenn auch in Oesterreich nicht immer augenfällig, daß der Frauensport gewissermaßen noch um seine Gleichberechtigung kämpfen muß", schreibt Bauma im September 1948 in der Österreichischen Volksstimme, dem Zentralorgan der Kommunistischen Partei. Bauma tritt für die Einrichtung einer überparteilich organisierten Frauensportkommission ein. Das geschieht aber nicht. Frauensport bleibt unter männlicher Kontrolle. Im September 1948 startet die Zeitung *Wiener Sport in Bild und Wort* eine Initiative, die den Frauenfußball wieder zum Leben erwecken soll. Fußballinteressierte Frauen sollten sich bei der Zeitung melden – und das tun sie auch. Aber nach nicht einmal einem Monat endet die Berichterstattung der Zeitung zum Thema. Der Sporthistoriker Matthias Marschik vermutet, dass Interventionen von Verbänden wie dem ÖFB zum jähen Ende der Initiative geführt hätten. Gespielt wird im Jahr 1948 jedoch schon. Es existieren Fotos von Frauenfußballspielen aus dem September 1948, die im Rahmen eines Volksfestes in Ottakring ausgetragen worden sind. Allerdings ist nicht bekannt, wer die Teams bzw. wer die Spielerinnen sind. In den 1950er-Jahren verschwindet das Thema Frauenfußball zunächst völlig aus den Medien. Auch von möglichen Veränderungen im Frauensport ist nichts mehr zu lesen. Frauen werden gesellschaftlich noch mehr in die Rolle der braven Mutter, Ehe- und Hausfrau gedrängt. Im Sport sollte die Frau bei ästhetischen, künstlerischen Sportarten wie dem Eiskunstlaufen bleiben. Die Hochleistungssportlerin sollte keineswegs als Vorbild dienen.

In Deutschland wird Frauenfußball 1955 vom DFB verboten, trotzdem werden in den Folgejahren einige Frauenvereine sowie der Westdeutsche Damen-Fußball-Verband gegründet. Auch Länderspiele werden ausgetragen – vor bis zu 18.000 Zuschauer*innen. Von einem Match gegen Holland wird in Österreich berichtet. Infolgedessen bringt der *Sportfunk* im Frühjahr 1957 das Thema Frauenfußball wieder aufs Tapet. „Damenfußball – ja oder nein" fragt die Wochenzeitschrift und ruft „unsere geschätzte Leserschaft" dazu auf, ihre Meinung zum Thema kundzutun. Einige Leserbriefe werden als „Pro" oder „Kontra" abgedruckt. Die Leserin Ingeborg Schäffer staunt, „daß es so viele Herren gibt, die sich gegen den Damenfußball mit Händen und Füßen sträuben. Warum nur? [...] Warum verbietet der ÖFB das Damenfußballspiel? Was ist da schon dabei? [...] Weshalb probiert man es nicht einmal?" Auch der Leser Oskar Weiser befürwortet Frauenfußball, allerdings müsse dieser „neu zu errichtende Sportzweig auf wirklich sportlicher Basis geführt" werden. Unter den Kontra-Stimmen finden sich die üblichen, altbekannten Argumente. Fußball sei ein Kampfsport, „der die häßlichsten Szenen zeigen würde", meint Leser Ernst Weichart. Auch ÖFB-Präsident Hans Walch wird zu einer Stellungnahme eingeladen. Wenig überraschend lehnt er Frauenfußball strikt ab. Walch sorgt sich vor allem um die Körper der Frauen, und deren Rolle als Mütter. Die geregelte Sportausübung, so Walch, versetze die Frauen körperlich in die Lage, „auch den Aufgaben als Mütter gerecht zu werden. Der Fußballsport ist ein kampfbetonter Männersport, der nicht geeignet ist, den Frauen in sportlicher Hinsicht das zu geben, was sie zur Ausbildung eines gesunden Körpers notwendig brauchen." ÖFB-Generalsekretär Kurt Liegl ergänzt, dass auch medizinische und ästhetische Gründe gegen den Damenfußball sprächen. Die beiden hohen ÖFB-Funktionäre berufen sich also auf oft gehörte Argumente gegen Frauenfußball. Auch Jahrzehnte später werden solche oder ähnliche Thesen eingebracht, wenn Frauen in einen von Männern dominierten Sport „einbrechen" wollen. So führt der Präsident des Internationalen Ski-Verbandes (FIS), Gian Franco Kasper, in den 1990er-Jahren ins Treffen, dass es den Frauen bei der Landung im Skispringen die Gebärmutter zerreiße. Tausende Gebärmütter von tausenden Skispringerinnen sind seither bei tausenden Landungen intakt geblieben. Heinrich Brückner, Trainer in der glorreichen Zeit des österreichischen Frauenfußballs vor dem Zweiten Weltkrieg, befürwortet im *Sportfunk* die Wiederaufnahme des Frauenfußballs.

„Aber sie dürfen nicht den Fehler machen, wie es jetzt schon geschehen ist, daß ein Damenfußballspiel zu einem – zum Teil wirklich der Ästhetik widersprechenden – Juxmatch degradiert wird. Talentierte Mädel sollten erst nach einem gewissenhaften Training durch qualifizierte Trainer an die Öffentlichkeit treten." Brückner empfiehlt den großen Männerklubs, wie Austria oder Rapid, „Sektionen von Damenfußballmannschaften zu gründen, weil ein Damenfußballspiel als Vorspiel, wie schon oft bewiesen, große Zugkraft besitzt." Dass es noch rund 60 Jahre dauern sollte, bis die Austria beginnt, sich im Frauenfußball zu engagieren und dass Rapid bis 2022 noch kein Frauenteam hat, hätte sich Brückner damals wohl nicht vorstellen können. Unterdessen finden im Sommer 1957 einige Frauenfußball-Spiele statt – zumeist auf dem Südost-Platz in Wien. Es gibt zumindest zwei Wiener Vereine: Fortuna und Süd-Ost. Die Medien nehmen davon kaum Notiz. Der spätere Präsident des Damenfußballverbands, Helmut Goldschmidt, berichtet 1973 in Sport und Toto darüber, dass die ersten Spiele der Nachkriegszeit derartige Zuschauermassen angelockt hätten, „daß den Kassieren nicht selten die Karten ausgingen". Der ÖFB zeigt weniger Interesse und spricht ein generelles Verbot von Frauenspielen auf Verbandsplätzen aus. Allen Vereinen, die sich daran nicht halten sollten, wird mit der Streichung der Toto-Subventionen gedroht. Im Sommer 1957 steigt im Wiener Radstadion sogar ein Länderspiel einer österreichischen Frauen-Auswahl gegen Deutschland. Die deutschen Frauen gewinnen 11:0. Ein weiteres Spiel gegen Deutschland verlieren die Österreicherinnen in Augsburg mit 0:5. Georg Wittasek, Präsident des „Ersten Österreichischen Damen-Fußball-Klubs Fortuna Wien" wehrt sich in einem Leserbrief an den *Sportfunk* gegen Kritik an den Leistungen der Frauen. „Die österreichischen Mädchen gaben ihr Bestes und spielten, unseren Verhältnissen entsprechend (bekanntlich spielen sie erst kurze Zeit), einen guten Fußball." Das 0:5 sei keineswegs eine Schande. Wittasek weist darauf hin, dass „unsere Fußballerinnen zwei- bis dreimal wöchentlich trainieren. Sie werden dabei von Marathonmeister Gruber, der das Konditionstraining leitet, und von FC Wien-Spieler Goldschmidt (Balltraining) ziemlich hart angefaßt." Wittasek ist sich sicher, „dass sich über kurz oder lang internationale Erfolge einstellen werden, wenn nicht aus kleinlichem Opportunismus und unsportlicher Quertreiberei dem österreichischen Damenfußball ein Haxel nach dem anderen gestellt wird." Anfang November 1957 ist Österreich bei einem internationalen Turnier in Berlin, dass als Europameisterschaft bezeichnet wird, vertreten. Veranstaltet wird das Turnier von der International Ladies Football Association (ILFA). Der Verband ist im selben Jahr gegründet worden. Teams aus den ILFA-Mitgliedsländern England, Westdeutschland, den Niederlanden und eben aus Österreich spielen mit. Die Manchester Corinthians, die als „England" auftreten, holen sich am Ende mit einem 4:0-Finalsieg gegen Deutschland den Titel. Die Österreicherinnen reisen verspätet an und müssen sich im Halbfinale kampflos den deutschen Frauen geschlagen geben. Das Spiel um Platz drei verliert Österreich vor 3000 Zuschauer*innen mit 1:8 gegen die

Niederländerinnen. Von dem Turnier gibt es nur wenige und teilweise widersprüchliche Informationen. Zum einen berichten Quellen, dass das Finalspiel vor 37.000 Zuschauer*innen stattgefunden habe. In neueren Quellen ist zu erfahren, dass nur 8000 statt der erwarteten 40.000 Zuschauer*innen gekommen sind. Zudem werden die Organisatoren wegen Betrugsverdachts festgenommen.

Auch nach 1957, also nach dem ÖFB-Verbot, dürften Frauen in Österreich weiter Fußball gespielt haben – auf ÖFB-Plätzen und praktisch unter der Wahrnehmungsgrenze. Und so weiß man auch wenig über diese Zeit. Helmut Goldschmidt, Präsident des Österreichischen Damenfußball-Verbandes (ÖDFV), berichtet Ende Juli 1973 in *Sport und Toto* von regelmäßigen Spielen seit 1957. Damals, schreibt er, seien die Spielerinnen ein „zusammengewürfelter Haufen aus Fußballbräuten und Sportlerinnen aus anderen Disziplinen, die ab und zu einmal – zum Gaudium des vorwiegend männlichen Publikums – ein Spielchen auf dem grünen Rasen servierten" gewesen. Die Sache wird mit der Zeit ernster. Goldschmidt: „Wie die Entwicklung zeigte, war das Phänomen Damenfußball eine der vielen Wellen, die das stürmisch gewordene Meer der Emanzipation an den Strand jenes Landes warf, wo die Männer ihre Privilegien hüten. Fußball – eine Domäne der Männer, diese These galt wahrlich bei den forschen Fußballamazonen nicht, denn einmal auf Kurs gegangen, ließen sie sich durch nichts beirren." Ein Hinweis auf Frauenfußball in Österreich in dieser Zeit kommt aus Deutschland. Nachdem der Münchner Josef Floritz 1958 die Deutsche Damenfußball-Vereinigung gründet, stellt er eine deutsche Damenfußballauswahl zusammen. Diese bestreitet bis 1965 rund 150 Auswahlspiele gegen Auswahlen aus anderen Nationen. Die meisten dieser Spiele finden in Deutschland statt – aber auch in Frankreich, Italien und in Österreich sollen die deutschen Frauen gespielt haben. Zudem absolviert der deutsche Verein DFC München 1960 in Rosenheim ein Städtespiel gegen ein Team aus Salzburg.

ZWEITE HALBZEIT

BLICKPUNKT 1968-2023

DER NEUSTART - ENDE 1960ER

Ende der 1960er/Anfang der 1970er ist eine wichtige Phase für den europäischen Frauenfußball. In vielen Ländern werden Verbote aufgehoben, zahlreiche Vereine ins Leben gerufen, Ligen gegründet. Dieser neuerliche Aufschwung des Frauenfußballs hängt nicht zuletzt mit gesellschaftlichen Entwicklungen dieser Zeit zusammen: Emanzipation, Modernisierung, Liberalisierung.

1969 wird in England ein Fußballverband für Frauen gegründet: die Women's FA. 1971 wird das Frauenfußball-Verbot aufgehoben. 1972 existieren bereits mehr als 180 Frauen-Vereine. In Italien wird ein nationaler Verband gegründet und 1969 wird sogar eine inoffizielle Europameisterschaft ausgerichtet. Die Gastgeberinnen sichern sich den Titel. In Deutschland, das im europäischen Frauenfußball für lange Zeit tonangebend sein wird, wird das Verbot 1970 aufgehoben. Die Entwicklung geht rasant. Schon 1971 gibt es 70.000 Spielerinnen. Ab 1974 wird in einer Meisterschaft gespielt. In der Tschechoslowakei ist man beim Neustart des Frauenfußballs ebenfalls vorne dabei. Allerdings scheitern Teilnahmen an internationalen Turnieren immer wieder an Visa-Problemen. Auch in der Schweiz oder in Schweden fällt in dieser Zeit der neuerliche Startschuss für den Frauenfußball. Und viel wichtiger noch: es muss nicht mehr in Illegalität gekickt werden. Die Vorurteile gegen fußballspielende Frauen aber werden sich lange halten.

Vom 7. bis 15. Juli 1970 wird in Italien die erste – wenn auch inoffizielle - Frauenfußball-Weltmeisterschaft ausgetragen. Der 1969 gegründete Verband FIEFF (Federazione Internazionale Europeo di Football Femminile) initiiert das Turnier. Der Spirituosenhersteller Martini & Rossi tritt als Sponsor auf. Frauenteams aus sieben Nationen nehmen teil: England, Westdeutschland, Dänemark, Mexiko, Italien, Schweiz und Österreich. Vor 40.000 Zuschauer*innen gewinnt Dänemark das Finale gegen Italien mit 2:0.

„Wir glauben, daß die Fußball spielenden Damen als Propagandistinnen für den Fußballsport nicht zu unterschätzen sein werden", wird UEFA-Generalsekretär Hans Bangerter 1970 in der *Arbeiter-Zeitung* zitiert. Er denkt an Frauenfußballspiele als Vorspiele für Männer-Erste-Liga-Matches. Der Generalsekretär sieht keinen Grund, warum Frauen nicht Fußball spielen sollten. Derselbe sagt allerdings auch: „Damenfußball sollte jedoch ein Spiel im wahrsten Sinne des Wortes bleiben und nicht mit tierischem Ernst betrieben werden." Der ernste Wettkampf solle also den Männern vorbehalten bleiben.

1971 empfiehlt die UEFA schließlich ihren nationalen Mitgliedsverbänden, Frauenfußball unter ihre Fittiche zu nehmen. Der europäische Fußballverband will Frauenfußball unter seiner Kontrolle halten und vermeiden, dass dieser eigene Strukturen entwickelt und sich unkontrolliert ausbreitet. Viele Verbände folgen dieser Empfehlung, weil sie Restriktionen fürchten.

Das Länderspiel zwischen Frankreich und den Niederlanden (4:0) am 17. April 1971 in der nordfranzösischen Stadt Hazebrouck erhält historischen Wert. Rund 30 Jahre später erkennt die FIFA diese Partie als erstes offizielles Frauenfußball-Länderspiel an. Ein Jahr nach der ersten WM in Italien richtet der Verband FIEFF die zweite inoffizielle WM aus – diesmal in Mexiko und ohne Österreich. Das Turnier wird erneut von Martini & Rossi gesponsert. Sechs nationale Teams spielen mit: England, Frankreich, Italien, Argentinien, Dänemark und Mexiko. Dänemark verteidigt den Titel mit einem 3:0-Finalerfolg gegen Mexiko. Das Publikumsinteresse am Turnier ist groß, das Endspiel im Aztekenstadion sehen angeblich mehr als 100.000 Zuschauer*innen. Ab 1972 gibt es den Frauenverband FIEFF nicht mehr.

Auch in Österreich tut sich etwas. 1968 wird der USC Landhaus gegründet. Ein Team, das zunächst aus Handballerinnen besteht, wird in diesem Jahr als Abteilung in das Männerfußballteam Union SC Landhaus als Sektion aufgenommen. (siehe eigenes Kapitel zu USC Landhaus)
In der Folge werden weitere Frauenfußball-Abteilungen in Sportvereinen gegründet, etwa beim Floridsdorfer AC. 1968 wird auch ein Damenfußballverband, der ÖDFV gegründet. Aber einige Vereine, darunter Landhaus, werden nicht Verbandsmitglieder. Es kommt

immer wieder zu Querelen. Nur sehr vereinzelt ist Frauenfußball ein Thema in Zeitungen. Für Aufregung sorgt im Mai 1968 ein fußballspielendes Mädchen, das in einem Bubenteam mitgespielt hat. Beim Spiel zwischen Polizei und Austria in Klagenfurt wird in der zweiten Hälfte ein Spieler mit langen Haaren eingewechselt. Dem Polizei-Betreuer kommt das Ganze nicht geheuer vor, er interveniert beim Schiedsrichter. Dieser erfährt von dem Kind, dass es ein Mädchen sei. Es muss daraufhin das Feld verlassen. Dem Mädchen, schreibt *Sport und Toto*, dürfe man natürlich keinen Vorwurf machen. „Aber was hat sich der Austria-Betreuer, der es auf das Feld geschickt hat, eigentlich dabei gedacht?“ Einige Eltern von Fußball spielenden Buben seien „mit Recht empört“ gewesen. Den Betreuer habe schließlich das Gewissen gepackt. „Er verließ fluchtartig den Platz.“ Im Oktober 1968 berichtet *Sport und Toto*, dass der Damenfußball in Frankreich Fortschritte mache. Im Elsaß bekämen Frauenfußball-Spiele ein Publikumsinteresse, das die männlichen Kollegen durchaus neidisch mache. Ein Fußballer erklärt das so: „Mit der Oberweite der Amazonen können wir eben nicht aufwarten.“ Eine Spielerin entgegnet: „Mag sein, daß ein Teil des Publikums nicht ausschließlich wegen des Fußballs zu unseren Spielen kommt, aber das ist nur ein geringer Prozentsatz.“ Die meisten würden sich am technisch ausgefeilten Fußball der Frauen erfreuen. Der Wiener Fußball-Verband bietet Ende 1968 Frauen die Möglichkeit, als Unparteiische zu wirken – allerdings nur wegen eines akuten Schiedsrichtermangels. Die erste Schiedsrichterin dieser Zeit heißt Sylvia Ruzicka. Die „scharmante“ Frau habe ein prickelndes Abenteuer vor sich, schreibt *Sport und Toto*.

Die Zeitung wünscht der Debütantin „lauter Fußballkavaliere, damit sie ihr freundliches Lächeln immer aufsetzen kann“. Drei Jahre später gibt es bereits sieben Schiedsrichterinnen, die allerdings nur Nachwuchsspiele leiten dürfen. *Sport und Toto* kritisiert Ende März 1971, dass den sieben Frauen nicht die nötige Unterstützung zuteilwerde. „Es hat ganz den Anschein, als ob man die sieben Tapferen für immer und ewig als Lückenbüßerinnen bei Knaben- und Schülermatches – die zumeist an Sonntagmorgen ab 8 Uhr früh angesetzt sind – fungieren lassen möchte, während beispielsweise die männlichen Kollegen – die zugleich mit den ersten weiblichen Referees die Prüfungen ablegten – schon Punktekämpfe der 2. Klasse leiten dürfen.“ Als Problem wird die Umkleide ausgemacht. Man könne nämlich nicht eine Schiedsrichterin mit zwei männlichen Linienrichtern in eine Umkleidekabine einweisen. Die Zeitung berichtet zudem von einem „handfesten Skandal“. Nach einem Knabenspiel sei die Schiedsrichterin von „Funktionären“ des klar unterlegenen Teams mit Steinen bombardiert worden. Die Frau wird daraufhin mit Knochenabsplitterungen und Verletzungen am Jochbeinbogen in ein Spital eingeliefert. Generell werden die Schiedsrichterinnen wohl arg benachteiligt. So heißt es in dem Bericht: „Tritt beispielsweise eine Dame zur Leitung eines Privatspieles an und unterläßt es vorher, das Schiedsrichterwappen – das bar bezahlt werden mußte – abzutrennen, wird sie sofort zu einer mehrwöchigen Sperre verdonnert.“ Der ÖFB verbietet Frauen noch immer die Benutzung verbandseigener Fußballplätze. In Wien spielen die Kickerinnen häufig auf dem Märzring. Allerdings ist dort das Spielfeld zu klein. Der MSV

Salzburg weicht indes ins benachbarte Freilassing in Bayern aus. Die Salzburger Spielerinnen klagen ihr Leid. In der *Arbeiter-Zeitung* werden sie wie folgt zitiert: „Künstler oder andere Gelegenheitsfußballer können zu uns ohne weiteres zu einem Juxmatch antreten. Uns aber stellt man Hindernisse über Hindernisse in den Weg, das ist doch nicht im Sinne des fairen Sportgedankens, der von den Männern immer wieder in den Vordergrund gestellt wird." An der inoffiziellen WM im Juli 1970 in Italien nimmt Österreich teil. Wegen interner Streitereien stellt der zu der Zeit stärkste heimische Klub, USC Landhaus, keine Spielerinnen für das Team ab. Österreich hat keine Chance, unterliegt Mexiko im Viertelfinale mit 0:9. Anlässlich der Weltmeisterschaft erscheint in der *Arbeiter-Zeitung* ein ausführlicher Artikel über Frauenfußball in Österreich. Der Autor des Artikels fragt, ob der Siegeszug der Fußball spielenden Frauen noch aufzuhalten sei. „Gierige Lust, das runde Leder zu treten, ergreift das weibliche Geschlecht in ganz Europa mehr und mehr." Damenfußball, hält der Schreiber fest, bedeute für die Spielerinnen Gleichberechtigung, „für die Zuschauer aber eine Art Zirkus, pure Hetz". Die Situationskomik sei besser als von der Löwinger-Bühne, wird ein Zuschauer zitiert. Man nähme die Frauen aber zu Unrecht nicht ernst. Denn: „Die Damen mühen sich genauso ab wie ihre männlichen Kollegen." Warum Frauenfußball von Männern nicht respektiert werde? Der Autor hat eine Theorie: „Wahrscheinlich fürchtet das Fußball-Establishment von den progressiven Damen entmachtet zu werden." Ebenfalls in der *Arbeiter-Zeitung* erscheint im August 1970 eine Ankündigung auf das Länderspiel zwischen Österreich und den

Weltmeisterinnen aus Dänemark auf dem Shell-Platz, Leopoldauer Straße in Wien, am 9. August. „Endlich werden Wiens Fußballfreunde und Fußballfreundinnen in den Genuß eines echten Klassespiels zweier Damenmannschaften kommen." Die *Arbeiter-Zeitung* bringt einen kurzen Bericht samt Bild von dem Spiel. „Zuseher und Dänenmädchen stürmten" heißt es da. 3000 Menschen seien gekommen. Beim dänischen Team handelt es sich zwar nicht um die Weltmeisterinnen-Elf – die *Arbeiter-Zeitung* mutmaßt, es sei das U18-Team, dennoch: „Das Publikum konnte die Begeisterung nicht zügeln. Sogar ein Begrenzungsposten mußte dem Enthusiasmus der Fans weichen, die den Sportplatz stürmten." Die jungen Däninnen hätten den Österreicherinnen fast pausenlos gezeigt, „wie man paßt, kombiniert, in Stellung läuft und schießt." Der Einsatz sei auf beiden Seiten enorm gewesen. Die Österreicherinnen müssen sich mit 0:5 geschlagen geben. Ende Oktober/Anfang November sollte zudem ein Match gegen Italien ausgerichtet werden. Am liebsten wolle man das Spiel als Vorspiel des Männer-Länderspiels Österreich gegen Italien abhalten. Der ÖFB dürfte dies aber nicht befürworten. Die *Arbeiter-Zeitung* spekuliert, ob die Schwierigkeiten mit dem ÖFB mit einer Managerin im Frauenfußball statt mit einem Manager einfacher zu klären sein würden. „Käme eine tüchtige und charmante Managerin des Damenfußballs mit der Bitte, einen Platz zur Verfügung zu stellen, wäre dann das Nein gleich leicht ausgesprochen? Vielleicht würden sogar halsstarrige Sportjournalisten ihre Vorbehalte ablegen und mit fliegenden Fahnen in das Lager des Damenfußballs übergehen." Auch andere Zeitungen springen auf das Thema Frauenfußball auf – allerdings nur, um die Frauen lächerlich zu machen. Damenfußball, schreibt der Journalist Leo Lohberger in einer Kolumne im *Sportfunk* (22. August 1970), sei ein Wort, das eine falsche Aussage habe, das vorne und hinten nicht stimme. Eine Dame sei keine solche, wenn sie Fußball spiele. „Warum ziehen Mädchen, Frauen über ihre Dessous, die unbedingt nötig sind, Leibchen und Hosen, warum tauschen sie Strümpfe, die nie dünn genug sein können, gegen dicke, kratzende Stutzen ein, zwängen diese über noch dickere Waden?" Es geht in dieser Tonart weiter. Man muss nicht jeden Satz zitieren, um ein Gefühl für die Haltung des Journalisten zu bekommen. Lohberger lässt sich auch über Funktionäre/Manager im Frauenfußball aus. Diese seien „eine gewisse Sorte von Dompteuren, die eine gewisse Sorte von Weiblichkeit für ihre Zwecke verwendet [...]. Die Manegendirektoren schwingen die Peitschen. Die Pferdchen gehorchen, keuchen, schwitzen." Das Ganze erinnert den Schreiber an einen „Schaubudenzirkus". Nun aber wollten die Akteur*innen im Frauenfußball „allen Ernstes anerkannt, mit den Herren gleichgeschaltet werden". Der ÖFB täte gut daran, so schnell wie möglich das Kind gleich mit dem Bad auszuschütten. „Allein keine klare Distanzierung des ÖFB zum ‚Damenfußball' könnte dem echten Fußballsport nur schaden." Zwei Wochen später bezieht der Obmann des USC Landhaus, Gerhard Traxler, in einem Leserbrief zu dem Kommentar Stellung. Traxler empört sich über die Aussage, dass eine Dame keine Dame sei, wenn sie Fußball spiele. Der Leserbrief artet aber mehr in eine Attacke Richtung Damenfußballverbands-Präsident Helmut Goldschmidt aus. Traxler vermutet, dass sich Lohbergers „unangebrachte Verallgemeinerung" auf ein Spiel der „Nationalmannschaft" des Herrn „Präsidenten" Goldschmidt gegen ein „letztklassiges dänisches Team" am 9. August bezieht. Dieses Spiel, in dem Österreich wie erwähnt 0:5 gegen Dänemark verloren hat, sei nach Ansicht Traxlers „in der Tat äußerst jammervoll" gewesen. Traxler ärgert sich, dass so ein Spiel in den Medien vorkommt, „während die Existenz unseres und fünf anderer Damenfußballklubs in Österreich schamhaft verschwiegen wird". Sein Team spiele jedenfalls ernsthaft Fußball. Interessant ist sowohl die Bebilderung, als auch die Anmerkung der Redaktion zu diesem Leserbrief. Auf dem Foto ist eine etwas übergewichtige Frau in Sportgewand samt Rückennummer auf dem Dress auf einem Rasensportplatz zu sehen. Ob sie Fußball spielt, ist nicht erkennbar. Der Bildtext lautet: „Damenfußball: Warum ein langwieriges Für und Wider? Laßt Bilder sprechen". Aus journalistischer Sicht ist es eine ziemliche Ungeheuerlichkeit, einen Leserbrief, indem auf ernsthaft gespielten Frauenfußball hingewiesen wird, mit dieser Bebilderung derart zu konterkarieren. In der Anmerkung schreibt die Redaktion, dass es sich bei dem Inhalt des Leserbriefs weniger um eine Verteidigung des Damenfußballs, als vielmehr um eine „flammende Anklage gegen den angeblich geschäftstüchtigeren Herrn Goldschmidt und seinen Klub" handle. Insofern sei das Schreiben „mehr als überflüssig" gewesen – „wenigstens bei uns". Denn der *Sportfunk* habe auch von Goldschmidts Klub keine Zeile gebracht.

Im Herbst 1970 werden einige Frauenfußballspiele ausgetragen – organisiert und vermarktet durch den Damenfußballverband. In der Berichterstattung werden allerdings weniger die sportlichen Aspekte hervorgehoben, wenn von der etwas übergewichtigen Torfrau oder einem gerissenen Büstenhalter die Rede ist. In Schaffhausen findet am 8. November 1970 ein inoffizielles Länderspiel zwischen der Schweiz und Österreich statt. Die Partie wird als erstes Damen-Fußball-Länderspiel in der Schweiz angekündigt. Als Organisatoren werden die damals bereits existierende Damen-Liga des Schweizerischen Fussballverbandes (SFV) sowie der FC Schaffhausen genannt. Österreich ist chancenlos, verliert 0:9. Anfang 1971 ist von mehreren geplanten internationalen Spielen zu lesen. So werden Medienvertreter bei einem Pressegespräch informiert, dass Österreich am Europacup der Nationalmannschaften, sowie am Qualifikationsturnier für die nächste inoffizielle Frauenfußball-WM im Sommer 1971 in Mexiko teilnehmen möchte. Von den WM-Qualifikationsspielen sind Resultate überliefert. Österreich verliert bei dem Turnier in Italien Anfang Juni 0:3 gegen England und 0:6 gegen Italien. Es ist davon auszugehen, dass die Spiele erneut ohne die Landhaus-Spielerinnen stattgefunden haben. Die zweite WM geht also ohne Österreich in Szene. Nach Verhandlungen mit dem ÖFB wird endlich das Spielverbot für Frauen auf Verbandsplätzen aufgehoben. „Hurra – wir sind endlich offiziell!", heißt es im Spielbericht des ersten offiziellen Frauenfußballspiels am 24. April 1971 in der *Kronen-Zeitung*, das auf der Wienerberger Sportanlage stattfindet. In einem Vorspiel für ein Regionalliga-Match der Männer gewinnen die Frauen von Wienerberg gegen

DFC Rudersdorf mit 6:1. Allerdings sind die „hübschen, langhaarigen Mädchen“ aus dem Burgenland auch mit Basketballschuhen auf dem rutschigen Rasen angetreten. Die Einnahmen dieses Spiels hätten den Wienerbergerinnen eine Israeltournee finanzieren sollen. Allerdings reicht das Geld bei weitem nicht. Wienerberger-Obmann Goldschmidt: „Mit den Einnahmen kommen wir höchstens bis Breitensee.“ USC Landhaus wird 1971 als erster Frauenfußballverein in den Wiener Fußball-Verband aufgenommen. Sowohl Landhaus, als auch der FavAC absolvieren immer wieder Spiele gegen ausländische Teams – und sind dabei durchaus erfolgreich. So besiegt Landhaus sowohl den französischen, als auch den tschechoslowakischen Meister. Die beiden Vereine finden sogar Sponsoren: Tyrolia und Komperdell. Auch Unilever und die Zentralsparkasse treten als Sponsoren von Frauenteams auf.

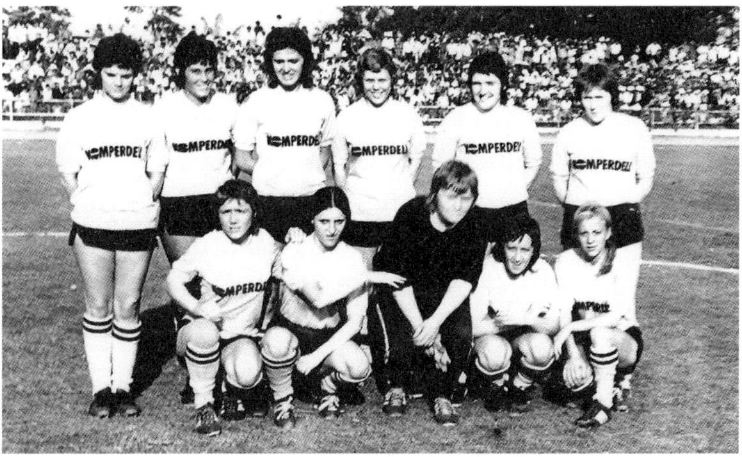

Ein nicht näher datiertes Teamfoto des USC Landhaus aus den 1970er-Jahren. Komperdell ist damals Sponsor.

Landhaus-Obmann Traxler bescheinigt dem Damenfußball im August 1971 gute Zukunftsaussichten – sofern Sportplatzbesitzer die große Chance erkennen würden, mit Frauenspielen im Vorfeld von Männerpartien dem Zuschauerschwund entgegenwirken zu können. Im Oktober 1971 bestreiten Goldschmidts Wienerbergerinnen im Vorfeld des Männer-Meisterschaftsspiels Admira Wacker Energie gegen VÖEST Linz in der Südstadt ein Testspiel gegen das klar unterlegene, niederösterreichische Team ASV Zillingsdorf (12:0). *Sport und Toto* bringt daraufhin ein Porträt der 16-jährigen Wienerberg-Spielerin Helene Buric - laut Goldschmidt die beste Kickerin Österreichs. Buric erzielt in diesem Spiel fünf Tore. „Ihre exzellente Ballführung begeisterte die Zuschauer und riß die Tausende [sic] immer wieder zu Beifall auf offener Szene hin", schreibt *Sport-und-Toto*-Redakteur Leo Vollnhofer. Buric erzählt, dass sie schon als Volksschülerin mit dem Fußballspielen begonnen habe. „Als die Buben merkten, daß ich mindestens so gut wie sie selbst - wenn nicht besser - spielte, durfte ich immer mitmachen." Buric sieht keinen Grund, warum Mädchen nicht Fußball spielen sollten. Sie vergleicht Fußball mit dem alpinen Skisport. „In beiden Sportarten wird Mut, Geschicklichkeit und Draufgängertum verlangt." Buric' Teamkollegin und -kapitänin Viktoria Goldschmidt – Ehefrau des Verbandspräsidenten - wünscht sich, dass „der Damenfußball in diesem Land endlich aus der Anonymität herausfindet, in jedem Bundesland anerkannt und die Fußballbegeisterung der Frauen dazu benützt wird, dem Zuschauerschwund entgegenzuwirken."

Für die Saison 1972/73 wird die erste Meisterschaft angesetzt. In Auswahlspielen sollen im Vorfeld die teilnehmenden Teams für die Liga ermittelt werden. Landhaus und das Wienerberger Team könnten so erstmals aufeinandertreffen, wie *Sport und Toto* Ende 1971 berichtet. Aus fadenscheinigen Gründen sei es bisher zu keinem Kräftemessen der zwei Teams gekommen. Die Zeitung gibt einen Einblick in die Auseinandersetzung der beiden Vereine: „Von einem Verein, der mir Spielerinnen wegkapert, will ich nichts wissen!", wird Wienerberger-Obmann Helmut Goldschmidt zitiert. Gerhard Traxler von Landhaus sagt, dass man die Wienerbergerinnen schon einige Male herausgefordert habe. „Aber deren Manager lehnte bisher immer ab, weil er Angst vor einer Niederlage hat." Der Vorwurf, wonach Landhaus Wienerberger-Spielerinnen abwerbe, sei absurd. „Die zwei Mädchen, die früher für die Baustoff-Elf spielten, kamen nach einem Italienmatch freiwillig zu uns und sagten, daß sie für die Goldschmidt-Truppe keinen Schuß mehr abgeben würden." Wienerberger müsse hier also die Fehler bei sich selbst suchen. Im Frühjahr 1972 herrscht reges Treiben im Frauenfußball. Zahlreiche Spiele werden abgehalten und die Meisterschaft wird vorbereitet. Die Spielerinnen von Wienerberger übersiedeln zum FavAC. Und die Favoritnerinnen gewinnen in der ersten Meisterschaftssaison 1972/73 auch den Titel. Obwohl die „Damenliga Ost" unter der Obhut des Wiener Fußball-Verbands steht, sind Teams aus ganz Österreich teilnahmeberechtigt. Zu dieser Zeit ist das Medieninteresse am Frauenfußball schon längst abgeflacht. Die anfängliche Neugier und Sensationslust haben sich gelegt.

Auch der ÖFB unternimmt keine Anstrengungen, um dem Frauenfußball mehr Aufmerksamkeit zu verschaffen. Trotz des Titels spielt die Frauenabteilung des Favoritner AC nach 1972/73 nicht mehr in der obersten Liga mit. Später wird die Sektion aufgelöst.

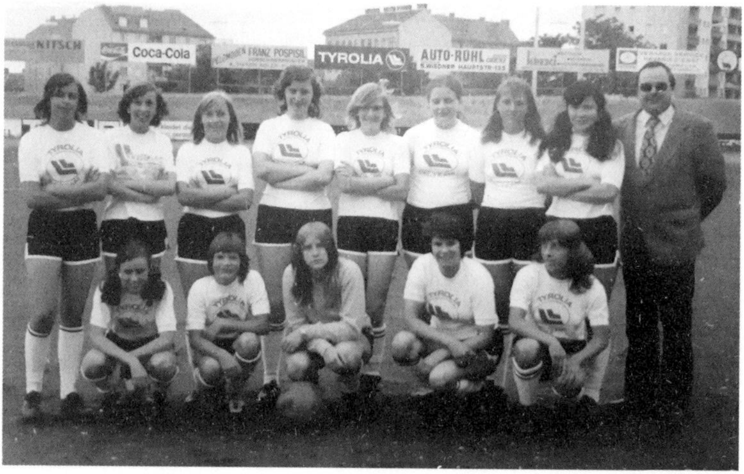

Teamfoto des FavAC, erster österreichischer Meister Damenliga Ost, 1972/73.

„Wie soll es nun weitergehen mit diesem neckischen, aber durchaus ernst zu nehmenden Damenkick, der längst über das Stadium einer Sex-Show für Spießer und billiger Belustigung für Strohwitwer hinausgetreten ist?“, fragt Helmut Goldschmidt nach der ersten Meisterschaft in *Sport und Toto*. Der Frauenverbands-Präsident liefert eine Bestandsanalyse. „Die Kickerinnen nehmen die Sache so ernst, wie es sich für eine ernsthafte Sportausübung auch gehört.“ Zäh und verbissen seien sie am Werk. „Statt des netten Flirts auf dem Tanzparkett haben sich die Fußballmädchen für das Kommando eines Trainers auf einem staubigen Sportplatz entschieden." Aber nicht nur die Freude am Spiel sei gewachsen, auch das Können. Organisatorisch, so Goldschmidt, gebe es viele Mängel, an denen aber nicht die Fußballerinnen, sondern die männlichen Funktionäre Schuld hätten. Dennoch seien alle, die im Frauenfußball involviert seien, optimistisch. „Wenn die neue Generation der Fußballerinnen [...] herangewachsen ist, dann besteht die echte Chance, daß der Damenfußball an jene Stelle aufrückt, die Handball, Hockey und andere Sportarten längst erobert haben." Dann aber sei die oft gestellte Frage, ob Frauen denn Fußball spielen sollten, nicht mehr relevant und nicht mehr berechtigt. Dass die Frage nicht mehr relevant sei, damit hat Goldschmidt wohl recht, wenngleich er zu optimistisch ist. Denn Frauenfußball wird noch oft infrage gestellt. Bis heute halten sich Vorurteile und Klischees. 1973 existieren laut Goldschmidt schon 200 Frauenfußballvereine in Österreich mit fast 5000 Mitgliedern – eine ziemliche erstaunliche Zahl für diese Zeit. Das Interesse von Mädchen und Frauen am Fußballsport ist also durchaus groß. Aber da das Interesse der (männlichen) Journaille praktisch nicht vorhanden ist, beginnt der Frauenfußball zu dieser Zeit sein Mauerblümchendasein zu fristen, dass Jahrzehnte lang andauern sollte. Während zumindest der USC Landhaus Anfang der 1970er international noch eine gute Figur abgibt, verliert Österreich in den folgenden Jahren den Anschluss an die europäische Elite vollends. Ein Nationalteam wird es noch lange nicht geben, während sich in einigen westlichen Ländern in den 1970er- und 1980er-Jahren der Frauenfußball zwar nicht rasend, aber doch stetig weiterentwickelt.

UNION SPORT-CLUB LANDHAUS WIEN

Der USC Landhaus ist der mit Abstand am längsten existierende Frauenfußballverein in Österreich. Seine Geschichte beginnt 1964. Aus einer Gruppe von Handballerinnen wird das Hobby-Frauenfußballteam „Schwarz-Weiß" gegründet. Dieses wird 1968 von der Männerfußballmannschaft des Union SC Landhaus als Sektion aufgenommen. 1968 ist also das offizielle Gründungsjahr des Vereins. Der langjährige Obmann Gerhard Traxler ist der „Gründervater" des Vereins. Auf die Idee, ein Frauenfußballteam ins Leben zu rufen, hat ihn aber seine Zwillingsschwester Annemarie gebracht (siehe Interview mit Gerhard Traxler im folgenden Kapitel). Traxler fungiert als Sektionsleiter und zu Beginn auch als Trainer. Traxlers Schwester, Annemarie Leitner, spielt von 1968 bis 1990 für Landhaus. Auch Leitners Tochter, Eveline („Evi"), spielt viele Jahre für den Verein (1972 bis 1993). Nach ihrer aktiven Karriere wird sie Trainerin. Am 1. Oktober 1968 wird der Spielbetrieb aufgenommen. Die ersten Spiele bestreitet Landhaus gegen Teams aus der Tschechoslowakei. Dort gibt es bereits eine Frauenfußball-Meisterschaft. Landhaus wird nicht Mitglied im Damenfußballverband (ÖDFV). Mit dessen Präsidenten Helmut Goldschmidt steht Traxler auf

Kriegsfuß. 1971 wird Landhaus als erster Frauenfußballverein in den Wiener Fußball-Verband aufgenommen. Dadurch darf der Klub aus Wien-Floridsdorf auf allen verbandseigenen Plätzen spielen. *Sport und Toto* berichtet Ende 1971, dass Landhaus daheim seit mehr als zwei Jahren ungeschlagen sei. So hätten die Wienerinnen den tschechoslowakischen Meister Slavia Kaplice mit 1:0 und den deutschen Südwestmeister Borussia Herfort mit 3:2 besiegt. Von einem „besonders stolzen Erfolg" (6:2 gegen den französischen Meisterklub Cimbali Sports Saint Quentin) im Jahr 1970 in Budweis ist ebenfalls zu lesen. Einladungen führen Landhaus nicht nur in die Tschechoslowakei, auch nach Ungarn, Jugoslawien, Italien, Frankreich, Schweiz, Belgien, Dänemark oder Deutschland. Und sogar nach Indonesien (1972), Taiwan (1978), sowie in die USA und nach Mexiko (1987). In Taiwan nimmt Landhaus 1978 am „Women's World Invitation Tournament" teil und belegt unter 13 Teams Platz elf. Schriftführerin Roswitha Wilfer zufolge sei das hervorragende Klubklima Garant für die Erfolgsserie. „Die Vereinsleitung unterhält einen besonders engen Kontakt zu den Eltern und näheren Angehörigen. Wir betreuen die Mädchen nicht nur auf sportlichem Gebiet, sondern haben auch für ihre privaten Probleme Verständnis und helfen ihnen in schulischen oder beruflichen Belangen. Selbst mit den Freunden, Verlobten und Ehemännern unserer Spielerinnen gab es bisher noch keine Schwierigkeiten. Im Gegenteil: Viele Herren begrüßen die sportliche Tätigkeit ihrer Auserwählten und stellen sich häufig als ehrenamtliche Helfer in den Dienst der guten Sache!" (*Sport und Toto*, 1971)

Selbstverständlich ist Landhaus, wie auch die anderen Frauenklubs, ein Amateurverein. Sektionsleiter Traxler in *Sport und Toto*: „Die Mädchen zahlen brav ihre monatlichen Mitgliedsbeiträge und beschaffen zusammen mit den durchwegs ehrenamtlich tätigen Funktionären die Fußballausrüstung, auf die sie besonders – und das mit vollem Recht – stolz sind!“ Im Juni 1971 wird die Partie Landhaus gegen DFC Landeck als Vorspiel einer Männer-Meisterschaftspartie abgehalten. 1972/73 steigt die erste Meisterschafts-Saison dieser Zeit. Landhaus muss sich da noch mit dem Vizemeistertitel hinter dem Favoritner AC begnügen. Im zweiten Jahr aber schlägt Landhaus zurück und gewinnt den ersten von insgesamt zwölf Meistertiteln, womit der Verein lange Zeit alleiniger Rekordmeister ist. Zudem stehen elf Cupsiege zu Buche. 2001 nimmt Landhaus am erstmals ausgetragenen UEFA Women's Cup in Helsinki teil. Mit den Spitzenteams können die Wienerinnen nicht mithalten. In 50 Jahren steigt Landhaus nie ab, setzt von Beginn an auf Nachwuchsarbeit. Nicht alle heimischen Spitzenklubs haben Juniorinnen-Teams. Ab den 2000ern verliert Landhaus immer wieder Talente an die heimischen Spitzenvereine. Zu dieser Zeit sind das die niederösterreichischen Klubs - zunächst SV Neulengbach, dann SKN St. Pölten. Der Verein gerät in finanzielle Schwierigkeiten, ab 2015 wird eine Kooperation mit dem FK Austria Wien vereinbart. Von 2018 bis 2021 bilden die beiden Klubs eine Spielgemeinschaft. 2021 wird USC Landhaus / FK Austria Wien Vizemeister hinter St. Pölten. Nach Ende der Spielgemeinschaft übernimmt Austria Wien den

Startplatz in der ersten Liga, der Klub trägt seine Heimspiele zunächst weiterhin am Landhausplatz im 21. Wiener Gemeindebezirk aus. Der nun wieder eigenständige USC Landhaus tritt nach fast 50-jähriger durchgehender Erstliga-Zugehörigkeit den Gang in die zweite Liga an. Kurz nach Weihnachten 2021 stirbt Vereinsgründer Gerhard Traxler im Alter von 82 Jahren. Bis zuletzt hatte er als Obmann gewirkt. Nur wenige Wochen vor ihm war Traxlers Zwillingsschwester Annemarie Leitner verstorben.

Die bekanntesten ehemaligen Spielerinnen von Landhaus sind Irene Fuhrmann, die 2020 zur Teamchefin berufen wird, die spätere ÖFB-Teammanagerin Isabel Hochstöger, die Nationalspielerinnen Virginia Kirchberger, Nadine Prohaska und Jasmin Eder.

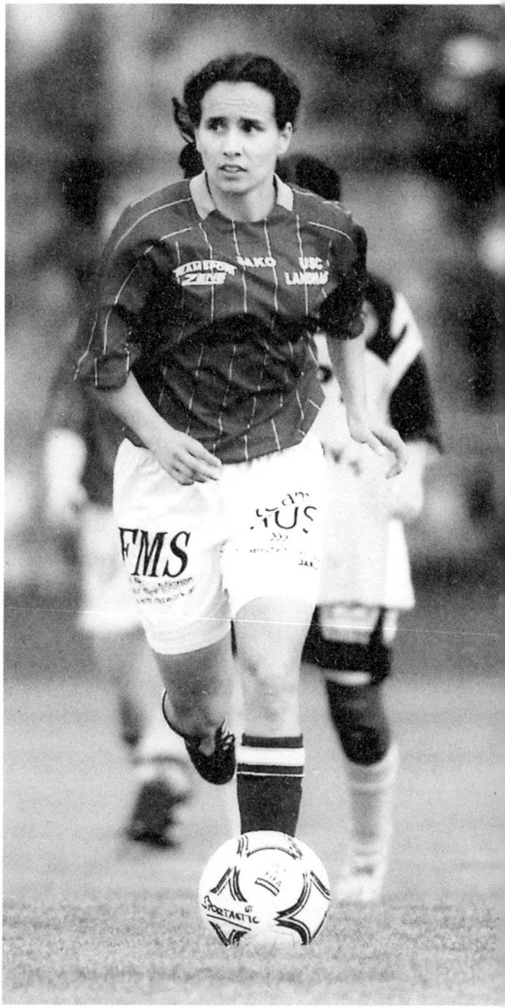

Die spätere Teamchefin des Fußball-Nationalteams der Frauen, Irene Fuhrmann, spielt in den 2000er-Jahren für Landhaus

RINDSGULASCH UND APFELSTRUDEL IN JAKARTA

INTERVIEW MIT LANDHAUS-GRÜNDER GERHARD TRAXLER

Gerhard Traxler (1939-2021) galt als einer der größten Förderer des Frauenfußballs in Österreich. Er ist Gründer und Obmann des ältesten heimischen Frauenfußballvereins und zwölfmaligen Meisters USC Landhaus. Auf der Habenseite stehen auch ungewöhnliche Reiseerlebnisse. Das Geld ist so gut wie immer knapp. Frauenfußball wird oft belächelt und wenig wahrgenommen. Während des Interviews, das elf Monate vor seinem Tod und wenige Monate vor Landhaus' Neustart in der zweiten Liga geführt wurde, sitzt Traxlers Frau Frieda neben ihm. Sie war ebenfalls Funktionärin im Verein.

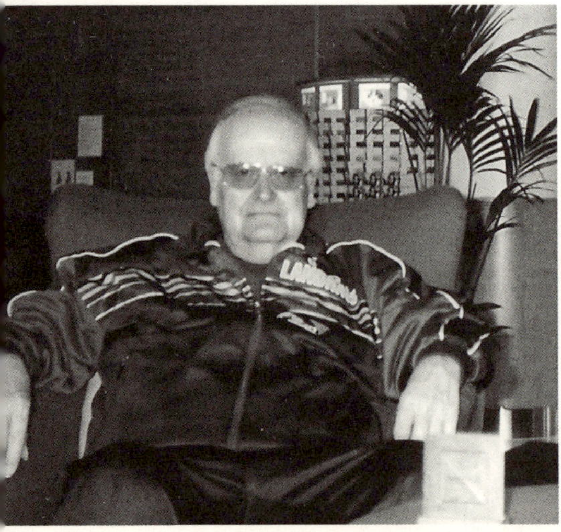

Gerhard Traxler, ein großer Förderer des Frauenfußballs. (Foto aus dem Jahr 2001)

Wie sind Sie auf die Idee gekommen, einen Frauenfußballverein zu gründen?

Das war eigentlich die Idee meine Schwester. Die hat sehr gerne Fußball gespielt – mit Männern im Bad. Außerdem hat sie Handball bei einem Verein gespielt. Rundherum, in der Tschechoslowakei, in Deutschland, hat es schon Frauenfußball-Mannschaften gegeben. Meine Schwester hat gefragt: „Warum können wir nicht auch eine Frauenfußball-Mannschaft gründen? Ich habe zu ihr gesagt: „Gut, bring die Handballmannschaft und probieren wir es einmal." Weil, wo sollten wir auf einmal Fußballerinnen hernehmen? Die Handballerinnen haben im Training ja auch ein bisschen Fußball gespielt. Dann haben wir mit diesen Spielerinnen angefangen. Natürlich – der Verein hat keine Freude gehabt. Das Handball-Team ist dann zerfallen, weil die alle Fußball gespielt haben. Von 1964 bis 1968 waren wir ein Hobby-Verein, der Schwarz-Weiß geheißen hat. Frauenfußball war damals noch verpönt, man hat nirgends spielen dürfen. Wir haben nur im Ausland gespielt oder auf Plätzen, wo man keine Strafe zahlen musste. Alle Plätze, die von der öffentlichen Hand subventioniert wurden, haben wir, als „Verbotene", nicht benutzen dürfen. Das war kompliziert, aber es war so. Auf der Birkenwiese und auf der Jesuitenwiese im Prater haben wir zu spielen begonnen. Ich bin mit meiner Schwester in die Parks gegangen, wir haben geschaut, ob irgendwo Mädels kicken und haben Zetteln ausgeteilt. Und so haben wir verhältnismäßig schnell eine Mannschaft beisammengehabt. Als wir dann offiziell waren, hat die Zeitung über uns geschrieben. Für Matches sind wir hauptsächlich in die Tschechei gefahren. Wir haben ja in Österreich keine Gegner gehabt.

Wie haben Sie den Verein am Anfang finanziert?

Da haben wir nicht viel Geld gebraucht. Es gab Mitgliedsbeiträge. Und wenn wir wohin gefahren sind, mussten die Spielerinnen für die Fahrtkosten aufkommen. Später hatten wir Sponsoren. Da haben wir Ausrüstung, aber auch ein bisschen Geld bekommen – zum Beispiel für die Fahrten. Wir sind oft nach Frankreich gefahren, dort wurden wir eingeladen, um an einem Osterturnier teilzunehmen.

1968 wurde aus dem Hobby-Verein „Schwarz-Weiß" der USC Landhaus. Wie ist das von Statten gegangen?

Wir hatten 1968 das Glück, dass uns Walter Dragoun, der frühere Obmann der Männermannschaft von Union SC Landhaus, unterstützt hat. Er hat die Sportanlage mitgebaut. Nach ihm ist heute die Gasse hinter dem Landhaus-Platz benannt. Er hat uns gefragt, ob wir nicht zu ihm wollen. Damals musste man ja bei einem Verein, also bei einem Männerverein, sein. Wir haben gesagt: Ja, warum nicht. Und seitdem sind wir hier, auf dem Sportplatz von Landhaus. Ich bin dann auch zur Sportunion gegangen. Ich war 30 Jahre lang im Vorstand des Wiener Fußballverbandes. So haben wir das Ganze immer mehr entwickelt. Von 1969 bis 1972 haben wir eine „wilde Meisterschaft" gespielt. Dann hat der Wiener Verband die Meisterschaft übernommen.

Sie sind ja auch nach Fernost gereist, 1972 nach Indonesien, 1978 nach Taiwan. Wie ist es zu diesen Einladungen gekommen?

Das hat eine deutsche Agentur organisiert und finanziert. Wir sind gemeinsam mit einem französischen Team aus Reims nach Indonesien geflogen und haben dort gegen Reims gespielt. Einmal haben wir auch gegen eine indonesische Auswahl gespielt. Wir haben in den vier Wochen sechs oder sieben Spiele gespielt. Die Spielerinnen haben auch ein Taschengeld bekommen. Die Agentur hat die Spiele verkauft, also Eintrittspreise verlangt. Da waren ja viele Zuschauer. In Jakarta haben wir an die 70.000 Zuschauer gehabt.

70.000?

Ja.

War da noch ein anderes Spiel?

Nein, nur unseres. Das ist dort vermarktet, vom Fernsehen übertragen worden. Das war für die Leute dort einmalig, deshalb sind sie alle gekommen. Überall, wo wir gespielt haben, waren wahnsinnig viele Zuschauer.

Was war der Zweck dieser Veranstaltungen? Wollte man Werbung für Frauenfußball machen?

Das glaube ich weniger. Der Gedanke war sicher, dass die Manager was dran verdienen – sage ich jetzt beinhart. Sonst hätten sie diese Matches nicht veranstaltet. Wir hatten mit der Agentur gar keinen direkten Kontakt. Das ist alles brieflich ausgemacht worden – mit den Quartieren und so. Wenn ich heute darüber nachdenke, war das schon ein Risiko. Ich war der einzige Mann. Man ist dort hingefahren und hat nicht gewusst, ob das alles hinhaut. Aber es hat alles geklappt. Heute würde ich mich das nicht mehr trauen. Wir sind damals ins Ungewisse geflogen.

Der ÖFB hat damals den Konsul in Indonesien kontaktiert, dass er quasi Schutz für uns übernimmt. Wir sind im Hotel angekommen und der Konsul hat mich angerufen. Wir haben dann Polizeischutz bekommen. Wir haben natürlich aufpassen müssen. Die Mädels sind ja auch gern abgehaut, wenn es eine Diskothek gegeben hat. Wir haben irgendwo ein Match gespielt und dann sind wir wieder in die Hauptstadt, nach Jakarta, zurückgeflogen. Nach zwei Wochen hat uns der Konsul, ein Steirer, ins Konsulat eingeladen. Er hat für die ganze Mannschaft Rindsgulasch und Apfelstrudel gemacht. Das war für uns eine Delikatesse. Denn das Essen war in Indonesien nicht gerade das Beste. Phasenweise haben wir uns nicht mehr getraut, die Sachen zu essen, da haben wir von Bananen gelebt.

Es gab auch noch andere Einladungen – zum Beispiel nach Italien...

Ja, einmal haben wir einen Anruf bekommen, ob wir gegen die Frauenmannschaft von Neapel spielen wollen. Ich habe gesagt, dass wir uns die Flüge nicht leisten können. Ein paar Tage später hat uns der Flughafen angerufen, es seien 25 Tickets nach Neapel für Landhaus hinterlegt. Dann sind wir zu dem Match und wieder zurückgeflogen.

Wie war die Berichterstattung über Frauenfußball in den Anfangsjahren?

Man hat schon berichtet. Das Traurige war, dass Frauenfußball immer wieder lächerlich gemacht worden ist. Dann haben wir Manager gehabt, wie Helmut Goldschmidt. Der wollte nur verdienen, der hat so wilde Matches ausgemacht. Ihm ist es nicht um den Sport gegangen. Damals war Frauenfußball noch etwas Außergewöhnliches, und damit konnte man Zuschauer lukrieren. Die meisten Zuschauer haben nur gelacht, weil sportlich leider noch nicht so viel drin war. Da hat es nur geheißen: „Geh' ma Fleisch beschauen." Wir haben gesagt: Uns geht es nicht ums Verdienen, wir wollen einfach den Sport betreiben. Ich habe mich von Goldschmidt distanziert. Wir haben nur Streit gehabt.

In den Anfangsjahren hat Landhaus Achtungserfolge gegen tschechoslowakische, deutsche und französische Klubs gefeiert. Das heißt, Landhaus war damals wohl auf einem guten europäischen Niveau?

Wir haben durch die Auslandsspiele dazugelernt. Wir sind immer besser geworden. Vielleicht waren die anderen Länder noch nicht so weit. Wir haben bei einigen Turnieren eine gute Figur gemacht.

Später konnte Landhaus nicht mehr mit europäischen Spitzenklubs mithalten. Warum?

Es hat uns an finanzieller Unterstützung, an Sponsoren gemangelt. In anderen Ländern war das schon gang und gäbe. Da sind wir überholt worden. Der österreichische Frauenfußball ist so dahingeschwommen. So richtig unterstützt wurde er nicht. Wir haben zwar gespielt, aber es gab keine Öffentlichkeitsarbeit für Frauenfußball. Man hätte viel früher in den Frauenfußball investieren müssen. Dann wären wir heute vielleicht auch weiter. Obwohl man schon viel aufgeholt hat.

Was waren im Laufe der Zeit die größten Schwierigkeiten ihres Vereins?

Das Problem war das Geld und die mangelnde Werbung. In Wien

ist es um die Medienwirksamkeit, die Werbewirksamkeit, noch immer schlecht bestellt. Auch wenn der Frauenfußball medial nicht mehr belächelt wird – die Zeitungen bringen nicht viel. Anscheinend sitzen da noch immer Machos, die der Meinung sind, eine Frau braucht nicht Fußball zu spielen, die soll lieber kochen. Das war so und ist teilweise noch immer so. Das Traurige ist, dass man in Österreich erst dann etwas unternimmt und etwas unterstützt, wenn Erfolg da ist. Man muss aber zuerst schauen, wie man zum Erfolg kommt. Den Erfolg haben zunächst die Vereine gebracht, dann hat sich das Nationalteam weiterentwickelt. Wir waren früher bei einem Männerverein, dem SC Landhaus. Da haben wir gespürt, dass die Frauen immer zurückstecken mussten – obwohl uns der Obmann gewogen war. Nur wenn ein Termin frei war, konnten wir spielen oder trainieren. So ist es vielen Frauenteams gegangen, die bei Männermannschaften waren. Im Jahr 2000 ist der Männerverein SC Landhaus nach St. Pölten übersiedelt. Da mussten wir uns trennen. Wir haben uns komplett selbstständig gemacht und haben die Platzerhaltung übernommen. Ab da konnten wir selbst bestimmen, wann wir spielen und wann wir trainieren. Natürlich müssen wir auch das Geld auftreiben. Wir haben zwei Untermieter. Wir haben die Kantine verpachtet. Sonst könnten wir den Platz nicht erhalten. Wir wollen, dass der Landhaus-Platz ein Zentrum für Frauenfußball bleibt.

Gab es in der Vereinsgeschichte einen absoluten Tiefpunkt, an dem Sie knapp am Zusperren waren?

Solche Tiefpunkte haben wir öfter gehabt. Da haben wir uns schon gefragt: „Warum tun wir uns das an?“

2015 wurde eine Kooperation zwischen Landhaus und der Wiener Austria vereinbart. Wie ist es dazu gekommen?

Wir haben vorher mit Rapid verhandelt. Dann hat uns der Wiener Verbandspräsident Robert Sedlacek mitgeteilt, dass die Austria angeblich Interesse hat. Sedlacek hat den Kontakt hergestellt. 2015 haben wir die ersten Gespräche geführt. Dann sind ein paar Monate vergangen, ehe ich mit Markus Kraetschmer (Anm.: zu der Zeit Vorstandsvorsitzender der Wiener Austria) bei einer Generalsversammlung gesprochen habe. Eine Woche später ist die Kooperation geboren. 2018 haben wir eine dreijährige Spielgemeinschaft beschlossen. Natürlich geht es uns durch die Kooperation besser. Die Austria trägt die Kosten der Kampfmannschaft. Aber die Sportanlage betreuen wir selbst.

Wäre die Kooperation mit der Austria nicht zustande gekommen, was wäre mit Landhaus passiert?

Das kann ich nicht sagen. Aufgelöst hätten wir uns nicht. Ob wir uns in der Bundesliga halten hätten können, ist fraglich. Finanziell haben wir es nicht mehr geschafft. Ich wollte, dass wir sportlich immer mehr erreichen. Ich bin stolz darauf, dass wir noch nie abgestiegen sind. Mein Bestreben war immer, dass es Landhaus weitergeben muss. So lange ich bei Landhaus bin, geht Landhaus sicher nicht zu Grunde. Wir haben eine Vergangenheit, wir haben Tradition. Wir haben viel für den Frauenfußball getan.

Woraus haben vor der Kooperation mit der Austria die Einnahmen von Landhaus bestanden?

Aus Mitgliedsbeiträgen, Erlösen aus Veranstaltungen und Turnieren, Eintrittsgeldern. Und hie und da hatten wir Gönner. Es war nie so, dass wir zu Saisonbeginn – Hausnummer - 50.000 Euro in der Kassa hatten und damit hätten planen können. Wir mussten permanent schauen, dass wir das Geld zusammenbekommen. Und das war der Anstoß für die Kooperation.

Was waren aus ihrer Sicht die Höhepunkte der Vereinsgeschichte?

Die Höhepunkte waren natürlich unsere Meistertitel, oder wie wir in großen Stadien Vorspiele für das Männer-Cupfinale bestritten haben. Wir haben in Graz-Liebenau und im Praterstadion gespielt. Für mich und meine Frau ist Landhaus ein Lebensabschnitt. Zwei Drittel unseres Privatlebens haben wir im Sport verbracht. Wir haben viel erlebt. Die Auslandsreisen waren schön. Das war das Sahnehäubchen auf dem Ganzen.

Früher gab es öfter Frauenspiele als Vorspiele von Männer-Partien. Haben Sie das gut gefunden?

Ja und nein. Wir haben in Graz gespielt, was toll war. Aber wir hatten nur in der zweiten Hälfte Zuschauer. Die sind erst einige Minuten nach unserem Spielbeginn eingelassen worden. Die Veranstalter hätten die Ordner zahlen müssen und das wäre zu teuer gewesen. Es muss ein gewisser Zeitabstand zwischen den Spielen sein. Wer geht ins Stadion, schaut sich ein Vorspiel an und bleibt dann zwei bis drei Stunden sitzen?

Gibt es etwas, worauf Sie besonders stolz sind?

Wir haben die Plätze den Frauen gewidmet. Wir haben die Container den Frauen gewidmet, jetzt auch Parkplätze. Wir haben durch die Frauenmannschaft etwas erreicht. Sportlich waren wir einmal ziemlich unten, dann wieder oben. Wir haben uns immer wieder erfangen. Viele, die bei Landhaus waren, haben Karriere gemacht – als Trainerinnen oder als Funktionärinnen. Wir haben noch immer einen guten Draht zu ehemaligen Landhaus-Spielerinnen.

Wie war es mit dem Medieninteresse – gab es Zeiten, in denen es besonders viele Anfragen gab? Und wie war die Medienberichterstattung? Sind Sie belächelt worden?

Das Medieninteresse war immer gleich wenig. Am Anfang war Frauenfußball interessant, weil er neu war. Aber er ist auch ins Lächerliche gezogen worden. Man hat sich über dickere Fußballerinnen lustig gemacht. Es ist auch immer gerade die gezeigt worden, die nicht die beste Figur hatte. Wir hatten einmal ein negatives Erlebnis mit einem Reporter. Der wollte unbedingt die Mädchen in der Kabine filmen. Da habe ich ihn rausgeschmissen. Zu Edi Finger senior hatten wir einen ganz guten Kontakt. Er hat sich ein bisschen für Frauenfußball interessiert und hat das ernst genommen, er hat uns auch einmal eingeladen. Einmal waren wir auch im ORF-Fernsehen bei Sport am Montag. Während und nach der Euro 2017 war ein Medieninteresse da – auch für uns. Aber das ist wieder eingeschlafen. In Niederösterreich gibt es mehr Berichterstattung über Frauenfußball als in Wien.

Frieda Traxler: In Niederösterreich gibt es auch eine Meisterprämie von 75.000 Euro. Wir haben Theaterkarten bekommen.

Wie hat sich das Zuschauerinteresse mit der Zeit entwickelt?

Richtig viele Zuschauer hatten wir nie. Seit es die Fernsehübertragungen gibt, haben wir ein bisschen mehr Zuschauer. Aber auch noch kein Haus. Bei den Spitzenspielen haben wir 150 oder 200 Zuschauer. Das ist aber schon das Höchste.

LIGAGRÜNDUNG, DIE 1970ER/1980ER

In den 1970ern hält die Vollprofessionalisierung im heimischen Spitzen-Männerfußball Einzug. Vereine werden zu Wirtschaftsunternehmen. Ohne Sponsoren geht gar nichts mehr. Medienpräsenz wird noch wichtiger. Diese Entwicklung vergrößert die Kluft zwischen Profi- und Amateurfußball und damit auch dem Frauenfußball, der vom Profitum so weit weg ist, wie der Mond von der Erde. Auch die Medien interessieren sich ab Mitte der 1970er-Jahre kaum bis gar nicht für Frauenfußball. Der Neuigkeitswert ist nach der ersten geschlagenen Meisterschaft weg. Aus Sicht der männlichen Journaille scheint alles über Frauenfußball erzählt. Von der Unsinnigkeit des Frauenfußballs über das Aussehen der Spielerinnen bis zur Kritik an einer Ungleichbehandlung der Fußballerinnen. An einer regelmäßigen, sportlichen Berichterstattung mit Spielvorschauen, Terminankündigungen, Tabellen und Spielberichten, wie es in den 1930er-Jahren der Fall gewesen ist, besteht kein Interesse. In den wenigen Berichten ist der Fokus in der Regel nicht auf das Sportliche gerichtet. Erzählt wird viel mehr von männlichen Ehrengästen, von den Leistungen der männlichen Trainer, von den Reisen der Kickerinnen, von der Kameradschaft oder vom Spaß innerhalb der Vereine. In einer Reihe von inoffiziellen Länderspielen in den 1970ern und Anfang der 1980er trifft Österreich besonders oft auf die Schweiz – zum Beispiel am 23. Oktober 1976 in Neu-Guntramsdorf. In den *Neuen Zürcher Nachrichten* findet sich eine Kurzmeldung zum Spiel: Demnach setzen sich die Schweizerinnen vor 1500 Zuschauern „dank athletischer Ueberlegenheit“ verdient mit 2:0 durch.

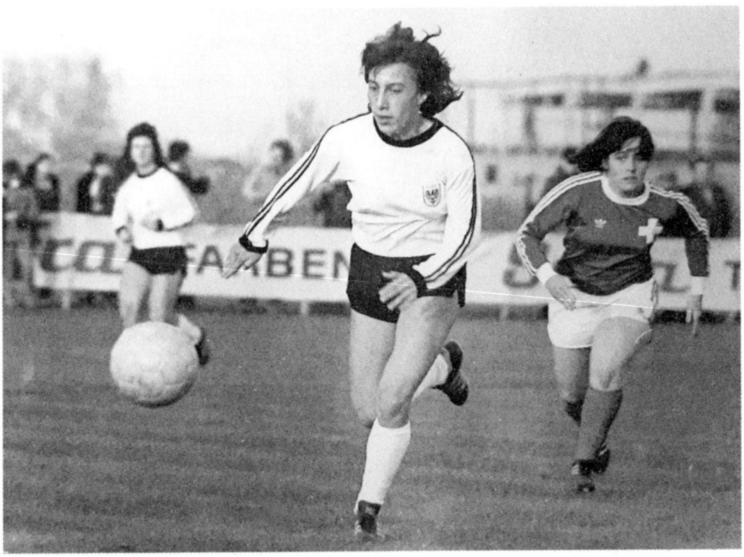

Christa Tauschek (Vordergrund) während des inoffiziellen Länderspiels zwischen Österreich und der Schweiz im Oktober 1976 in Neu-Guntramsdorf.

Im nächsten Spiel gegen die Schweiz verliert Österreich deutlich. Am 17. Juli 1977 setzt es in Escholzmatt im Kanton Luzern vor „1300 neugierigen Zuschauern rings um den Platz“

eine 1:8-Pleite. Die Schweizer Zeitung *Wir Brückenbauer* bringt einen ganzseitigen Bericht. Der Fokus liegt nicht nur auf dem Sportlichen: „Unser Team machte sehr gute Figur (diverse Spielerinnen haben sie auch!)." Die unterlegenen Österreicherinnen hätten wenigstens eine Pointe geliefert: „in der Mannschaft spielte eine Mutter neben ihrer Tochter". Es handelt sich dabei um Annemarie und Eveline Leitner. Christa Tauschek erinnert sich noch gut an die Partie – sie hat das Tor für Österreich erzielt. Im Juli 1978 unterliegt Österreich der Schweiz in einem weiteren inoffiziellen Länderspiel im Linzer Stadion der Schweiz mit 2:6. Im *Sportfunk* wird das Spiel als „erster offizieller Damenfußball-Länderkampf gegen die Schweiz" angekündigt. Allerdings listet nur der Schweizer Verband diese Partie als offizielles Spiel. Im kurzen Matchbericht im *Sportfunk* („Fußball-Damen gefielen") werden zunächst die honorigen männlichen Ehrengäste angeführt: Landeshauptleute, Sportreferenten... „All diese Herren kamen ins Linzer Stadion zu einem – Damenfußballspiel." Das Match sei ein wenig mehr als „nur ein Hauch von Fußball" gewesen. „Den Damen war der Ball kein Fremdkörper." Im Rahmen des Sportpressefestes am 13. Juni 1979 im Wiener Stadion wird ein Frauenfußball-Städtespiel zwischen Wien und München abgehalten. Spielerinnen von Landhaus, Ostbahn, Elektra und Aspern sind dabei – auch Christa Tauschek. Die damalige Elektra-Spielerin führt Aufzeichnungen von diversen Spielen. Dieses habe mit 1:1 geendet. In ihren Aufzeichnungen findet sich ein weiterer Städtevergleichskampf. Am 18. August 1979 habe sich Wien in Neu-Guntramsdorf

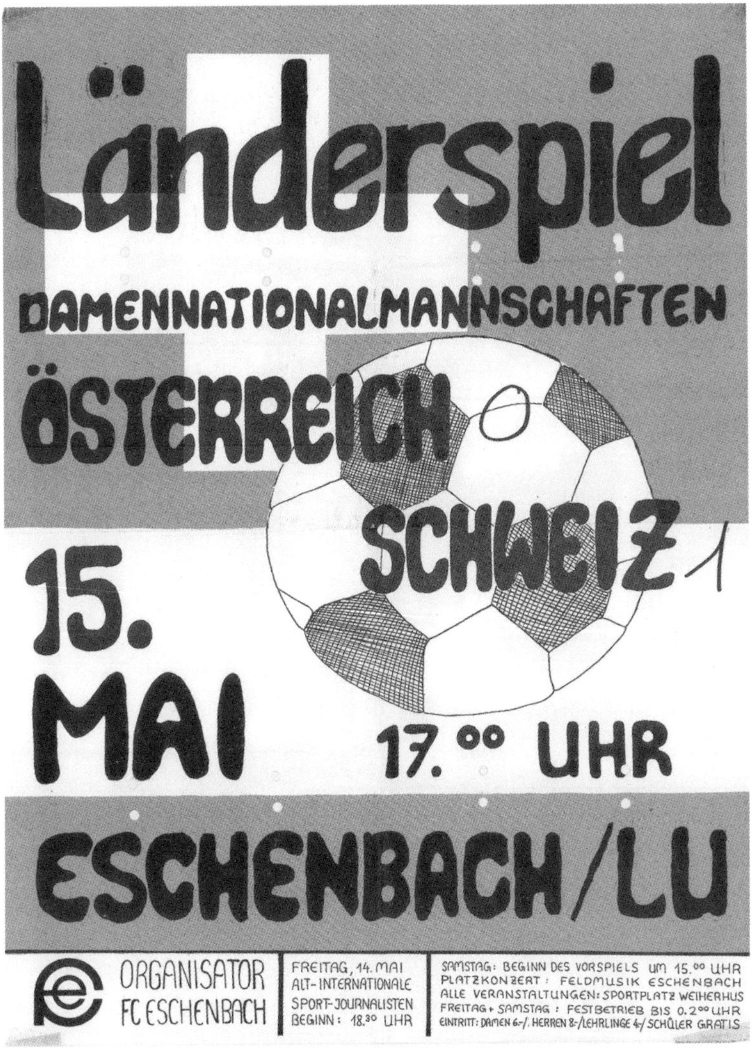

Ein Plakat kündigt das inoffizielle Länderspiel zwischen der Schweiz und Österreich am 15. Mai 1982 in Eschenbach (Schweiz) an.

einer Auswahl aus Brüssel mit 0:1 geschlagen geben müssen. Für den 14. Oktober 1981 wird im *Sportfunk* (23.9.1981) ein weiteres Städtespiel zwischen Wien und Basel im Rahmen des Sportpressefestes im Wiener Stadion angekündigt. Über ein Ergebnis dieses Spiels berichtet die Zeitung dann aber nicht. Im Mai 1982 spielt ein österreichisches Team ein weiteres Mal auswärts gegen die Schweiz. Vor 2500 Zuschauer*innen in Eschenbach verliert man diesmal knapp – 0:1. Das Tor fällt aus einem Elfmeter, wie aus den *Neuen Zürcher Nachrichten* zu erfahren ist.

Und noch ein inoffizielles Länderspiel ist verzeichnet. Auf der Website des italienischen Fußball-Verbands ist ein 0:8 in Bozen gegen Italien (8. Dezember 1983) vermerkt. In der heimischen Meisterschaft bleibt der Alltag für die Fußballerinnen indes schwierig. Unter dem Titel „Damen kämpfen um Anerkennung" bringt der *Sportfunk* anlässlich des Starts der Saison 1980/81 in der Frauenliga Ost eine kurze Bestandsaufnahme, die durchaus wohlwollend ausfällt. Der Autor Josef Langer schreibt davon, dass die Fußballerinnen oft belächelt werden würden. Aber die Männer würden irren, wenn sie meinten, dass Frauen nur daheim brav kochen sollten. Es werden die Erfolge von USC Landhaus-Komperdell angeführt. Sektionsleiter Gerhard Traxler wird zitiert: „Leider ist das Problem der Anerkennung immer noch akut. Trotzdem gibt es zahlreiche Mädchen und Frauen, die beim Verband anfragen, wie sie zum Damenfußball kommen können." 1980 wird der erste Frauenfußball-Verein gegründet, der nicht an einen Männerverein gekoppelt ist: Union Kleinmünchen. Noch im selben Jahr spielen die Linzerinnen erstmals in der obersten Liga mit. Die 1990er sind die große Zeit der Linzerinnen. Zwischen 1990 und 1999 gewinnen sie achtmal den Meistertitel und sechsmal den Cup. 1982 übernimmt der ÖFB vom Wiener Verband die Obhut über die Frauenliga. Sie heißt fortan ÖFB-Frauen-Bundesliga. Die Anerkennung für Frauenfußball wird dadurch aber nicht besser. „Es war damals undenkbar, im ÖFB Angestellte für Frauenfußball abzustellen“, erinnert sich der ehemalige ÖFB-Generalsekretär Alfred Ludwig in der ÖFB-Dokumentation „30 Jahre Frauen-Nationalteam“. Die Liga wird nicht vermarktet und fristet ein Mauerblümchendasein. Landhaus ist nach drei Titelgewinnen in den 1970ern auch in den 1980er-Jahren stark – wird in dieser Zeit fünfmal Meister. Der erste Meister, der nicht aus Wien kommt ist 1986 der 1. DFC Leoben. Die Steirerinnen verteidigen ihren Titel im Jahr darauf.

In den 1980ern wird wieder etwas mehr über Frauenfußball berichtet. Der *Sportfunk* bringt gelegentlich Berichte mit Fotos, sowie Spielergebnisse und Tabellenstände. In der *Kronen-Zeitung* wird bereits seit 1983 nicht nur der beliebteste Fußballer, sondern auch die Fußballerin des Jahres gewählt. Renate Seidl von Ostbahn XI gewinnt die erste Wahl. In diesem Jahr hat Österreich noch immer kein offizielles Nationalteam. 1989 erhält die Fußballerin des Jahres, Hertha Pahr von Parndorf, sogar 200.000 Stimmen. Nur selten wird die Art der öffentlichen Darstellung der Fußballerinnen („fesche Kickerin“ und dergleichen) kritisiert. Eine doppelseitige, reich bebilderte Bestandsaufnahme zum Frauenfußball in Österreich in der Wochenzeitung *Wiener Sport am Montag* im März 1989 strotzt nur so vor Formulierungen, die auf das Aussehen der Frauen abzielen: „Graziöse Mädchenbeine“ würden keine Fans anlocken, heißt es. Die Hobbyspielerin Renate B. von Fortuna 05 sei „eine Attraktivität, ohne Zweifel, bildhübsch“. Abgebildet ist sie in Minirock, Damenstrumpfhose und High Heels, wobei ein Schuh – Bezug zum Fußball! - auf dem runden Leder abgestellt ist. „Allein wegen dieser Frau müßte der Fortuna-Platz voll sein.“ Die „hübsche Renate“ erzählt von den freundlichen Sponsoren ihres Teams. Und auch das Zeugwartgeld sei „für die feschen Girls“ ein Fremdwort. In dem Artikel konstatiert Landhaus-Obmann und Frauenliga-Vorsitzender Gerhard Traxler, dass der Damenfußball stagniere. „Unser Sport wird bis heute nicht hundertprozentig ernstgenommen.“ Da sich der ÖFB aber verstärkt dem Frauenfußball annehmen wolle, meint der Autor des Artikels, dass „sich in Zukunft einiges zum Vorteil wenden“ solle. Tatsächlich verstärkt der ÖFB Ende der 1980er seine Bemühungen um den Frauenfußball. Erstmals gibt es einen Frauenfußball-Funktionär: Sepp Pösinger. ÖFB-Präsident Leo Windtner bezeichnet den Steirer als „Ikone des Frauenfußballs unter den ÖFB-Funktionären“. (ÖFB-TV) Pösinger habe damals schon gemeint, dass Frauenfußball eine große Zukunft haben werde. Windtner: „Er war erfüllt von der Mission, den Frauenfußball in Österreich salonfähig und erfolgreich zu machen.“ Noch lange bevor es in Österreich ein Nationalteam gibt, steigt im Jahr 1984 die erste Europameisterschaft – durchgeführt vom europäischen Fußballverband UEFA. Das Turnier wird in Hin- und Rückspielen in den mitspielenden Nationen ausgetragen. Schweden gewinnt den ersten Titel. Die skandinavischen Länder und Deutschland sind Ende der 1980er/Anfang der 1990er-Jahre tonangebend. Die Norwegerinnen werden 1987 und noch einmal 1993 Europameisterinnen. Deutschland gewinnt 1989 und 1991, sowie zwischen 1995 und 2013 sechsmal hintereinander.

ENDLICH EIN OFFIZIELLES NATIONALTEAM

Ab 1990 gibt es endlich ein offizielles, vom ÖFB nominiertes, Frauen-Nationalteam. Das erste Spiel in Richterswil (Schweiz) am 25. August 1990 wird nach zweimal 40 Minuten mit 1:5 gegen die Schweiz verloren. Christa Zötsch erzielt das erste Tor für das Team. Sportlich haben die ÖFB-Spielerinnen noch jede Menge Aufholbedarf. „Jede Spielerin der Schweiz war dreimal so schnell wie unsere Spielerinnen", erzählt Peter Leitl (ÖFB-TV). Er ist der erste Teamchef. Eveline Leitner ist seine Co-Trainerin. Leitner, Nichte von Landhaus-Obmann Gerhard Traxler, ist die erste Fußball-Lizenztrainerin in Österreich. Bis 1997 bleiben die beiden im Amt. Auch auf (indirekten) Druck der FIFA investiert der ÖFB Anfang der 1990er-Jahre eine Million Schilling in den Aufbau eines Auswahlteams. Das Team wiederum investiert viel Zeit in Trainingseinheiten, um beim nächsten Spiel eine bessere Figur abzugeben. Erst mehr als ein Jahr nach der Premiere folgt das zweite Länderspiel – das erste zu Hause. Es wird als Vorspiel für das Match der Männer gegen Dänemark am 9. Oktober 1991 im Wiener Praterstadion abgehalten. Österreich hält sich anfangs wacker, unterliegt den erfahreneren Ungarinnen aber mit 0:3. Im dritten Spiel klappt es mit dem ersten

Unentschieden. In Bratislava holen die Österreicherinnen im November 1991 ein 1:1 gegen die Tschechoslowakei. Gertrud Stallinger erzielt das erste ihrer insgesamt 30 Länderspieltore. Bis 2014 bleibt sie damit Rekordtorschützin. Nach drei weiteren Niederlagen im Jahr 1992 (zweimal gegen Ungarn, einmal gegen die Schweiz) klappt es am 11. September 1993 mit dem ersten Sieg – ein 1:0 gegen Ungarn in Parndorf. Die Vorarlbergerin Elke Scheubmayr erzielt den Treffer. Trainer Leitl: „Da waren wir total aus dem Häusl." (ÖFB-TV) Das erste Mal habe die Arbeit Früchte getragen. Scheubmayr ist in den 1990ern Österreichs erste Legionärin. Sie spielt in der zweiten italienischen Liga. Der Frauen- und Mädchenfußball entwickelt sich hierzulande Anfang der 1990er nur schleppend. Mädchen werden in Bubenteams kaum akzeptiert. Es herrschen noch immer gängige Klischees, wonach Frauen einfach nicht Fußball spielen könnten. Fußballerinnen hält man generell für lesbisch. Es gibt im Land schlichtweg keine Akzeptanz für Frauenfußball. Dennoch: die Zahl der Fußballerinnen und der Frauenteams wächst. Fast im ganzen Land gibt es Mädchen und Frauen, die Fußball spielen (dürfen). Allein in Kärnten verbietet der Landesverband bis zum Ende der 1990er-Jahre eine offizielle Anmeldung von Frauenteams.

Während man in Österreich versucht, Fuß zu fassen, sind andere Länder im Frauenfußball schon einige Schritte voraus. 1991 findet in China die erste offizielle Weltmeisterschaft statt. Das Turnier in China stößt auf reges Publikumsinteresse. Im Schnitt wohnen knapp 20.000 Zuseher*innen den Spielen bei. Das Finalspiel zwischen den USA und Norwegen (2:1) in Guangzhou sehen sogar 63.000 Fans. Das Turnier kann also als äußerst erfolgreich betrachtet werden. Der Frauenfußball erfährt einen großen Aufschwung, entwickelt sich rasant weiter. In Japan gibt es etwa ab 1992 die weltweit erste Profiliga für Fußballerinnen. Österreich braucht noch Zeit. In der Liga ist Union Kleinmünchen aus Linz in den 1990ern tonangebend. Das Nationalteam probiert sich 1995 erstmals in einer Qualifikation für eine Europameisterschaft. Österreich landet als schwächeres Team in der Kategorie B – in dieser spielen die Teams nicht um ein EM-Ticket, sondern um den Aufstieg in die Kategorie A. Österreich verspielt mit einem 1:5 in der letzten Partie in Jugoslawien die Chance auf Platz eins und damit den Aufstieg. Die Österreicherinnen werden punktegleich mit der Schweiz und Jugoslawien Dritte. Der Bewerb ist für Österreich ein Auf und Ab. Die ÖFB-Frauen feiern gegen jeden der drei Gruppengegner (Schweiz, Jugoslawien, Griechenland) Heimsiege. Auswärts können sie – auch wegen der teils knappen Anreisen – nicht an die Heimleistungen anschließen. International wird im Jahr 1996 der nächste wichtige Meilenstein gesetzt. Frauenfußball ist in Atlanta erstmals olympisch. In den USA hat Frauenfußball einen viel höheren Stellenwert als in Europa und auch einen höheren Stellenwert als der US-Männerfußball. Die US-Frauen gewinnen vor mehr als 76.000 Zuschauer*innen das Finalspiel gegen China mit 2:1. Noch nie zuvor waren so viele Fans bei einem Frauenfußball-Spiel im Stadion gewesen. Trotz des einen oder anderen Achtungserfolgs hapert es in Österreich weiter mit der Anerkennung des Frauenfußballs. Medial wird er marginalisiert, von (männlichen) Fußballfans belächelt und sportlich noch immer wenig gefördert. Selbst besser situierte Vereine verfügen über nicht mehr als 100.000 Euro Jahresbudget. Sponsoren sind, anders als in den 1970ern, kaum aufzutreiben. 1997 sind 77 Frauenfußballklubs und 5500 Spielerinnen beim ÖFB gemeldet. Der Abstand zur europäischen Spitze wird Mitte/Ende der 1990er eher größer als kleiner. 1997 wird Ernst Weber Teamchef des Nationalteams. Unter ihm feiert Österreich zwischen Ende Juni und Anfang August 1998 vier Siege in Folge. Dann aber geht es bergab. In acht Spielen zwischen September 1998 und April 2000 bleiben die ÖFB-Frauen sieglos. Bei sieben Niederlagen gelingt nur ein Remis – gegen Wales im Oktober 1999. Erst im letzten Spiel der Kategorie B bei der Qualifikation für die EM 2001 gelingt Österreich ein Sieg (1:0 in Wales, Mai 2000). Österreich scheitert diesmal klar am Aufstieg in die Kategorie A.

International macht der Frauenfußball große Schritte nach vorn. Ende der 1990er-Jahre werden weltweit mehr als 30 Millionen Fußballerinnen registriert. Die Weltmeisterschaft 1999 in den USA wird ein großer Erfolg. Erstmals werden Spiele durchwegs in großen Stadien abgehalten, Medien- und Publikumspräsenz sind größer denn je. Erstmals werden nur Schiedsrichterinnen eingesetzt. Mehr als 90.000 Zuschauer*innen in der Rose Bowl in Pasadena (Kalifornien) und mehr als 40 Millionen TV-Zuseher*innen allein in den USA verfolgen den erneuten WM-Triumph der US-Amerikanerinnen, der im Elfmeterschießen gegen China realisiert wird.

Ja, in Österreich kriegt man das Großereignis auch mit. Aber eher am Rande. Und wiederum steht der Sport an sich nicht im Blickfeld der Herren Journalisten. Wiederum geht es um die unsägliche Frage, ob Frauen überhaupt Fußball spielen sollten. Zur Erinnerung: Wir schreiben das Jahr 1999. So ist in der *Kleinen Zeitung* zu lesen: „Frauen und Fußball, das ist wie Männer und Staubsaugen: Was die Natur nicht füreinander bestimmt hat, soll auch der Mensch nicht zueinander führen." Fußball sei ein Kampfsport – dieses Argument kennen wir ja seit Beginn des 20. Jahrhunderts. Die Matches seien völlig uninteressant gewesen. „Ein Tupperware-Abend ist dagegen der reinste Krimi."
In Österreich kämpft das Nationalteam weiter unter ferner liefen. Erstmals nehmen die ÖFB-Frauen an der Qualifikation für eine WM-Endrunde teil. Für Österreich geht es, wie schon in den EM-Qualifikationen, nicht um ein Ticket für die WM 2003, sondern um den Aufstieg in der Kategorie A für die nächste WM-Qualifikation. Aber keine Chance. Nur gegen Wales punktet Österreich (ein Sieg, ein Remis). Gegen Schottland und Belgien ist nichts zu holen.
Einige Österreicherinnen machen dennoch auf sich aufmerksam. Gertrud Stallinger, Sonja Spieler, Nina Aigner, Birgit Leitner (alle Bayern München) und Birgitt Hufnagl (Verona) wechseln zu Klubs in starken ausländischen Ligen. Von Profitum ist freilich noch nicht die Rede. Hufnagl (später Schalkhammer-Hufnagl) behält während ihrer Zeit in Italien ihren Job als Vertragsbedienstete im Unterrichtsministerium. „Von Freitag bis Sonntag war ich in Italien, die anderen Tage in Österreich - abgesehen von einem sechswöchigen Trainingslager, dem längsten meines Lebens."
(meinfussball.at, 27.12.2016)

Dank der Legionärinnen und wegen verbesserter Rahmenbedingungen macht das Nationalteam endlich einen großen Schritt. Im Rahmen der Qualifikation für die EM-Endrunde 2005 gelingt Österreich 2004 der Aufstieg in die Kategorie A. Zwei 11:0-Siege gegen Armenien sind bis 2023 die höchsten Siege des Nationalteams. Zwischen 2004 und 2011 macht das Nationalteam keine Riesenschritte nach vorne. Man nimmt an allen EM- und WM-Qualifikationsturnieren teil, man besiegt die schlagbaren Gegnerinnen. Gegen die deutlich höher eingestuften Teams hält sich die Höhe der Niederlagen in Grenzen. Zwischen 2003 und 2008 werden keine Testspiele abgehalten. Teamchef Ernst Weber beruft einige große Talente schon im Alter von 15, 16, 17 Jahren ins Nationalteam ein: Darunter Nina Burger, Viktoria Schnaderbeck, Carina Wenninger, Sarah Puntigam, Laura Feiersinger oder Sarah Zadrazil. Sie alle zählen zur ersten goldenen Generation im österreichischen Frauenfußball. Die Steirerinnen Schnaderbeck und Wenninger wagen schon im Alter von 16 Jahren (2007) den Sprung ins Ausland – zu Bayern München. In der heimischen Liga beginnt die Dominanz der niederösterreichischen Vereine - zunächst des SV Neulengbach. Zwischen 2003 und 2014 werden die Niederösterreicherinnen zwölf Mal in Folge Meisterinnen, womit Neulengbach gemeinsam mit Landhaus Rekordtitelträger ist. 2004 gelingt dem Verein mit der Verpflichtung der brasilianischen Nationalspielerin Rosana ein Transfercoup. Rosana bleibt bis 2008 und verschafft der Liga und dem Verein ein Mehr an Aufmerksamkeit. 2014 erreicht Neulengbach sogar das Viertelfinale der Champions League.

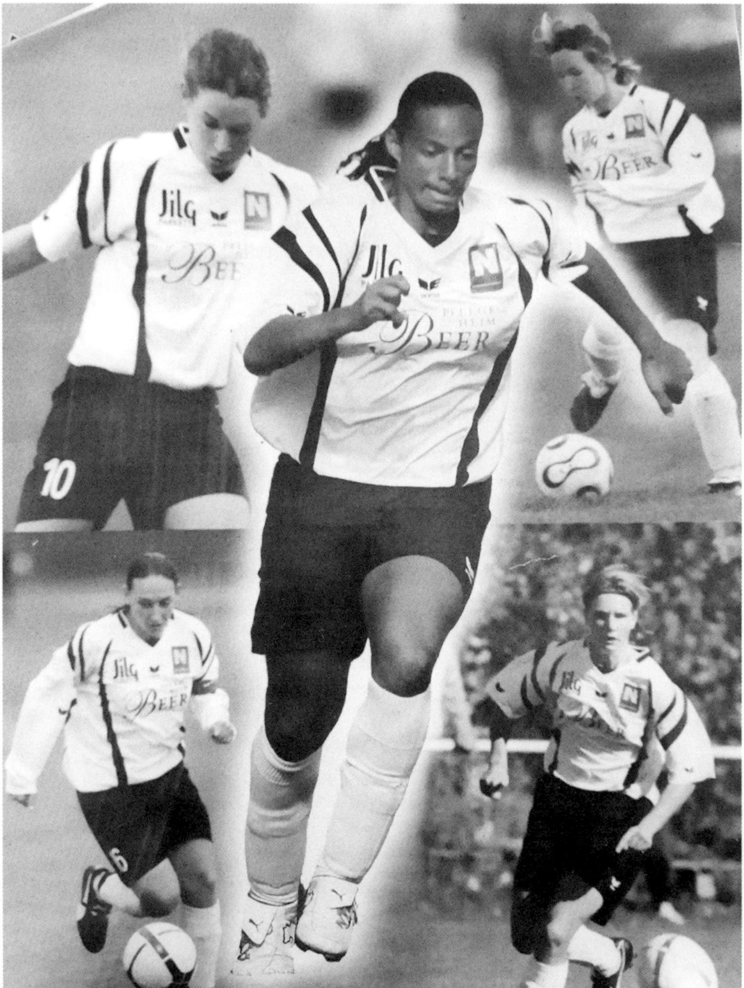

Mit Spielerinnen wie Nina Burger, Rosana, Birgitt Schalkhammer-Hufnagl, Maria Gstöttner und Natascha Celouch (im Uhrzeigersinn von links oben nach links unten) dominiert der SV Neulengbach über Jahre hinweg die Meisterschaft. (Fotomontage)

In Niederösterreich ist die Wertschätzung für den Frauenfußball noch am größten. Das merkt man an der Berichterstattung (*Niederösterreichische Nachrichten*, *Kronen-Zeitung Niederösterreich*), aber auch an der Förderung vom Land. Bis 2018/19 gibt es durchaus lukrative Prämien für Meistertitel und Cupsiege. Das Prämiensystem von Sportland Niederösterreich wird danach zugunsten weniger erfolgreicher Vereine umgestellt, ist aber noch immer recht lukrativ.

AUFSCHWUNG DES NATIONALTEAMS AB 2011

Das Jahr 2011 ist das Wendejahr für das Nationalteam. Es werden Schritte gesetzt, die dem Frauenfußball in Österreich einen erstaunlichen Schub geben. Dieser sollte nur sechs Jahre später im dritten Platz bei der Europameisterschafts-Endrunde in den Niederlanden gipfeln. In St. Pölten nimmt die ÖFB Frauen-Akademie (damals „Nationales Zentrum für Frauenfußball"), eine Schule und Ausbildungsstätte für 14- bis 19-jährige Fußballerinnen, ihren Betrieb auf. Im Februar 2011 bestellt ÖFB-Sportdirektor Willi Ruttensteiner den damaligen Trainer des fünftklassigen Männervereins Union Pregarten, Dominik Thalhammer, zum ersten sportlichen Leiter der Akademie. Im April 2011 stirbt Teamchef Ernst Weber, Thalhammer wird sein Nachfolger. Dies stellt sich als Goldgriff heraus: Unterschiedliche Spielsysteme werden einstudiert, die Gegnerinnen werden gezielt analysiert. Ein gutes Defensivkonzept, sowie das Pressing sind zunächst die Eckpfeiler des österreichischen Spiels. Aber auch der Teamgeist und der absolute Wille, Spiele zu gewinnen, sind Thalhammer sehr wichtig. „Er hat uns als Mannschaft eine Struktur gegeben, die wir gebraucht haben", erinnert sich Nationalspielerin Sarah Zadrazil in der ÖFB-Doku „30 Jahre Frauen-Nationalteam" (2020).

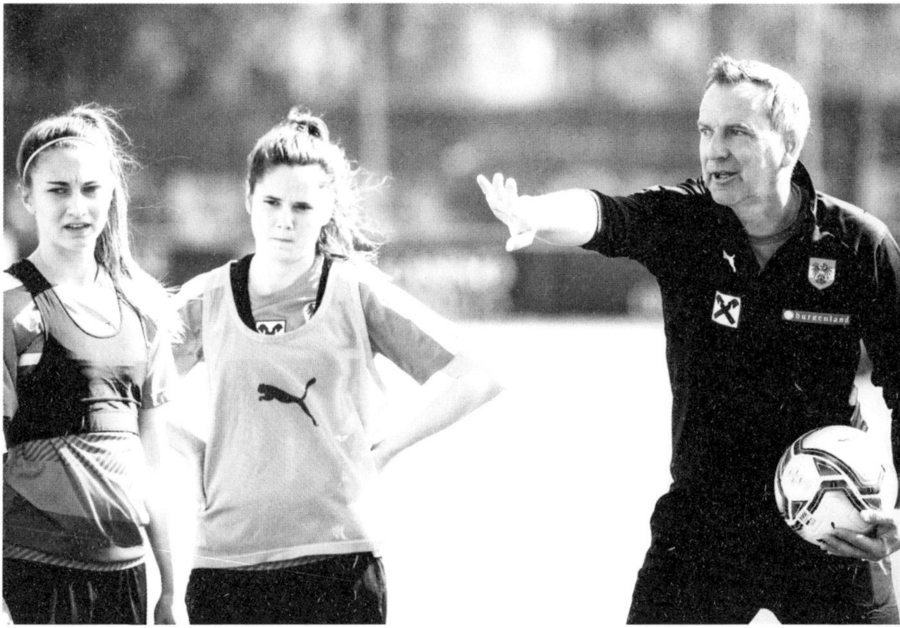

Dominik Thalhammer (im Bild mit Katharina Naschenweng und Sarah Zadrazil) ist von 2011 bis 2020 Teamchef des Nationalteams.

Schon in der ersten Qualifikation unter Thalhammer verpassen die Österreicherinnen nur knapp - aufgrund des schlechteren Torverhältnisses - das direkte Ticket für die EM-Endrunde 2013. Im letzten Qualifikationsspiel landen die Österreicherinnen erstmals einen Sieg (3:1) gegen ein absolutes Top-Team – jenes aus Dänemark. „Das war ein Meilenstein für uns", sagt die damals zweifache Torschützin Nina Burger (ÖFB-TV, 2020). Das Match in St. Pölten ist auch das erste Länderspiel der Frauen, das live im

Fernsehen (ORF Sport plus) übertragen wird. Mehrere Medien bringen Spielvorschauen und Berichte von dem Überraschungssieg vor immerhin 2700 Zuschauer*innen. Für die *Kronen-Zeitung* (16.9.2012, S. 64) sind die Spielerinnen „jetzt schon Heldinnen". Österreich spielt im Playoff gegen Russland um die zweite Chance auf ein EM-Ticket. Im Vorfeld des Heimspiels hält die *Kleine Zeitung* (21.10.2012, S. 70) in boulevardesker Manier fest: „Vor gar nicht allzu langer Zeit noch belächelt, hat sich die rot-weiß-rote Damenschar mittlerweile in die Herzen vieler Fans gespielt. Das Team von Dominik Thalhammer punktet mit fußballerischem Können, gepaart mit jeder Menge Sympathie. Hoch bezahlte ‚Luxusgören', wie es sie im internationalen Männer-Lager gibt, sucht man vergeblich." Beim Heimspiel sind 3600 Zuschauer*innen im St. Pöltner Stadion. Eine Rekordkulisse, die über Jahre hinweg nicht übertroffen werden sollte. Auch die Zahl der vor Ort berichtenden Journalist*innen ist größer denn je. „Noch nie musste [...] der ÖFB bei einem Spiel der Frauen-Nationalmannschaft 70 Medien-Akkreditierungen ausgeben." (*Kleine Zeitung*, 22.10.2012, S. 29) Trotz zweier gefälliger Spiele scheitert Österreich an den Russinnen (0:2, 1:1). „Vielleicht waren wir damals noch nicht reif genug", sagt Viktoria Schnaderbeck (ÖFB-TV, 2020). Journalist Philipp Eitzinger, der für die *Kronen-Zeitung* (26.10.2012, S. 86) auch beim Auswärtsspiel in Rostow am Don vor Ort ist, liefert Insider-Infos. Im Flieger habe die AUA-Flugbegleiterin den ÖFB-Frauen via Durchsage alles Gute gewünscht. So etwas habe es laut dem Torwart-Trainer noch nie gegeben. Und Teamchef Thalhammer erzählt von den Folgen des Aufstiegs des Nationalteams in den vergangenen 13 Monaten: „Ich

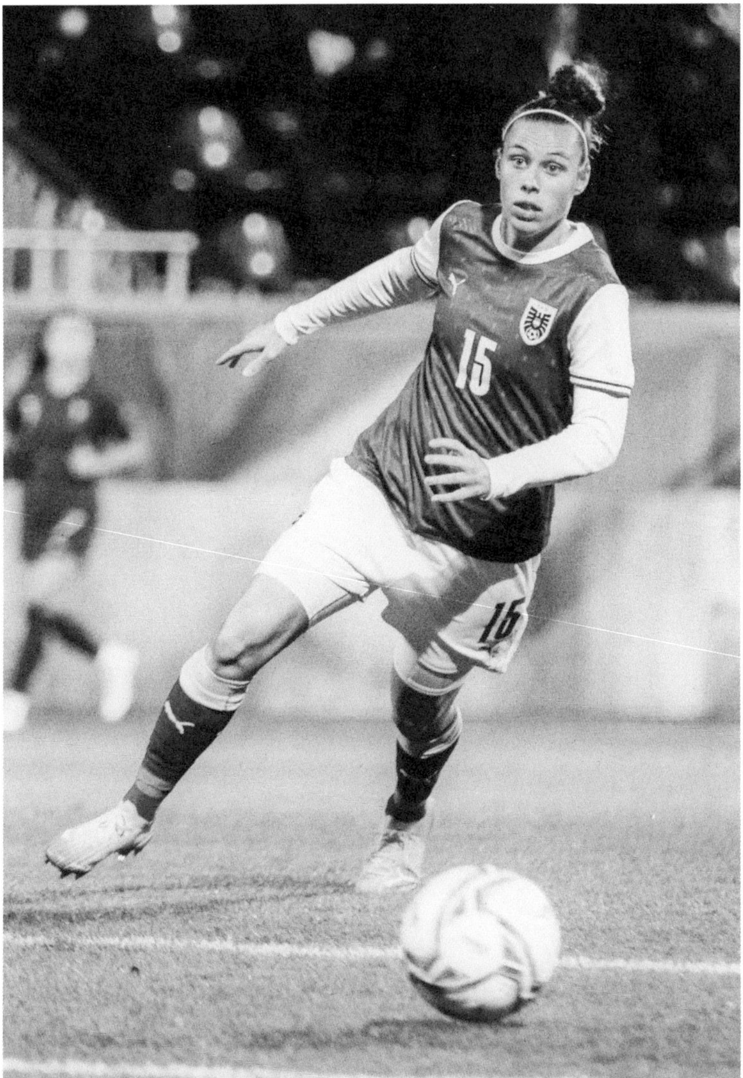

Nicole Billa sorgt für zahlreiche Tore im Nationalteam.

bin zuletzt auch schon öfter auf der Straße angesprochen worden." Die Qualifikation für die WM-Endrunde 2015 verpasst Österreich als Gruppenzweiter. Die ÖFB-Frauen landen weitere Siege gegen höher eingestufte Teams wie Finnland (2014) oder Australien (2015). Zwischen Juni 2014 und April 2016 bleibt Österreich 18 Spiele lang (15 Siege, drei Unentschieden) ungeschlagen. Die eine oder andere Akademie-Schülerin hat sich bereits einen Platz im Teamkader ergattert. 2016 gibt es die ersten Absolventinnen der Frauen-Akademie – unter ihnen Stürmerin Nicole Billa, eine wichtige Spielerin des Nationalteams.

Immer mehr Medien greifen das Thema Frauenfußball Anfang/Mitte der 2010er-Jahre zumindest einmalig oder unregelmäßig auf – sei es anlassbezogen (Spielvorschauen, Berichte) oder sei es in Form von Hintergrundberichten, Reportagen, Porträts und Interviews. Zwei der häufigsten Protagonistinnen sind Laura Feiersinger und Viktoria Schnaderbeck. Beide spielen in Deutschland, sind wichtige Stützen des Nationalteams und – ein wichtiger Faktor für so manches Medium – sie weisen Verwandtschaftsbeziehungen zu bekannten Fußballspielern auf. Feiersinger ist die Tochter des ehemaligen Nationalspielers Wolfgang Feiersinger, Schnaderbeck die Cousine des damaligen Teamspielers Sebastian Prödl. Interessant ist, dass diese Verwandtschaftsbeziehungen bei deren ersten Porträts oder Interviews so gut wie immer erwähnt werden. Aber je bekannter die beiden selbst werden, desto weniger spielen Vater und Cousin eine Rolle. Die Qualifikation für die EM-Endrunde 2017 in den Niederlanden wird als das große, aber auch realistische Ziel für das österreichische

Nationalteam ausgegeben. Da die Teilnehmer-Anzahl von zwölf auf 16 aufgestockt wird, qualifizieren sich sieben von acht Quali-Gruppen-Zweiten. Das ÖFB-Team fährt die erwartbaren Siege ein. In der Winterpause der Qualifikationsspiele (März 2016) gewinnen die Österreicherinnen erstmals ein internationales Turnier – den Zypern-Cup. In der EM-Qualifikation gelingt gegen die starken Norwegerinnen auswärts ein 2:2. Im letzten Quali-Spiel in Wales reicht Österreich ein Remis. Diese Minimalvorgabe wird erreicht. Das 0:0 am 20. September 2016 in Newport bringt Österreich die historische, erstmalige Qualifikation für eine Endrunde. Natürlich geht das an den Medien nicht vorbei. Der *Kurier* (21. 9. 2016, S. 16) nimmt die Qualifikation zum Anlass für eine Bestandsanalyse. Eine komplette Seite wird dem Thema Frauenfußball gewidmet. Es geht etwa um die beschränkten Verdienstmöglichkeiten. „In Österreich kommt eine Topspielerin inklusive Fahrtgeld auf rund 1000 Euro im Monat." Das Gros der Liga-Kickerinnen erhält deutlich weniger. Thematisiert wird ein weiteres Manko: es gibt zu wenig Spielerinnen, 16.000 gemeldete Fußballerinnen und 256 Teams werden angeführt. „Die Anzahl der Spielerinnen und Mannschaften hat stagniert, da müssen wir gegenarbeiten", wird ÖFB-Präsident Leo Windtner zitiert. Große Männerfußballteams engagieren sich kaum im Frauenfußball. „Das Duell Rapid gegen Austria hat sicher auch mit Frauenteams seinen Reiz", wird Teamchef Thalhammer zitiert. Wacker Innsbruck gründet 2006, als erster Männer-Bundesligist, ein Frauenteam. Dies sei gemäß dem damaligen Obmann Gerhard Stocker auf heftige Widerstände gestoßen. In seinem Kommentar moniert der Journalist Günther Pavlovics zudem, dass auf den Dressen der Nationalspielerinnen nicht deren Name aufgedruckt ist. Dies sei zwar „eine Kleinigkeit – aber auffällig". Nicht nur an diesem Bericht ist zu sehen, dass sich die Qualität der Berichterstattung deutlich gebessert hat – was man im 21. Jahrhundert aber auch erwarten darf. Es geht um das Sportliche und häufig um die noch zahlreichen Probleme im Frauenfußball. Das Aussehen der Frauen spielt manchmal subtil (Bildauswahl!), manchmal weniger subtil (Boulevardmedien) eine Rolle. Sportliche Vergleiche mit dem Männerfußball werden – zumindest im Journalismus – immer seltener gezogen. Bei Männerfußball-Fans ist das aber auch in den 2010er-Jahren noch ein großes Thema. Das lässt sich gut an den Postings zu Frauenfußball-Berichten in der Online-Ausgabe des *Standard* ablesen. Es wird etwa angemerkt, dass man sich so ein „Herumgegurke" nicht anschauen könne oder dass die Spitzen-Frauenteams gegen jedes Burschenteam verlieren würden. Mit den vermehrten Erfolgen des Nationalteams und der steigenden Häufigkeit der Berichterstattung über Frauenfußball, steigt auch die Anzahl der Postings von Leuten, die sich für Frauenfußball interessieren und die Leistungen schätzen. Ablehnende Postings, die früher oft unkommentiert geblieben sind, geraten in die Minderheit und werden von anderen User*innen widersprochen. Der Großteil des Nationalteam-Stamms besteht mittlerweile aus Legionärinnen. Die meisten stehen in einer der weltbesten Ligen, der deutschen Bundesliga, unter Vertrag. Carina Wenninger, Viktoria Schnaderbeck, Manuela Zinsberger und Laura Feiersinger gewinnen 2015 und 2016 mit Bayern München den Meistertitel. Während das Nationalteam und auch die Nachwuchs-Nationalteams in den 2010er-Jahren Riesenschritte nach vorn machen, geht in der Liga wenig weiter. Es herrscht reiner Amateur-Betrieb. Die Spielerinnen sind berufstätig, studieren oder gehen noch zur Schule. Von den Vereinen erhalten sie Aufwandsentschädigungen bzw. besseres Taschengeld. Die Zuschauer*innen-Zahlen bleiben, wenn überhaupt, im niedrigen dreistelligen Bereich. SKN St. Pölten löst Neulengbach als dominierendes Team der Liga ab. Von 2015 bis 2019, sowie 2021 gewinnen die St. Pöltenerinnen jeweils den Meistertitel. Zudem stehen bis 2019 sieben Cupsiege zu Buche. Auch 2020 ist St. Pölten klar auf Titelkurs – allerdings wird die Meisterschaft aufgrund der Covid-Pandemie vorzeitig abgebrochen.

St. Pöltens Manager Wilfried Schmaus schafft es immer wieder, Sponsoren aufzutreiben. Reich ist der Verein deshalb nicht, aber in Österreich ist man finanziell und sportlich ohne Konkurrenz. Daran ändert auch der Einstieg der Wiener Austria bei USC Landhaus als Kooperationspartner nichts. Mit Sturm Graz und Wacker Innsbruck gibt es weitere Vereine, die sowohl mit Frauen-, als auch mit Männerteams in den obersten Ligen mitwirken.

Für das Nationalteam beginnt das Jahr 2017, das einen herausragenden Erfolg bei der Europameisterschaft bringen sollte, wenig berauschend. Beim Zypern-Cup müssen sich die Titelverteidigerinnen neben einem 3:0-Sieg gegen Neuseeland, Schottland mit 1:3 geschlagen geben, gegen Südkorea reicht es nur zu einem 0:0. Aber Thalhammer geht es in den Testspielen weniger um Resultate, als vielmehr um das Erproben neuer Spielsysteme, um mehr Variabilität. Man will für die Gegnerinnen weniger ausrechenbar sein. Er wählt bewusst starke Testspielgegnerinnen und nimmt damit Niederlagen in Kauf. Sowohl gegen England, als auch gegen die Niederlande funktioniert vieles nicht nach Wunsch. Beide Auswärtspartien werden mit 0:3 verloren. „Es war notwendig in unserem Prozess, gegen solche Gegner zu spielen, damit wir sehen konnten, was noch nicht so funktioniert", sagt Zadrazil (ÖFB-TV, 2020). Aus den Fehlern seien aber die richtigen Schlüsse für die EM gezogen worden. Wenige Tage vor Abreise zur Europameisterschaft in den Niederlanden holt sich das Nationalteam mit einem 4:2 gegen Dänemark in Wiener Neustadt Selbstvertrauen für das Turnier. Nach der Verabschiedung in der Hofburg geht es auf zum großen Abenteuer. Die Teammitglieder beziehen Quartier in der Kleinstadt Wageningen in der Provinz Gelderland. Der ORF (Fernsehen und Radio) und etwas mehr als eine Handvoll österreichischer Online- und Zeitungsjournalist*innen sind von Anfang an in den Niederlanden dabei. Sie kennen einander. Es ist ein kleiner Kreis, der den Frauenfußball in Österreich schon seit ein paar Jahren aufmerksam begleitet, bei Pressekonferenzen anwesend ist, sofern es welche gibt, bei Heimspielen aus dem Stadion berichtet, Reportagen und Interviews über Frauenfußball schreibt und schon vor der Euro bemerkt hat, dass der Aufstieg des Nationalteams in wenigen Jahren eine bemerkenswerte „österreichische Erfolgsgeschichte" (Der Standard, 15/16. Juli 2017) ist. Der sensationelle Lauf des Teams, der erst im Halbfinale enden sollte, ist so nicht vorherzusehen. Österreich geht als großer Außenseiter ins Turnier, weist die drittschlechteste Weltranglistenplatzierung aller EM-Teilnehmerinnen auf. Ein Überstehen der Vorrunden-Gruppe C ist nicht zu erwarten. Nur die zwei besten Teams erreichen das Viertelfinale. Gegen Turnier-Mitfavorit Frankreich scheint kein Kraut gewachsen zu sein und auch gegen die schon Endrunden-erprobten Schweizerinnen sowie gegen die Isländerinnen ist Österreich in der Außenseiterinnen-Rolle. Aber irgendetwas liegt dieser Tage in der Luft in Wageningen. Von Anfang an ist die Stimmung gut, im Teamhotel fühlen sich alle wohl. Die Spielerinnen verstehen sich ohnehin bestens, unternehmen gemeinsam Dinge, machen Späßchen. Das Wetter ist schön, sonnig – nicht so heiß wie zu Hause in Österreich, wo unter der Hitze gestöhnt wird. In der Stadt herrscht kein Trubel, von der EM ist hier nichts zu bemerken. Nur die Schweizerinnen haben ihr Quartier in der Nähe aufgeschlagen. Alle anderen Teams sind weit weg. Alles scheint zu passen. Der Optimismus, die Vorfreude auf den Premieren-EM-Auftritt ist groß. „Wir haben gewusst, wir können etwas erreichen. Aber wir sollen uns keinen Druck von außen machen lassen“, sagt Nina Burger (ÖFB-TV, 2020). Natürlich ist die Medienaufmerksamkeit im Vorfeld der EM größer, als es das Team gewöhnt ist. Burger: „Wir haben gewusst, was auf uns zukommt.“ (Der Standard, 17. Juli 2017) Auch mit einer Sportpsychologin, habe man gearbeitet. Nach außen stapelt das Team tief. Intern ist die Zielsetzung höher. Man will als Außenseiter überraschen.

18. Juli 2017, 18 Uhr, Deventer, Stadion De Adelaarshorst. Endlich geht es los. Erster Gegner der Österreicherinnen: die Schweiz. Die Eidgenossinnen rechnen mit dem Einzug ins Viertelfinale. Auch die Papierform spricht dafür. Ein Sieg gegen Österreich – Pflicht. Aber die Österreicherinnen pfeifen sich nix, gehen mutig und aggressiv zu Werke. Thalhammer (ÖFB-TV, 2020): „Ich glaube, die Schweizerinnen waren von der Intensität unseres Spiels überrascht." Nina Burger bringt die Außenseiterinnen schon in der 15. Minute in Führung. Einige kritische Situationen muss das ÖFB-Team überstehen, ehe der erste EM-Erfolg feststeht. Der Jubel ist groß. Ist der ziemlich unmöglich erschienene Viertelfinal-Einzug doch möglich? Das Medieninteresse wird größer. Thalhammer dämpft die Erwartungen. „Wir dürfen jetzt nicht abheben." Zurück in Wageningen kommen die Spielerinnen wieder zur Ruhe, auch nach dem Überraschungssieg wirken sie bei den Medienterminen entspannt, unaufgeregt und jedenfalls gut aufgelegt. Vier Tage nach dem Schweiz-Spiel geht es in Utrecht gegen die scheinbar übermächtigen Französinnen. Zuhause schauen bis zu 700.000 Fernsehkonsument*innen am Samstag zum Hauptabend auf ORF1 live zu, wie die Österreicherinnen die nächste Überraschung schaffen. Das Team von Dominik Thalhammer wendet auch gegen Frankreich das Defensivkonzept mit Pressing an. Das gelingt so gut, dass die Französinnen den ein oder anderen ungewohnten Fehler begehen. Minute 27: Der renommierte ORF-(Männer-)Fußballkommentator Oliver Polzer schreit es von Utrecht in die tausenden österreichischen Wohnzimmer: „Der Ball ist im Tor! Österreich führt 1:0 gegen Frank-

reich!" Lisa Makas sorgt für den viel umjubelten Führungstreffer. Frankreich drückt, gleicht aus (51. Minute), drückt weiter, aber es bleibt beim 1:1 - ein Riesenerfolg für Thalhammers Team, das nun schon mit einem Bein im Viertelfinale steht. „Geschafft! Sensationell! Das EURO-Märchen von Österreichs Fußball-Frauen-Nationalteam hat seine Fortsetzung gefunden", jubiliert die *Kronen-Zeitung* in Ihrer Online-Ausgabe. Selbst der zurückhaltende Teamchef ist schwer beeindruckt von der kämpferischen Leistung seiner Schützlinge und glaubt: „Da geht vielleicht wirklich was."

Im abschließenden Vorrundenspiel gegen Island, das keine Chance mehr auf ein Weiterkommen hat, reicht den Österreicherinnen ein Unentschieden zum Viertelfinal-Einzug. Aber auch mit einer Niederlage ist der Aufstieg noch möglich. Die Partie in Rotterdam wird zum Schaulaufen. Die Österreicherinnen gehen offensiver als in den bisherigen beiden Matches zu Werke. Das funktioniert. Sarah Zadrazil, Nina Burger und Stefanie Enzinger fixieren mit einem 3:0 sogar den Gruppensieg. Daheim vor den Fernsehgeräten schauen diesmal sogar bis zu eine Million Menschen zu. Dass eine derartige Quote mit Frauenfußball erreicht werden könnte – das war bis vor der EM illusorisch. In den Gazetten des Landes bekommt die Euro-Sensation einen Namen: „Sommermärchen". Die Zahl der österreichischen Journalist*innen vor Ort in den Niederlanden ist mittlerweile größer geworden. Im Viertelfinale trifft Österreich am 30. Juli in Tilburg auf Spanien. Das Sommermärchen soll noch nicht zu Ende gehen. Geht es auch nicht. Gegen die spielstarken Spanierinnen muss wieder das Defensivkonzept, das schon die Französinnen zur Verzweiflung gebracht hat, her. „Uns hat es Spaß gemacht, gemeinsam das Tor zu verteidigen, gemeinsam den Gegner zu nerven", sagt Sarah Zadrazil (ÖFB-TV, 2020). 120 Minuten lang wird das Tor erfolgreich verteidigt. Nach einem 0:0 geht es ins Elfmeterschießen. Immer irgendwie eine Glückssache – immer eine Zitterpartie. Die Österreicherinnen bilden davor einen Kreis, lächeln, freuen sich auf die Aufgabe, auf die sie von ihrer Sportpsychologin Mirjam Wolf offenbar perfekt vorbereitet worden sind. Alle fünf Schützinnen treffen. Torfrau Zinsberger pariert einen Schuss der Spanierinnen. Als Sarah Puntigam den fünften und entscheidenden Elfmeter verwandelt, kennt der Jubel wieder einmal keine Grenzen. Tausende feiern in Österreich bei Public Viewings. Die Euphorie ist groß. Die Zeitungen titeln: „Diese Frauen haben keine Nerven" (*Kurier*), „Diese ÖFB-Frauen sind ein Phänomen" (*Salzburger Nachrichten*), „Die Frauen lassen Österreich weiter träumen" (*Kleine Zeitung*), „Das Märchen geht weiter und weiter" (*Der Standard*).

Im Halbfinale warten am 3. August in Breda die Däninnen, die sich überraschend gegen Deutschland durchgesetzt haben. Jene Däninnen, gegen die Österreich vor der EM souverän gewonnen hat. Österreich setzt wieder auf das bewährte Defensivkonzept. Aber das mit den Elfmetern klappt diesmal nicht. Schon in der zwölften Minute vergibt Sarah Puntigam einen Foul-Elfmeter. Nach 120 Minuten steht es wie schon im Viertelfinale 0:0. Diesmal aber trifft keine Österreicherin. Das ÖFB-Team verabschiedet sich mit einem 0:3 im Elferschießen zunächst enttäuscht, aber letztlich stolz aus den Niederlanden. Am Rathausplatz in Wien werden die EM-Heldinnen, die sie natürlich geheißen wurden, gebührend gefeiert. Das Halbfinal-Aus markiert das „traurige Ende eines schönen Märchens" (*Kleine Zeitung*). Vom Mauerblümchendasein haben es die Fußballerinnen auf die Titelblätter geschafft und eine riesige Euphorie ausgelöst. Plötzlich sind sie wer. Plötzlich kennt man ihre Namen. Plötzlich ist jede und jeder ein Frauenfußball-Fan.

EM-SENSATION - UND NUN?

Ist 2017 also alles super im Frauenfußball? Nein. In Österreich ebbt der Hype genauso schnell wieder ab, wie er gekommen ist. In den paar Wochen nach der Europameisterschaft gibt es noch hie und da Zeitungsberichte über Frauenfußball in Österreich. Gefragt wird, wie denn nun die Lage im Land der Halbfinalistinnen sei. So bringt der *Kurier* zum Auftakt der Bundesliga-Saison 2017/18 eine Reportage vom Spiel des Traditionsvereins USC Landhaus gegen LUV Graz. Der Titel des Artikels: „Der Alltag nach dem Märchen". Damit ist schon ziemlich viel gesagt. 80 Zuschauer*innen sehen das 4:0 der Wienerinnen. Vor der EM kamen auch nicht weniger Leute. Auf die Bundesliga schwappt der Hype also nicht über. Das Nationalteam zehrt kaum länger von der Begeisterung. Zum Qualifikationsspiel für die Weltmeisterschaft 2019 in Frankreich gegen Außenseiter Israel (2:0) am 23. November 2017 finden sich immerhin 3100 Zuschauer*innen in der Südstadt ein – eine überdurchschnittlich große Zuschauer*innen-Anzahl für das Nationalteam. Der ohnehin schon praktisch nicht mehr vorhandene Hype um das Nationalteam endet vier Tage später aber endgültig mit dem 0:4 gegen Spanien. Die Österreicherinnen erleiden in Palma de Mallorca einen unerklärlichen Leistungsrückfall. Österreich erfängt sich zwar im Laufe der Qualifikation wieder, verpasst aber das Ticket für die WM. Thalhammer lässt immer wieder neue Spielsysteme und neue Spielzüge einstudieren. Der Ballbesitz soll gesteigert werden, das Team soll nicht auf dem Niveau von 2017 stehen bleiben. Der ÖFB versucht, auf den EM-Erfolg aufzubauen. Das eine oder andere Projekt – vor allem für Mädchen - wird ins Leben gerufen. Allerdings gibt ÖFB-Präsident Leo Windtner später zu, dass man den Hype von 2017 nicht optimal habe nutzen können: „Wir wurden vom Erfolg überrascht. Es war nicht möglich, von heute auf morgen den Schalter umzulegen." (wirfrauenimsport.at, 2019)

Eines der großen Ziele, deutlich mehr Mädchen zum Fußball zu bringen, wird nicht erreicht. Die Zahl von etwa 20.000 Fußball spielenden Mädchen und Frauen bleibt über mehrere Jahre konstant. Vor der EM-Endrunde 2022 zählt der ÖFB 11.251 aktive Fußballerinnen in Österreich. Nur sieben Prozent der Spieler*innen sind weiblich. Der deutliche Rückgang erklärt sich mit der Bereinigung der Statistik. „Karteileichen" wurden aus dem System entfernt. So lässt sich kaum sagen, ob die Zahl der Spielerinnen gestiegen oder gar gesunken ist. 2018 gelingt es immerhin, einen Sponsor (Planet Pure) für die Bundesliga der Frauen zu gewinnen. Dank des großen Engagements einiger ÖFB-Mitarbeiter*innen werden kreative (Social-Media-)Marketing-Aktionen für die Liga verwirklicht. ORF Sport plus überträgt fortan zehn Meisterschaftsspiele pro Saison. Die Zuschauer*innen-Zahlen vor Ort bleiben im marginalen Bereich. Der Liga fehlt es an Attraktivität, an zugkräftigen Vereinen und Spielerinnen. Das sportliche Niveau liegt weit unter jenem der Top-Ligen Europas. Das Gefälle innerhalb der Liga ist groß. SKN St. Pölten ist überlegen, beschäftigt mittlerweile einige Profi-Spielerinnen, dahinter sind zwei bis drei Vereine auf einem ähnlichen Level. Zu den restlichen Klubs besteht wiederum ein großer Leistungsunterschied. Mehrmals wird über eine Liga-Verkleinerung von zehn auf acht oder sechs Vereine diskutiert – dies scheitert aber am Widerstand der kleinen Klubs. Wirklich helfen, darin sind sich zahlreiche Expert*innen einig, würde der Liga der Einstieg von großen Männerfußball-Klubs in den Frauenfußball. Und tatsächlich: 2022 öffnen zwei Top-Vereine, die sich lange gegen Frauenfußball verschlossen haben, ihre Pforten für das weibliche Geschlecht. Im Juni 2022 gibt der SK Rapid Wien bekannt, bis spätestens 2024 ein Frauenfußball-Team gründen zu wollen. Die Zusage des Rekordmeisters, der sich lange geziert hat, kommt nicht ganz freiwillig. Einerseits erhält ein entsprechender Antrag des Rapid-Mitglieds Clara Gallistl bei der Hauptversammlung 95 Prozent Zustimmung. Andererseits ändert die Bundesliga der Männer für die Saison 2023/24 die Lizenzkriterien. Sie übernimmt Artikel 21 des „UEFA-Reglement zu Klublizenzierung und finanzieller Nachhaltigkeit". Die Förderung von Frauenfußball gilt nun als B-Kriterium für Männer-Bundesligisten. Diese Förderung kann auf unterschiedliche Art geschehen: durch Gründung eines eigenen Teams, durch Kooperation mit einem Frauenverein oder durch andere Fördermaßnahmen. Wer das Lizenzkriterium nicht erfüllt, wird mit einer Strafe belegt. Und so kommt es auch nicht ganz zufällig, dass im November 2022 Red Bull Salzburg vermeldet, in den Frauenfußball einzusteigen. Der Verein startet 2023/24 mit einem U16-Team und er kooperiert mit dem Frauen-Bundesligisten FC Bergheim. Schon 2021 gründet der LASK einen Frauen-Verein. Der

Männer-Bundesligist SCR Altach geht mit dem Frauen-Bundesligisten FFC Vorderland eine Spielgemeinschaft ein. Zwei Wiener Traditionsvereine des Männerfußballs engagieren sich schon seit einer Weile im Frauenfußball: die Vienna und der Wiener Sport-Club. Auch dank der Unterstützung des Sponsors Uniqa schafft die Vienna 2021 den Aufstieg in die oberste Liga. Dem Wiener Sport-Club gelingt dieses Kunststück nicht, dennoch sorgen die Dornbacherinnen 2019 für Aufsehen: Mit einem Freundschaftsspiel gegen den FC St. Pauli aus Hamburg wollen sie den Zuschauer*innen-Rekord für ein Frauenfußball-Spiel in Österreich brechen. Dieser liegt bei 3600 (EM-Playoff Österreich – Russland, 2012). Das hoch gesteckte Ziel wird nur knapp verfehlt. 3511 Menschen sehen das 3:3-Unentschieden in Wien-Dornbach.

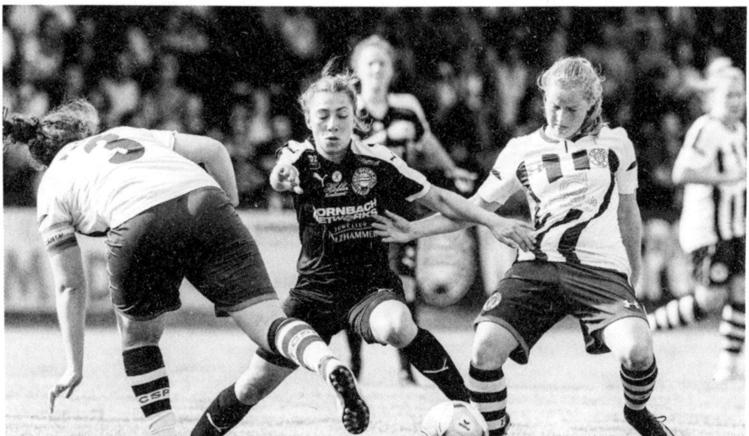

*Zum Freundschaftsspiel zwischen dem Wiener Sport-Club und dem FC St. Pauli am 29. Mai 2019 kommen immerhin 3511 Zuschauer*innen nach Dornbach.*

Die sogenannten „Derbys of Love“ in der zweiten Liga zwischen dem Wiener Sport-Club und der Vienna locken bis 2021 mehr Zuschauer*innen an als die bestbesuchten Erst-Liga-Spiele. Im November 2020 sehen 625 Menschen den 5:1-Auswärtssieg der Vienna in Dornbach. Nicht nur der Aufstieg der Vienna, wo Rekord-Nationalspielerin Nina Burger bis 2022 als sportliche Leiterin fungiert, bringt 2021/22 einen deutlichen Zuschauer*innen-Zuwachs für Österreichs oberste Liga. Fan-Aktionen wie Gratis-Eintritt oder Doppel-Veranstaltungen mit Männer-Spielen sorgen für höhere dreistellige oder sogar vierstellige Besucher*innen-Zahlen. Am 7. Mai 2022 wird der Bundesliga-Zuschauer*innen-Rekord gleich zweimal verbessert. Zunächst werden bei St. Pöltens 4:0 gegen Sturm Graz 1.111 Fans in der NV-Arena gezählt, nur wenige Stunden später verfolgen 1.648 Menschen in der Cashpoint-Arena das 2:1 von Altach/Vorderland gegen die Vienna. In der vorletzten Runde, am 20. Mai, wird der Ligarekord noch einmal verbessert. 1.704 Leute sehen den 3:2-Sieg von Sturm Graz gegen USV Neulengbach in der Merkur Arena. Den Meistertitel sichert sich zum siebenten Mal hintereinander der SKN St. Pölten – mit 52 Punkten aus 18 Spielen und einem Torverhältnis von 73:1. In der Folgesaison muss der Serienmeister erstmals seit fast fünf Jahren wieder eine Niederlage einstecken. Am 21. Mai 2023 unterliegen die Niederösterreicherinnen Altach/Vorderland mit 0:1. Dennoch holen sie am Ende der Saison ihren achten Meistertitel – diesmal mit 51 Zählern und einem Torverhältnis von 90:10. Ein bedeutendes Spiel, ein Spiel mit Rekordbesucher*innen-Zahl für ein Frauenfußball-Match in Österreich, ein Spiel mit Weltklassespielerinnen, das Werbung gemacht hätte für Frauenfußball, hätte am 24. Mai 2020 im Viola Park (Generali-Arena) in Wien stattfinden sollen: das Finale der Champions League. Wien hat im Mai 2018 den Zuschlag für die Ausrichtung bekommen. Medientermine, Marketingmaßnahmen, der Start des Ticketverkaufs – der Vorlauf für das große Spiel ist im Gange. Und dann kommt Corona. Nichts geht mehr. Schon gar nicht im Sport. Die Champions League wird auf Eis gelegt, das Endspiel in Wien abgeblasen. Stattdessen wird im Sommer 2020 ein Finalturnier der besten acht Teams in Bilbao und San Sebastián (Spanien) abgehalten. Olympique Lyon sichert sich zum fünften Mal in Folge den Titel. Die darauffolgende Saison der Champions League bringt Erfreulicheres für Österreich. Nach fünfmaligem Ausscheiden in der ersten Runde in den Jahren zuvor, schafft es Serienmeister SKN St. Pölten unter der neuen Trainerin Maria Wolf 2020/21, endlich weiterzukommen. Mit Erfolgen gegen KFF Mitrovica und ZSKA Moskau qualifizieren sich die Niederösterreicherinnen zunächst für die erste Hauptrunde. Dort setzt sich St. Pölten gegen den FC Zürich durch. Erst im Achtelfinale kommt das Aus. Nach einem 2:2 im Auswärtsspiel unterliegt St. Pölten im Rückspiel zu Hause mit 0:2 dem deutlich höher eingestuften Team von Rosengård Malmö. 2022 gelingt St. Pölten im zweiten Versuch der Einzug in die 2021 eingeführte Gruppenphase der Champions League. Der Erfolg über den finnischen Meister KuPS Kuopio (1:0, 2:2) spült zudem 400.000 Euro in die Klubkasse. In der Gruppenphase gegen VfL Wolfsburg, AS Roma und Slavia Prag schlagen sich die

Niederösterreicherinnen wacker. Mit vier Zählern scheiden sie als Drittplatzierte aus.

International sind Ende der 2010er-Jahre die enormen Gehalts- und Preisgeld-Unterschiede zwischen Fußballern und Fußballerinnen großes Thema. Im Rahmen der Weltmeisterschaft 2019 in Frankreich findet das Thema auch entsprechenden Anklang in der Öffentlichkeit. Was die Gehaltsforderungen bei ihren nationalen Verbänden angeht, sind die US-Amerikanerinnen, die in Frankreich den Titel gewinnen, die Lautesten. Sie klagen ihren Verband auf gleiche Bezahlung. Nach langem Hin und Her erreichen die US-Fußballerinnen im Februar 2022 endlich ihr Ziel. Der US-Verband will Frauen und Männern fortan gleich hohe Prämien zahlen. Megan Rapinoe war die Vorrednerin in diesem Kampf – aber sie äußert sich auch politisch, kritisiert Donald Trump und den Fußball-Weltverband FIFA. Auch in anderen Ländern wie Dänemark, Norwegen und Australien, kämpfen Fußballerinnen – teilweise erfolgreich – für gleiche Bezahlung. In den allermeisten Verbänden wird den Männern aber deutlich mehr bezahlt. Die FIFA rühmt sich zwar alle vier Jahre mit der Erhöhung der Preisgelder bei den Weltmeisterschaften der Frauen. Allerdings werden auch die Prämien bei den Männer-Turnieren jedes Mal erhöht. Die Unterschiede bleiben eklatant. Die WM 2019 in Frankreich ist ein großer Erfolg. Das sportliche Niveau und die Dichte sind besser geworden. Der Zuschauer*innen-Schnitt beläuft sich auf knapp 22.000.

Vier Jahre später findet die Weltmeisterschaft erstmals auf dem fünften Kontinent statt. Das Gesamt-Preisgeld wird von 30 Millionen auf 110 Millionen US-Dollar erhöht. Beim Männer-Turnier Ende 2022 in Katar war das Preisgeld viermal so hoch. Fast 31.000 Zuschauer*innen kommen im Schnitt zu den 64 Spielen. Erstmals spielen 32 (statt zuletzt 24) Teams um den Titel. Spielerisch kann die WM an die letzten beiden großen Turniere anschließen. Viele „kleinere" Nationen spielen sich ins Rampenlicht und sorgen für nicht für möglich gehaltene Überraschungen. So qualifizieren sich in Gruppe H etwa Kolumbien und Marokko, und nicht die klar favorisierten Deutschen, für das Achtelfinale. Auch Südafrika, Jamaika und Nigeria schaffen es überraschend in die K.-o.-Phase. Durch einen 1:0-Finalerfolg über Europameister England sichern sich erstmals die Spanierinnen den WM-Titel. Für wochenlangen Wirbel sorgt ein Vorfall während der Siegerinnen-Ehrung. Bei der Medaillenvergabe küsst der spanische Fußball-Präsident Luis Rubiales Jennifer Hermoso auf den Mund. Die Spielerin äußert danach, dass der Kuss nicht einvernehmlich gewesen sei. Es entbrennt eine Diskussion, vor allem weil sich Rubiales lange Zeit vehement weigert, den von diversen Seiten geäußerten Rücktrittsforderungen nachzukommen. Die FIFA suspendiert Rubiales. 81 spanische Fußballerinnen unterzeichnen eine Erklärung, wonach sie unter der aktuellen Verbandsführung nicht mehr für ihr Land spielen wollen. Erst drei Wochen nach dem Finalspiel kündigt Rubiales schließlich doch seinen Rücktritt an.

Im europäischen Klubfußball löst der FC Barcelona mit dem Champions-League-Sieg 2021 Olympique Lyon, das davor fünfmal in Folge siegreich blieb, zunächst als dominierendes Team ab. Ein Jahr später schlägt Lyon mit dem achten CL-Erfolg zurück. 2023 sichert sich wieder Barcelona den Titel. 2022 bricht Barcelona gleich zweimal hintereinander den Zuschauer*innen-Rekord für ein offizielles Frauenfußball-Spiel. Ende März 2022 sehen 91.553 Fans im Stadion Camp Nou den 5:2-Erfolg der Katalaninnen gegen Real Madrid im CL-Viertelfinal-Rückspiel. Beim 5:1 gegen VfL Wolfsburg im Halbfinal-Hinspiel sind sogar 91.648 Menschen im Stadion. In Österreich beendet Nina Burger im April 2019 nach 109 Spielen ihre langjährige Karriere im Nationalteam. Mit 53 Treffern ist sie Rekordtorschützin. Im Herbst 2019 beginnt die Qualifikation für die im Jahr 2021 geplante Europameisterschaft in England erfolgreich mit drei Siegen aus drei Spielen. Aufgrund der Covid-Pandemie werden die für das Frühjahr 2020 geplanten Qualifikations-Spiele abgesagt. Und da die Europameisterschaft der Männer von 2020 auf 2021 verschoben wird, muss das Frauen-Turnier weichen. Es wird im Juli 2022 abgehalten.

Im Sommer 2020 endet die erfolgreiche Ära von Dominik Thalhammer nach neun Jahren als Teamchef. Er wird zum Trainer des Männer-Bundesligisten LASK bestellt. Für das Nationalteam beginnt eine neue Ära, erstmals wird eine Frau Teamchefin: die bisherige Co-Trainerin Irene Fuhrmann übernimmt. Im Herbst wird die EM-Qualifikation fortgesetzt. Bei Fuhrmanns

Debüt gewinnen die Österreicherinnen im September das Auswärtsspiel gegen Kasachstan mit 5:0. Einen Monat später erkämpfen sich die Österreicherinnen in Wiener Neustadt ein 0:0 gegen den Gruppenfavoriten Frankreich. Dieser eine Punkt für das Unentschieden sollte extrem wichtig werden. Nach der 0:3-Auswärtsniederlage gegen Frankreich müht sich Österreich am 1. Dezember in Altach zu einem 1:0-Sieg gegen Serbien. Ob man sich als einer der drei besten Gruppenzweiten direkt für die EM qualifiziert, oder ob man ins Playoff muss, entscheidet sich erst im Februar 2021.

Im Rahmen eines Trainingslagers in Malta kassieren die Österreicherinnen am 19. Februar eine bittere 1:6-Niederlage gegen Schweden.

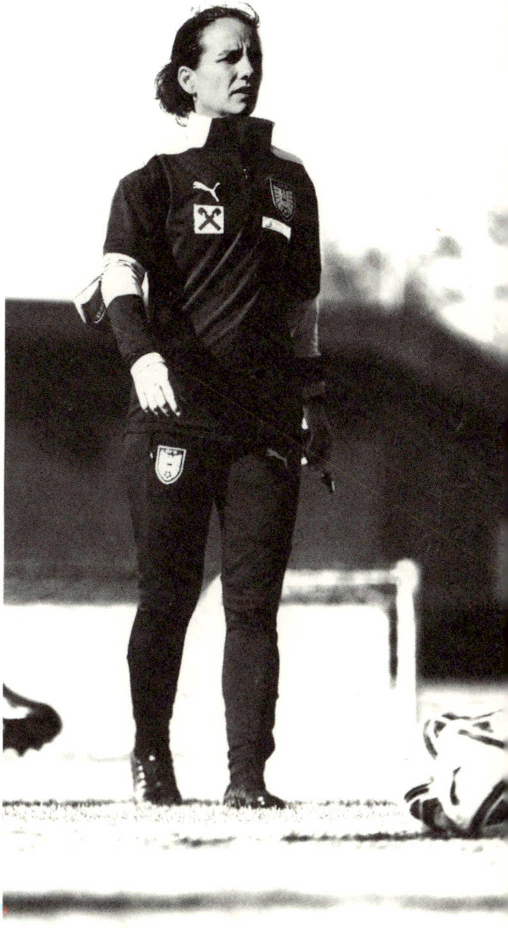

Irene Fuhrmann wird 2020 Teamchefin des österreichischen Nationalteams.

Noch am selben Tag dürfen sie aber jubeln. Weil Finnland in der Nachspielzeit einen 1:0-Sieg gegen Portugal fixiert, ist Österreich das Ticket für die EM 2022 praktisch nicht mehr zu nehmen. Ein großer Erfolg für das österreichische Nationalteam, das damit nach dem sensationellen Halbfinal-Einzug 2017 zum zweiten Mal bei einer Europameisterschaft mitspielt. Das Jahr 2022 beginnt für das Nationalteam vielversprechend. Im Rahmen des Trainingslagers in Marbella besiegt Österreich im Februar die Schweiz mit 3:0. Teamchefin Irene Fuhrmann ist zwar noch auf einige der „EM-Heldinnen" angewiesen, gleichzeitig gibt sie aber vielen jungen Spielerinnen Einsatzzeiten, einige überzeugen und erhalten sogar einen Stammplatz. Was die Debatte um gleiche oder bessere Bezahlung für Fußballerinnen angeht, verhalten sich die Österreicherinnen eher ruhig. Man setzt auf ein harmonisches Miteinander mit dem ÖFB. An anderer Front macht Teamkapitänin Viktoria Schnaderbeck von sich reden. Via Instagram outet sich die England-Legionärin als erste österreichische Nationalspielerin als homosexuell, indem sie ein Kuss-Bild mit ihrer Freundin postet. „Liebes-Outing von ÖFB-Ass Viktoria Schnaderbeck!" titelt die *Kronen-Zeitung* (2019). Noch am selben Tag outet sich auch ihre Nationalteam-Kollegin Sarah Puntigam – ebenfalls mit einem Kussbild auf Instagram. Im Juni 2022 heiratet Puntigam ihre Freundin, die US-Amerikanerin Genessee Daughetee, mit der sie in der Saison 2022/23 gemeinsam beim 1. FC Köln spielt. Ein Jahr später heiraten sowohl Schnaderbeck als auch Team-Torfrau Manuela Zinsberger. Letztere hatte ihre Liebe zu einer Frau 2021 öffentlich gemacht.

Für Österreich sind die Outings tatsächlich etwas Außergewöhnliches. Neben der Skispringerin Daniela Iraschko-Stolz gibt es fast keine bekannten Sportler*innen, die sich öffentlich zu ihrer Homosexualität bekennen. International haben sich jedenfalls schon viele prominente Fußballerinnen als lesbisch oder bisexuell geoutet.

Die Zeit zwischen den Europameisterschaften 2017 und 2022 kann man aus österreichischer Sicht als Übergangsphase sehen. Es werden positive Akzente (Bundesliga-Sponsor, Fernseh-Übertragungen) gesetzt, die zunächst keine große Wirkung zeigen. Während in der Bundesliga-Saison 2021/22 der Zuschauer*innen-Schnitt endlich deutlich nach oben geht, geht es bei den Länderspielen diesbezüglich eher in die gegenteilige Richtung. Die mediale Berichterstattung wird nur langsam mehr. Die Zahl der Fußballerinnen wächst nicht. Das Nationalteam ist sportlich auf einem guten Weg. Die Qualifikation für die Europameisterschaft 2022 ist der nächste Höhepunkt.

STARKE EM, VERPASSTE WM

Fünf Jahre nach dem sensationellen Halbfinal-Einzug in den Niederlanden ist vieles anders. Und doch werden Parallelen zum „Sommermärchen" 2017 erkennbar. Schon Wochen vor der zweiten Teilnahme eines österreichischen Fußball-Nationalteams der Frauen an einer EM-Endrunde setzt ein kaum für möglich gehaltener Medien-Hype um die heimischen Kickerinnen ein. Im Rahmen der Vorbereitung auf das Turnier in England vergeht kaum ein Tag ohne Fernseh- oder Zeitungsbericht über Irene Fuhrmanns Team. Die Erwartungshaltung ist klar. Was 2017 geschafft wurde, soll 2022 wiederholt werden. Die Papierform sagt etwas anderes: In Gruppe A sind Gastgeber England und Norwegen Favoriten auf die beiden Viertelfinal-Tickets. Die Vorbereitung verläuft vielversprechend. Auf ein 1:2 gegen Dänemark folgt ein 4:0 gegen Montenegro und ein 1:0-Auswärtssieg gegen Belgien. Dann geht es ab nach England. Im kleinen Ort Bagshot – knapp 50 Kilometer südwestlich von London gelegen - hat der ÖFB das perfekte Teamquartier gefunden. Das inmitten eines Waldes abgeschieden gelegene Luxushotel Pennyhill Park bietet perfekte Trainingsbedingungen. Davon haben sich davor schon die englischen Rugby- und Fußball-Nationalteams der Männer überzeugt. Österreichs Nationalteam ist nicht allein im ruhigen Bagshot.

Deutlich mehr heimische Journalist*innen als noch vor fünf Jahren in den Niederlanden sind von Beginn an dabei – in der Hoffnung auf ein neues „Sommermärchen". Der ORF bringt die Bilder der EM live in die österreichischen Haushalte. Erstmals überträgt der Österreichische Rundfunk alle Spiele eines Frauenfußball-Turniers live. Die Partien der Österreicherinnen werden in ORF1 ausgestrahlt – mit mehrstündigen Vorberichten wird auf die Spiele eingestimmt. Bis zu eine Million Menschen schauen zu. In Österreichs Kader stehen viele der EM-Heldinnen von 2017 – verstärkt durch jüngere Spielerinnen wie Laura Wienroither, Marie Höbinger oder Julia Hickelsberger-Füller, die in der Zwischenzeit wichtige Stützen des Teams geworden sind. Zwei weitere hoffnungsvolle junge Spielerinnen, die bei der EM dabei sein sollten, haben Pech. Maria Plattner verletzt sich noch vor dem ersten Spiel und fällt ebenso für das Turnier aus, wie Lisa Kolb, die wegen einer Covid-Erkrankung gar nicht erst anreisen kann. Im Rahmen des Turniers sollte es weitere kurzfristige Covid-bedingte Ausfälle geben. Was die Erwartungen für das Turnier betrifft, gibt man sich zurückhaltend. Klar ist aber auch: Die Rolle des krassen Außenseiters von 2017 geht sich für Österreich 2022 nicht mehr aus. „Damals hat uns niemand auf der Rechnung gehabt", sagt Irene Fuhrmann (*ballesterer*). „Wir haben uns den Respekt der Gegner erarbeitet. Sie werden uns genau analysieren." Man rechnet mit nichts gegen England, mit einem Sieg im zweiten Spiel gegen Nordirland und hofft auf ein Entscheidungsspiel um das zweite Viertelfinalticket gegen Norwegen zum Abschluss der Vorrunde. Und genauso sollte es auch kommen. Die Vorfreude auf das Eröffnungsspiel im ausverkauften Old-Trafford-Stadion in Manchester ist groß. Sportliche Erwartung hin oder her. Vor einer derart großen Kulisse hat noch keine österreichische Fußballerin jemals gespielt. „Das wird unbeschreiblich, ein Gänsehaut-Moment“, sagt Torhüterin Manuela Zinsberger. (*Kronen-Zeitung*) 6. Juli 2022: Endlich ist es so weit. 68.781 Zuschauer*innen haben sich im Old Trafford eingefunden. Zu diesem Zeitpunkt ist das eine Rekordkulisse für ein Europameisterschafts-Spiel der Frauen. Österreich hält sich gegen die Gastgeberinnen wacker, verliert nur knapp mit 0:1. Danach sieht man aber kaum lange Gesichter unter den Österreicherinnen. Man hat ja einen Plan. Und da waren null Punkte zum Auftakt einkalkuliert. Der Plan sieht einen Sieg gegen Nordirland im zweiten Gruppenspiel vor. Das ÖFB-Team ist Favorit, aber auch gewarnt. Vor dem 3:1-Heimsieg in der WM-Qualifikation hatte man sich im Oktober 2021 zu einem 2:2 in Belfast gemüht. In Southampton geht am 11. Juli alles glatt: 2:0 für Österreich. Katharina Schiechtl, die für die covid-positive Laura Wienroither in die Startelf rückt und Katharina Naschenweng erzielen die beiden Treffer. Der Erfolg wird gebührend gefeiert. Die Chance auf das Viertelfinale lebt. Weil Norwegen gegen England mit 0:8 untergeht, reicht dem ÖFB-Team ein Remis zum Aufstieg. Geht es nach der Weltrangliste, sind die elftplatzierten Norwegerinnen Favoritinnen gegen Österreich (21.). Aber ein derartiges Debakel kann auch an Top-Stars wie Ada Hegerberg oder Caroline Graham Hansen nicht spurlos vorübergehen.

Es sollte ein glanzvoller Abend für den österreichischen Fußball werden, an diesem 15. Juli 2022. Vor fast 13.000 Fans im Community-Stadium im südenglischen Brighton und vor 865.000 Fernsehzuschauer*innen im ORF zeigen Österreichs Fußballerinnen eines ihrer besten Spiele überhaupt. Bei der „kollektiven Glanzleistung“ (*Kurier)* geben sie von Beginn an den Ton an, erspielen sich viele Chancen. Die Norwegerinnen wirken beeindruckt und indisponiert. In Minute 37 bringt Stürmerin Nicole Billa das ÖFB-Team mit ihrem ersten EM-Tor in Führung. Österreich spielt sich weitere Chancen heraus – der zweite Treffer gelingt nicht. Erst gegen Ende des Spiels kommen die Norwegerinnen auf, es bleibt aber beim 1:0. Bei der zweiten Teilnahme an einer EM-Endrunde schaffen es die Österreicherinnen zum zweiten Mal ins Viertelfinale – zum zweiten Mal als Außenseiterinnen. Eine bemerkenswerte Leistung, die die Spielerinnen wiederum gebührend feiern. Denn darin verstehen sie sich mindestens so gut wie im Fußball spielen. Als „den fröhlichsten Viertelfinalisten“ bezeichnet die *Süddeutsche Zeitung* das österreichische Team, als „Lach- und Schießgesellschaft“ der *Kurier*. Wie schon nach dem Sieg gegen Nordirland crashen die Spielerinnen die offizielle Pressekonferenz. Mittendrin: Viktoria Schnaderbeck. Für die Teamkapitänin sollte der Erfolg gegen Norwegen das letzte internationale Spiel sein. Nach 90 Minuten lässt das dauer-lädierte Knie der Innenverteidigerin keinen Einsatz im Viertelfinale zu. Dass die Steirerin nach dem Turnier ihren Rücktritt erklären will, weiß sie seit einigen Monaten – auch ihre Mitspielerinnen und die Trainer*innen sind informiert – die Öffentlichkeit sollte erst später davon erfahren.

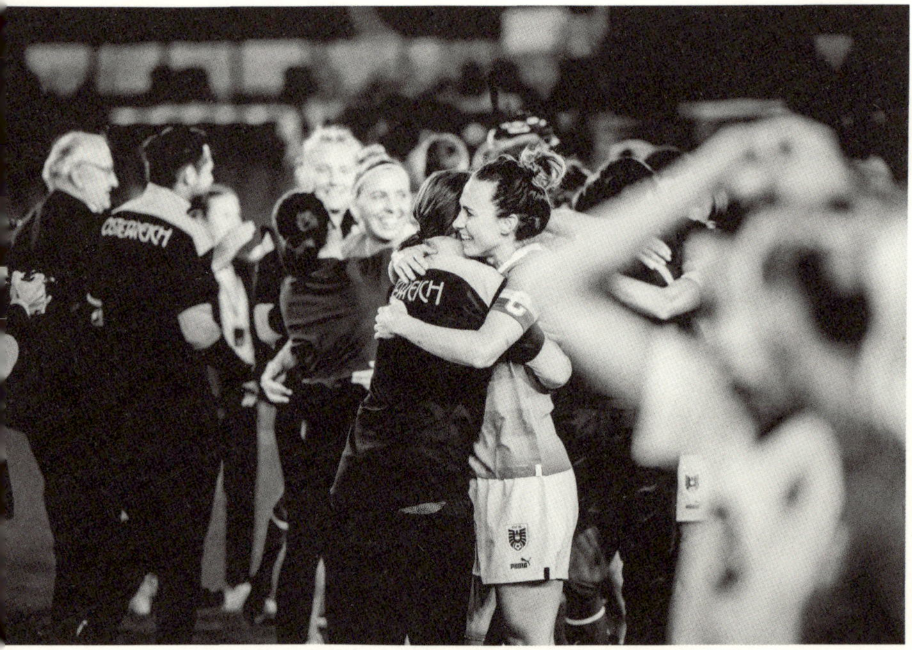

ÖFB-Teamkapitänin Viktoria Schnaderbeck (Mitte) nach ihrem letzten internationalen Fußballspiel – dem 1:0-EM-Erfolg gegen Norwegen am 15. Juli 2022.

Ohne Schnaderbeck, aber mit viel Getöse, geht es ins Viertelfinale: der Gegner ist Deutschland. Ein gefundenes Fressen für die Medien. Wieder eine Möglichkeit, das unsägliche Cordoba-Märchen aufzuwärmen. Aber es ist nicht nur ein Nachbarschaftsduell, es ist auch ein Duell der Bekannten. Die meisten Spielerinnen Österreichs sind Legionärinnen in der deutschen Bundesliga. Natürlich ist der achtfache Europameister Deutschland, der die Gruppenphase souverän absolviert hat, Favorit.

Am 21. Juli ist es so weit. 16.000 Zuschauer*innen im Community Stadium des Londoner Stadtteils Brentford und bis zu eine Million ORF-Fernsehkonsument*innen sehen starke Deutsche, aber auch engagierte Österreicherinnen. Letztere verzeichnen drei Stangen- bzw. Lattenschüsse. Allerdings leistet sich das Team von Irene Fuhrmann auch einige Patzer. Zwei davon führen zu den beiden Gegentoren. Lina Magull trifft nach einem verlorenen Zweikampf von Österreichs Kapitänin Carina Wenninger in der 25. Minute zum 1:0 für Deutschland. Für die Entscheidung sorgt Alexandra Popp nach einem missratenen Abschlag von Torfrau Manuela Zinsberger in Minute 90. Nach dem 0:2 ist nicht nur Zinsberger untröstlich. Das Turnier-Resümee fällt aber positiv aus. Das Team hat sich im Vergleich zu 2017 weiterentwickelt, hat mehr spielerische Möglichkeiten. Auch der Kader ist breiter geworden. Im EM-Endspiel im Londoner Wembley-Stadion treffen vor 87.192 Zuschauer*innen (EM-Rekord) die beiden Teams, die Österreich bezwungen hatten, aufeinander. Die Engländerinnen feiern einen glücklichen 2:1-Erfolg nach Verlängerung gegen Deutschland und werden erstmals Europameisterinnen. Für ein Novum sorgt dabei deren Teamchefin Sarina Wiegman. Die Niederländerin führt zum zweiten Mal nach 2017 das Gastgeber-Team zum Titel. Das Turnier hievt den europäischen Frauenfußball in neue Dimensionen. 574.865 Stadion-Besucher*innen (18.544 im Schnitt pro Match) werden insgesamt gezählt - mehr als doppelt so viele wie 2017. Auch was die sportliche Qualität angeht, gelingt ein großer Schritt nach vorne. Die Zahl der absoluten Spitzenteams ist größer geworden. „Es gibt nicht genug Superlative, um die Europameisterschaft 2022 zu beschreiben. Es war schlicht und einfach ein Turnier für die Ewigkeit", jubiliert UEFA-Präsident Aleksander Ceferin (*Oberösterreichische Nachrichten*).

Nach der Europameisterschaft ist vor der Weltmeisterschaft. Die Teilnahme am Turnier in Australien und Neuseeland, nur ein Jahr nach der EM in England, ist nun das große Ziel für Österreichs Fußballerinnen. Noch nie hat sich ein heimisches Frauen-Team für eine WM qualifiziert. Noch nie war die Chance so groß wie diesmal. Denn die FIFA hat das Teilnehmerfeld von 24 auf 32 Nationen aufgestockt. Als Gruppenzweiter seiner WM-Qualifikations-Gruppe muss Österreich in das mehrstufige Playoff – allerdings ohne Schnaderbeck und Lisa Makas. Die beiden langjährigen Teamstützen erklären am 10. August 2022 in einer gemeinsamen Pressekonferenz ihren Rücktritt. Vor allem Schnaderbeck steht für die neue Ära im österreichischen Frauenfußball. 2007, im Alter von 16 Jahren, wagt sie den Wechsel nach Deutschland, zum FC Bayern München. Im selben Jahr debütiert sie im Nationalteam. 2013 wird sie Kapitänin. Sie macht alle Stufen des Aufschwungs mit. Dass sie nach 15-jähriger Teamkarriere „nur" bei 83 Länderspielen hält, liegt an ihrer unvergleichlichen Verletzungsgeschichte. Schnaderbeck muss sich acht Knieoperationen unterziehen. Ab 2016 kommt sie auf keine langfristigen Perioden mehr, in denen sie durchspielen kann. Mit viel Disziplin kämpft sie sich immer wieder zurück. Die Entscheidung über den Rücktritt sei lange gereift, sagt die Steirerin: „Mein Gefühl hat mir gesagt, dass jetzt der richtige Zeitpunkt ist." Der richtige Zeitpunkt zum Aufhören ist es auch für Stürmerin Makas. Auch sie wird immer wieder von schweren Verletzungen zurückgeworfen. In zwölf Jahren im Nationalteam bringt es die Niederösterreicherin auf 74 Einsätze und 20 Tore. Im Frühjahr 2023 erklärt die nächste Leistungsträgerin ihren Rücktritt: Carina Wenninger, stets zuverlässige Innenverteidigerin und zuletzt Teamkapitänin, hängt im Alter von 32 Jahren ihre Fußballschuhe an den Nagel. Die Steirerin bringt es auf 127 Länderspiel-Einsätze. Wie Schnaderbeck war Wenninger bereits im Alter von 16 Jahren ins Ausland, zum FC Bayern, gewechselt. Nach 15 Jahren und drei Meistertiteln in München, gewinnt sie in ihrer letzten Saison die italienische Meisterschaft mit AS Roma. „Man soll aufhören, wenn es am schönsten ist", sagt Wenninger. Ab der Saison 2023/24 übernimmt sie den neu geschaffenen Job als Managerin der österreichischen Liga, die fortan, wie die Männer-Bundesliga, von Admiral gesponsert wird. Die drei Rücktritte sind ein Vorbote des anstehenden Umbruchs im Nationalteam. Die goldene Generation des österreichischen Frauenfußballs ist im Jahr 2023 rund 30 Jahre alt. Viele von ihnen – etwa Laura Feiersinger, Verena Hanshaw (vormals Aschauer), Sarah Puntigam oder Sarah Zadrazil – spielen bereits seit ihrer Jugend im Nationalteam. Zweieinhalb Monate nach der erfolgreichen Europameisterschaft muss das Team von Irene Fuhrmann einen herben Rückschlag hinnehmen. Es verpasst die WM-Endrunde 2023. Im komplizierten Playoff-Modus hätte Österreich zwei Spiele gewinnen müssen:

zunächst auswärts gegen Schottland, dann zu Hause gegen Irland. Ein Los, das als machbar eingestuft wird. Beide Teams liegen in der Weltrangliste knapp hinter Österreich. Zum zweiten Spiel kommt es nicht. Österreich muss sich am 6. Oktober 2022 den Schottinnen in Glasgow mit 0:1 nach Verlängerung geschlagen geben. Die Vorbereitung auf das Playoff-Spiel ist wegen Champions League und Meisterschaft nur kurz. In Glasgow knüpfen die Österreicherinnen nicht an die EM-Leistungen an. *Die Presse* sieht gar „eine der schlechtesten Leistungen der vergangenen Jahre“. Laut Teamchefin Fuhrmann sei nicht jede Spielerin am Limit gewesen: „Das kannst du dir in so einem Spiel nicht leisten.“ Bitter ist die verpasste WM-Qualifikation nicht nur aus sportlicher Sicht. Bei der EM-Endrunde hat Österreich wie schon 2017 für Aufsehen gesorgt, sogar ein noch nie da gewesenes Medieninteresse für Frauenfußball hervorgerufen. Bis zum nächsten Pflichtspiel sollte ein knappes Jahr vergehen. Logisch, dass auch das mediale Interesse wieder abflaut. Im Herbst 2023 wird der Blick wieder nach vorn gerichtet. Das nächste große Ziel des Nationalteams ist die Qualifikation für die Europameisterschafts-Endrunde 2025 in der Schweiz. Zunächst geht es in der Nations League, die erstmals auch für Frauen abgehalten wird, darum, sich eine gute Startposition für die tatsächliche Qualifikation zu sichern. Das gelingt den Österreicherinnen. Mit zwei Erfolgen gegen Portugal sowie einem Sieg und einem Remis gegen Norwegen sichert sich die Fuhrmann-Elf mit Platz zwei hinter Frankreich den Klassenerhalt in der obersten Liga der Nations League.

In Rahmen dieser Nations League spielt ein Nationalteam der Frauen erstmals seit 1996 (!) wieder in Wien. Die Partie gegen Frankreich am 26. September 2023 steigt in der Generali-Arena, der Heimstätte der Wiener Austria. 10.051 Fans sehen die knappe 0:1-Niederlage der Österreicherinnen im Stadion. Endlich wird also der elf Jahre alte Zuschauer*innen-Rekord für ein Frauenfußball-Spiel in Österreich gebrochen. Dieser lag bisher bei 3600.

100 Jahre nach den ersten gesicherten Meldungen von Frauen-Matches in Österreich ist der Frauenfußball hierzulande auf einem guten Weg, es gilt aber noch viele Schritte zu gehen und aufzuholen. Auf der Haben-Seite stehen die großen Fortschritte und Erfolge des Nationalteams, aber auch der Juniorinnen-Teams, die bereits mehrfach an EM-Endrunden teilgenommen haben. Positiv zu vermerken sind auch die zunehmenden Fernsehübertragungen, niederschwellige Aktionen, um Mädchen zum Fußball zu bringen und der Spät-aber-doch-Einstieg so mancher Männer-Vereine in den Frauenfußball, der aber nicht überall ganz freiwillig geschehen ist. Medienberichterstattungen sind mehr und hochwertiger geworden. Es ist aber noch genug Luft nach oben. Eine Fußball spielende Frau ist heutzutage keine Exotin mehr. Das ist aber das Mindeste, was man anno 2024 erwarten darf. Und von einer Gleichstellung zwischen Männer- und Frauenfußball ist man wohl noch Jahrzehnte weg. Weitere große Problemfelder sind die geringe Anzahl an Fußballerinnen, die Unausgewogenheit der österreichischen Liga oder

die, trotz des neuen Rekords, dürftigen Zuschauer*innen-Zahlen bei Länderspielen. Im Nationalteam wird es in den nächsten Jahren darauf ankommen, die „goldene Generation" nach und nach zu ersetzen. Definitiv eine große Herausforderung. Aber in der Geschichte des österreichischen Frauenfußballs sind schon größere Herausforderungen gestemmt worden.

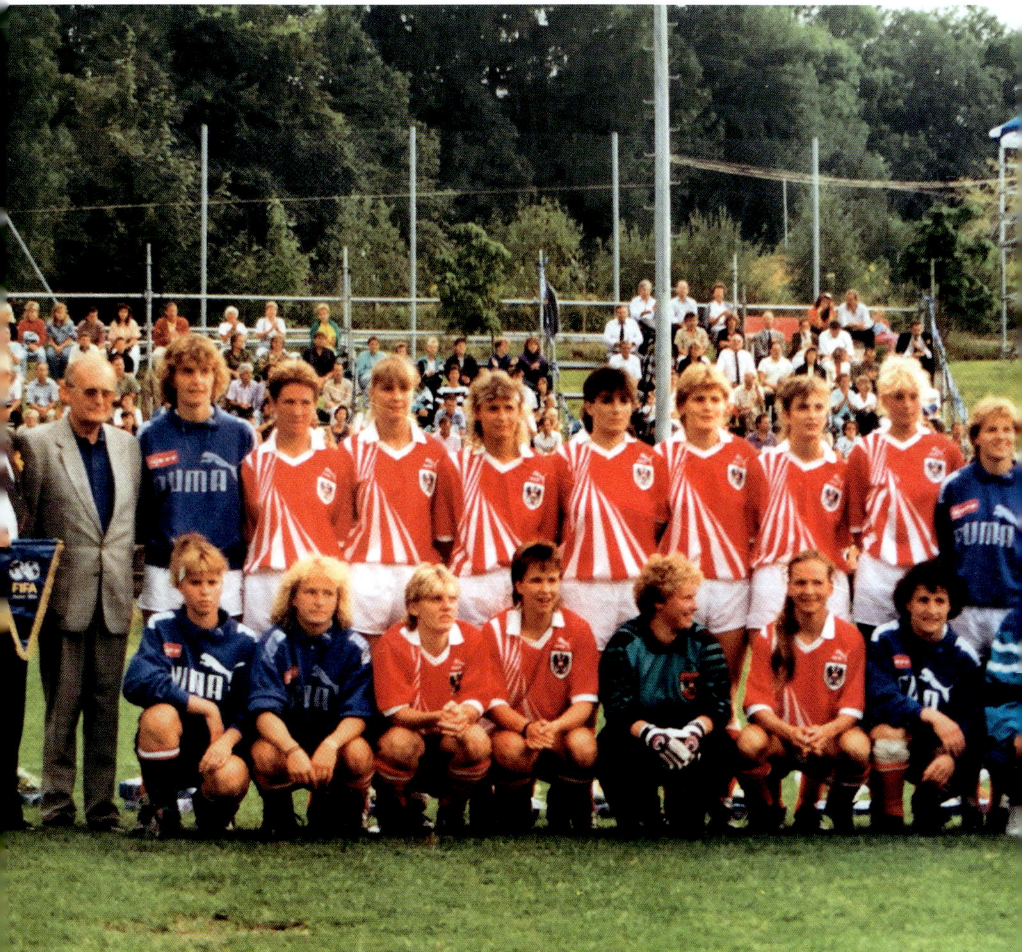

Das Premierenspiel

Es dauert lange, bis Österreich sein erstes offizielles Länderspiel bestreitet. Am 25. August 1990 ist es so weit. Die Elf von Trainer Peter Leitl muss sich der Schweiz in Richterswil mit 1:5 geschlagen geben.

Foto: Privatarchiv Mag. Christa Tauschek

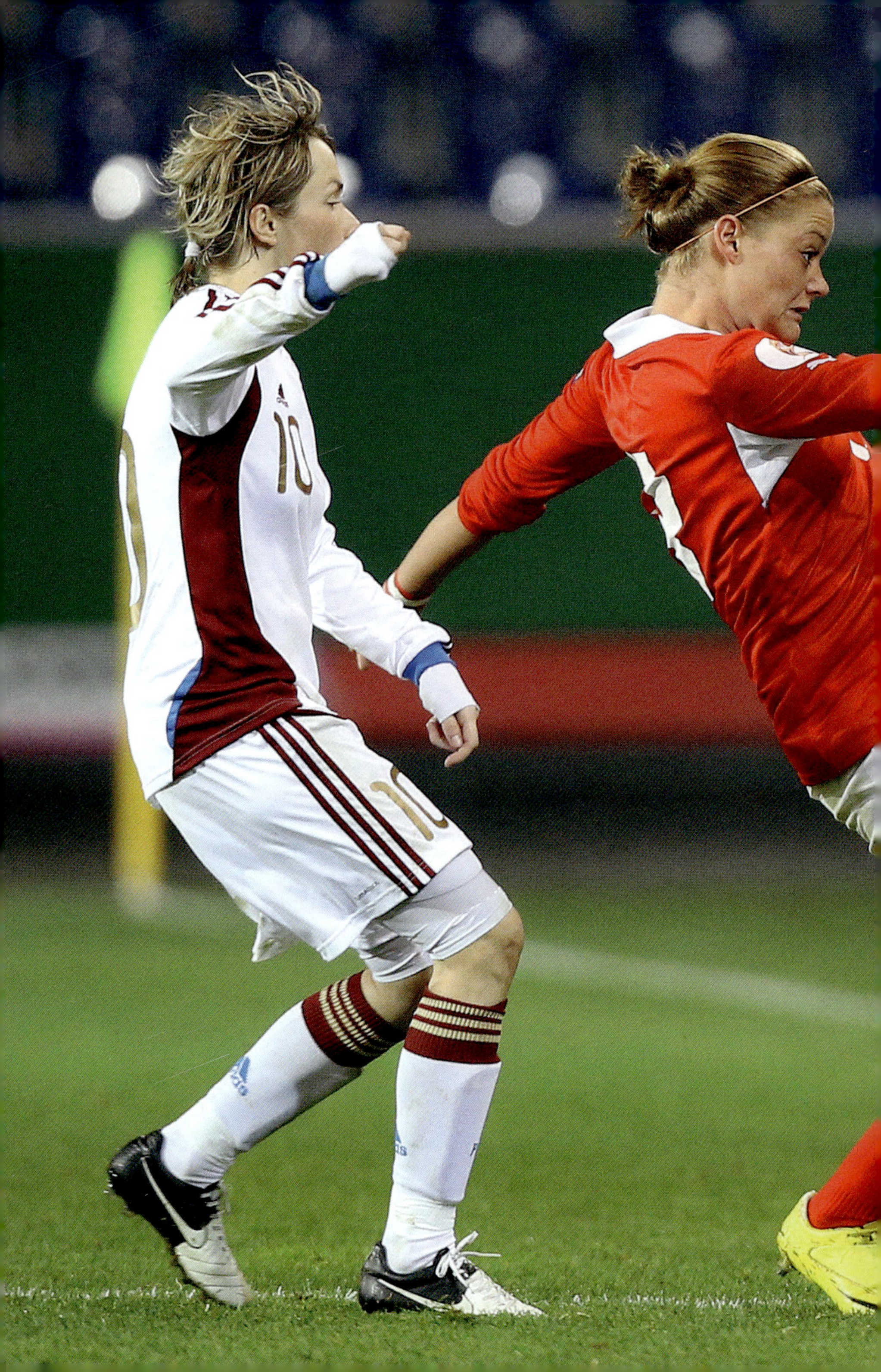

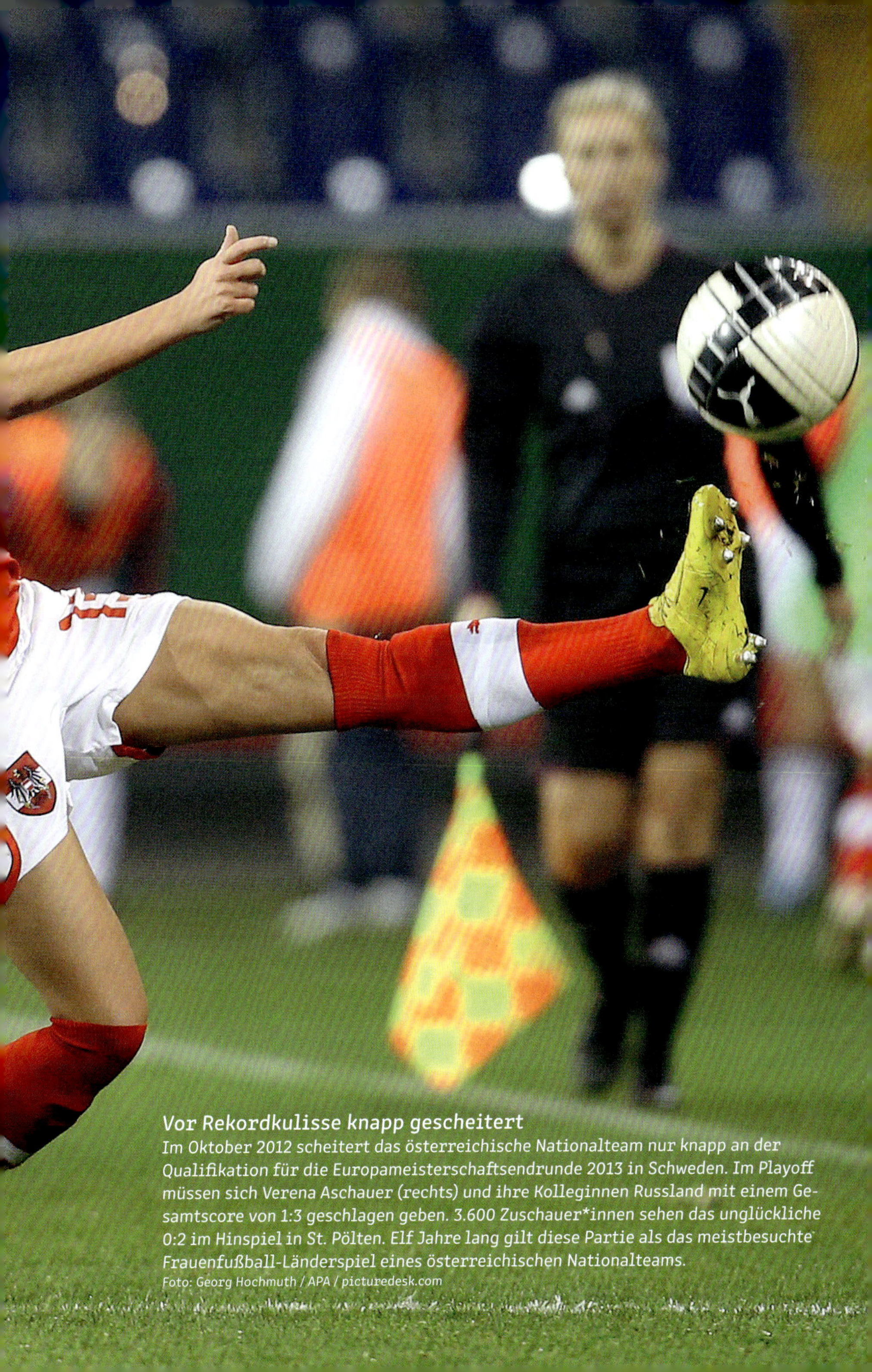

Vor Rekordkulisse knapp gescheitert
Im Oktober 2012 scheitert das österreichische Nationalteam nur knapp an der Qualifikation für die Europameisterschaftsendrunde 2013 in Schweden. Im Playoff müssen sich Verena Aschauer (rechts) und ihre Kolleginnen Russland mit einem Gesamtscore von 1:3 geschlagen geben. 3.600 Zuschauer*innen sehen das unglückliche 0:2 im Hinspiel in St. Pölten. Elf Jahre lang gilt diese Partie als das meistbesuchte Frauenfußball-Länderspiel eines österreichischen Nationalteams.
Foto: Georg Hochmuth / APA / picturedesk.com

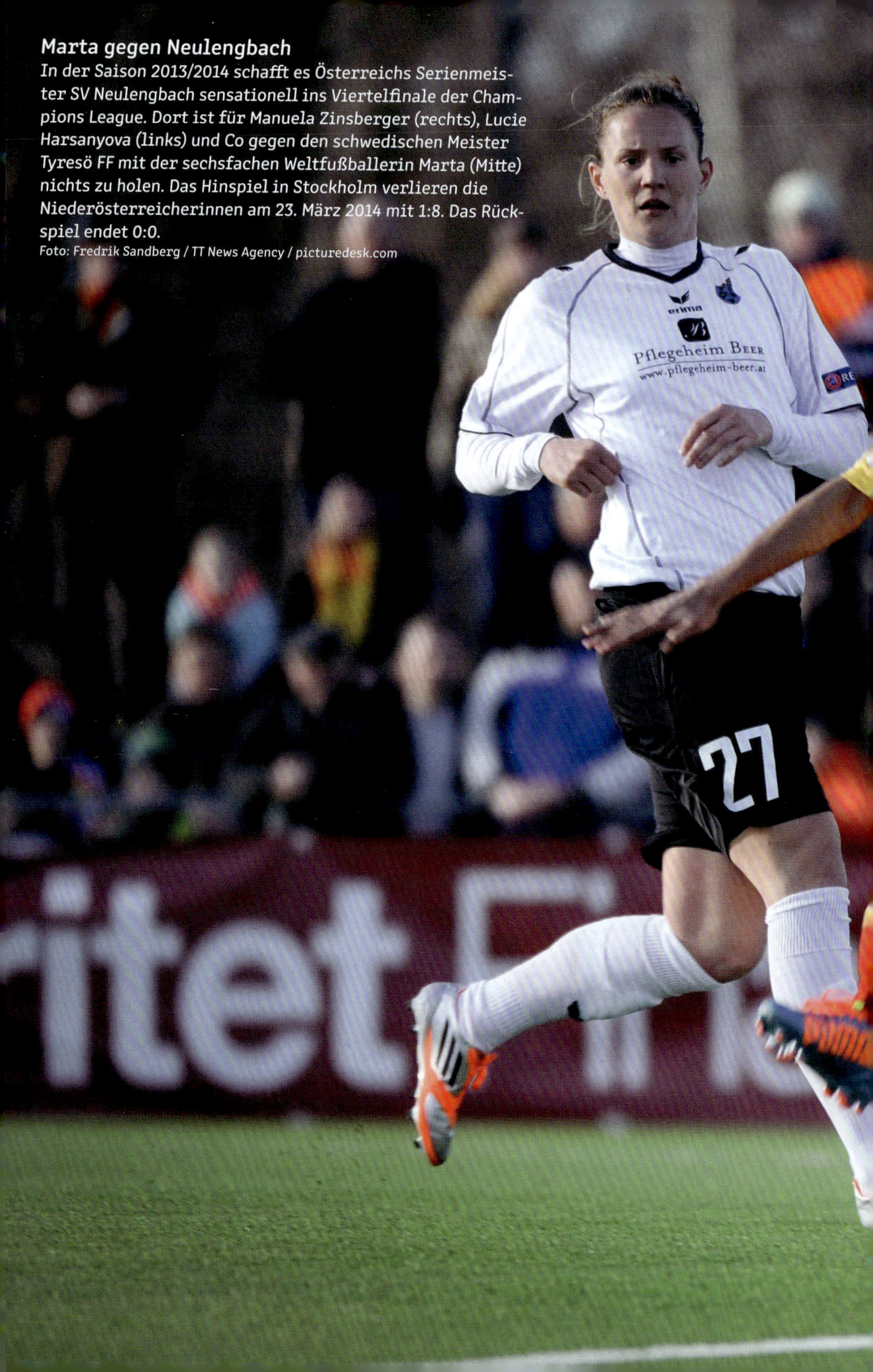

Marta gegen Neulengbach

In der Saison 2013/2014 schafft es Österreichs Serienmeister SV Neulengbach sensationell ins Viertelfinale der Champions League. Dort ist für Manuela Zinsberger (rechts), Lucie Harsanyova (links) und Co gegen den schwedischen Meister Tyresö FF mit der sechsfachen Weltfußballerin Marta (Mitte) nichts zu holen. Das Hinspiel in Stockholm verlieren die Niederösterreicherinnen am 23. März 2014 mit 1:8. Das Rückspiel endet 0:0.

Foto: Fredrik Sandberg / TT News Agency / picturedesk.com

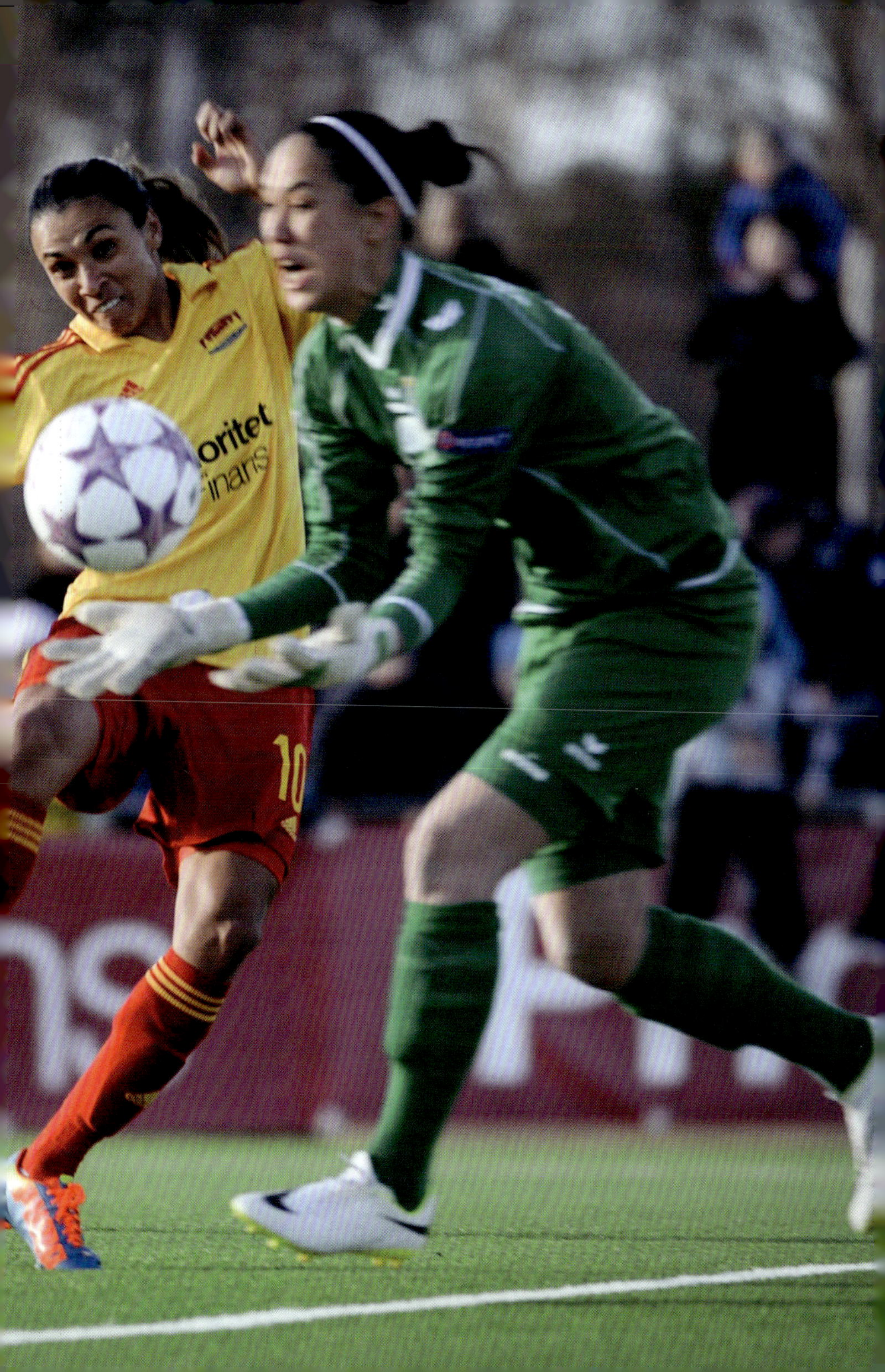
oritet
finans
10

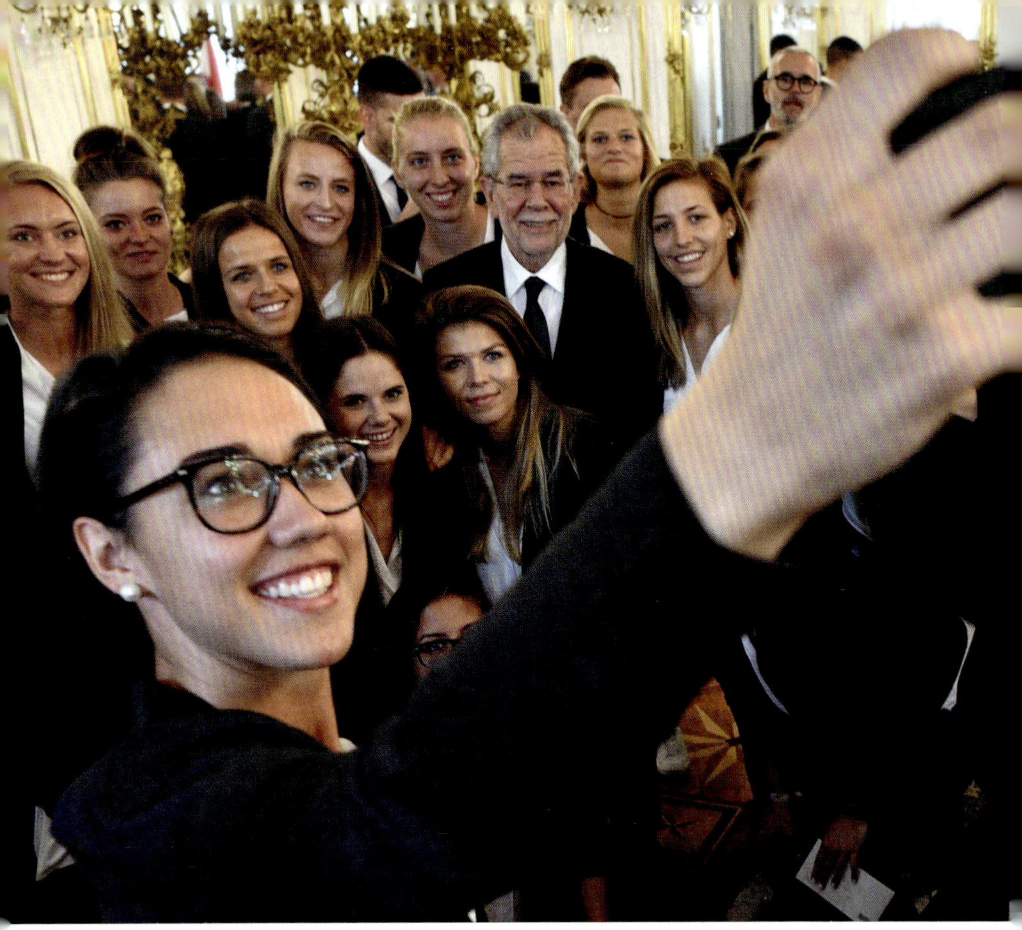

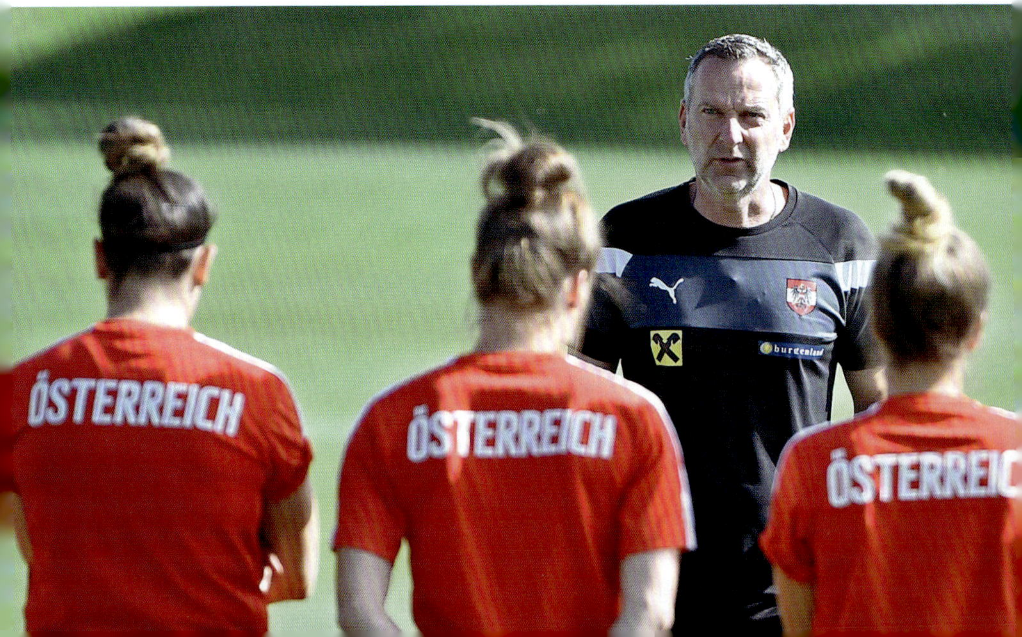
ÖSTERREICH
ÖSTERREICH
burgenland

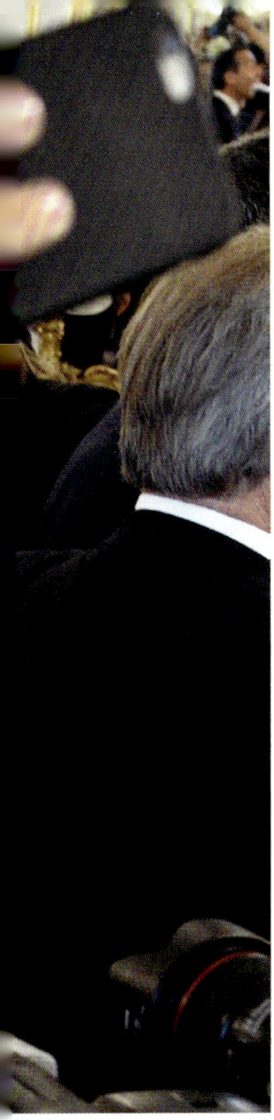

Erfolgreiche Europameisterschaft 2017:

Selfie mit dem Präsidenten

Vor ihrer ersten EM-Endrunde, die 2017 in den Niederlanden steigt, werden Österreichs Teamspielerinnen in der Wiener Hofburg feierlich verabschiedet. Torfrau Manuela Zinsberger nutzt die Gelegenheit für ein Selfie mit dem Bundespräsidenten Alexander Van der Bellen

Foto: Hans Punz / APA / picturedesk.com

links unten: Der Erfolgscoach

Von 2011 bis 2020 ist Dominik Thalhammer Trainer des österreichischen Nationalteams. Unter ihm legen die Frauen einen rasanten Aufstieg hin. Das Bild zeigt ihn während des Trainingslagers vor der EM-Endrunde 2017 in Windischgarsten.

Foto: Hans Punz / APA / picturedesk.com

rechts unten: Würdiger Empfang

Nach dem sensationellen Erfolgslauf bei der EM-Endrunde in den Niederlanden werden Österreichs Teamspielerinnen auf dem Rathausplatz in Wien von zahlreichen Fans gefeiert.

Foto: Georg Hochmuth / APA / picturedesk.com

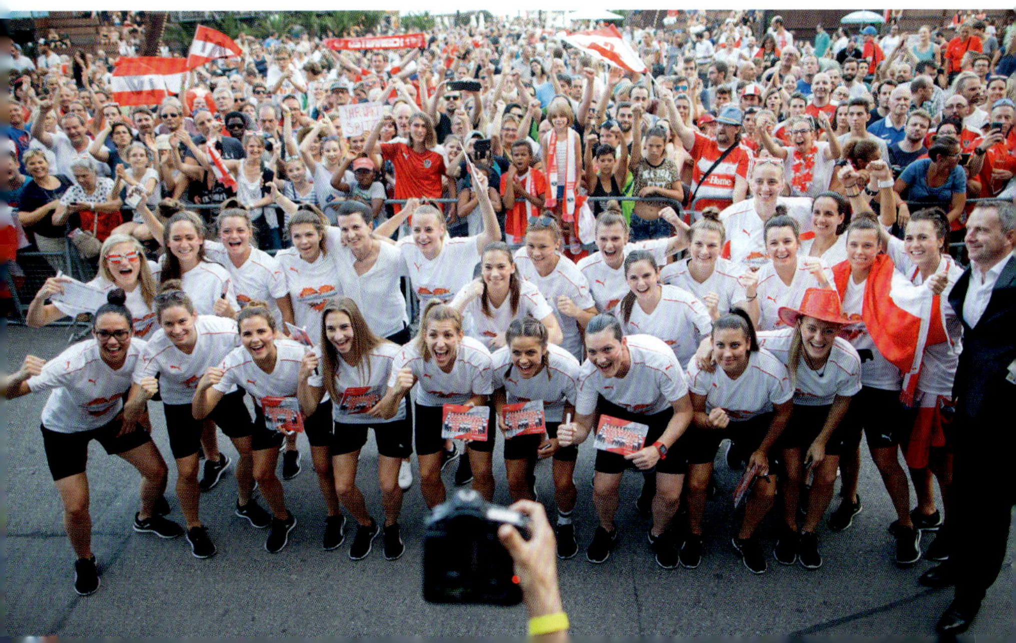

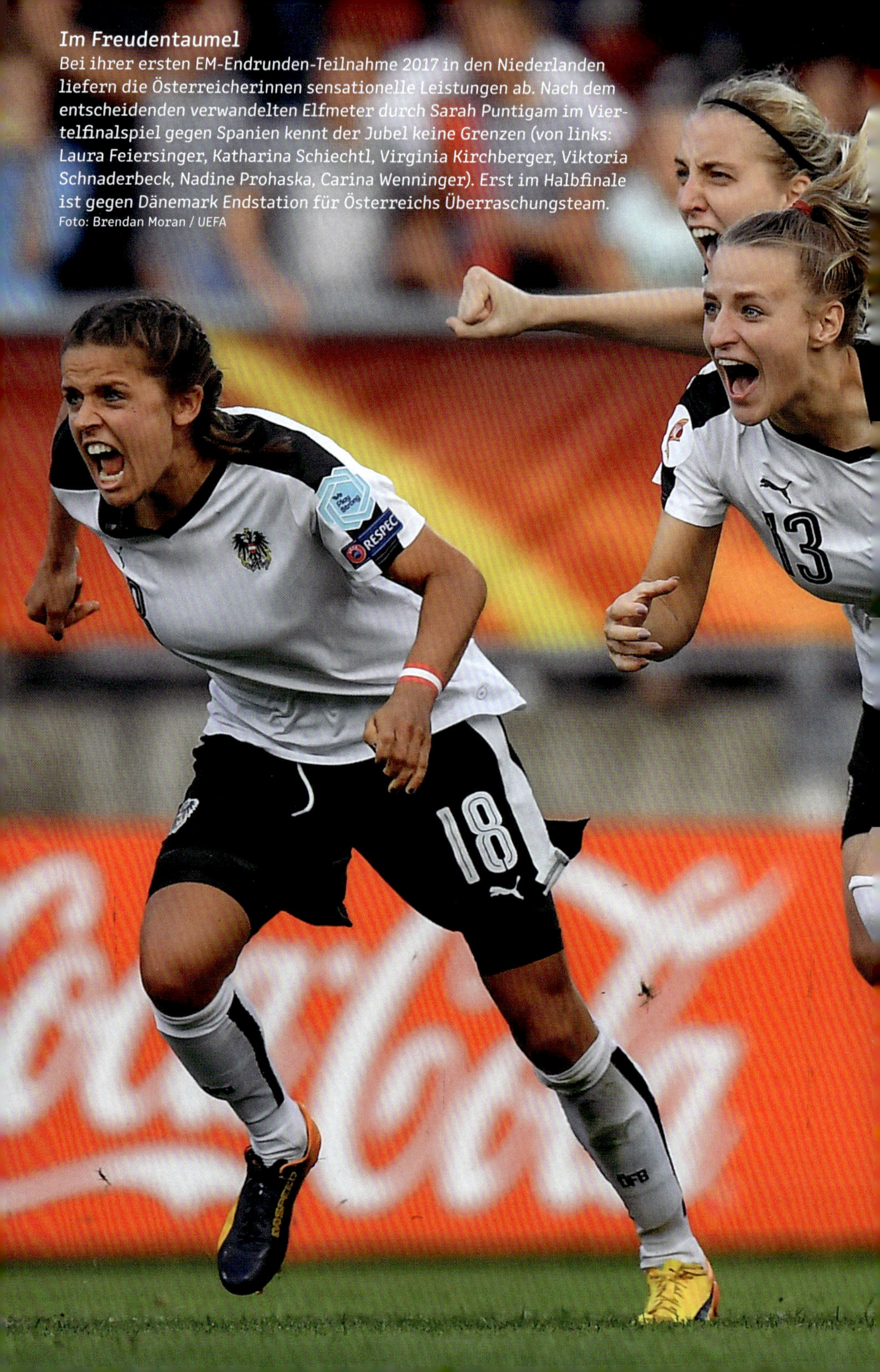

Im Freudentaumel

Bei ihrer ersten EM-Endrunden-Teilnahme 2017 in den Niederlanden liefern die Österreicherinnen sensationelle Leistungen ab. Nach dem entscheidenden verwandelten Elfmeter durch Sarah Puntigam im Viertelfinalspiel gegen Spanien kennt der Jubel keine Grenzen (von links: Laura Feiersinger, Katharina Schiechtl, Virginia Kirchberger, Viktoria Schnaderbeck, Nadine Prohaska, Carina Wenninger). Erst im Halbfinale ist gegen Dänemark Endstation für Österreichs Überraschungsteam.
Foto: Brendan Moran / UEFA

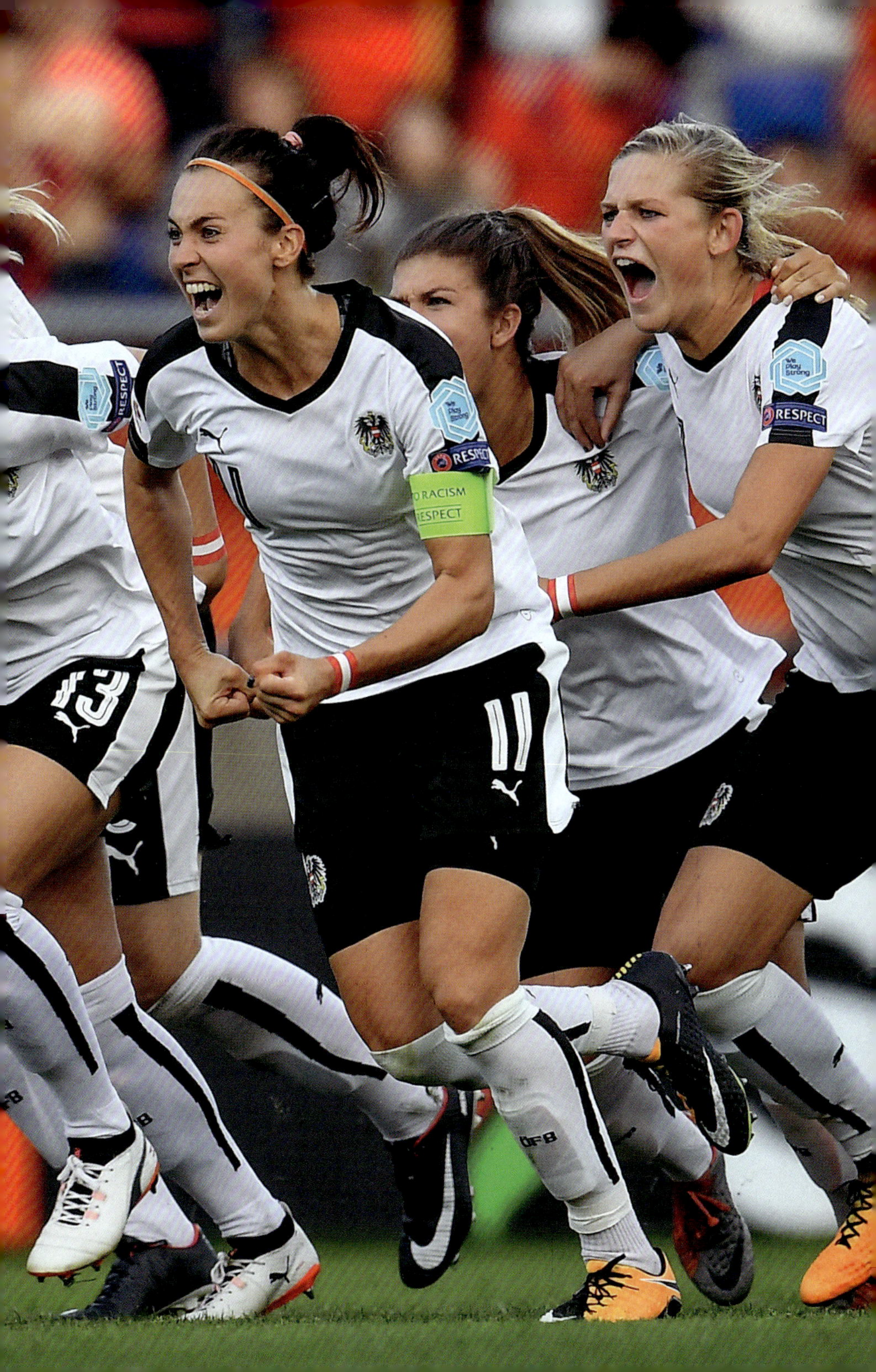
RESPECT
RESPECT
RESPECT
11

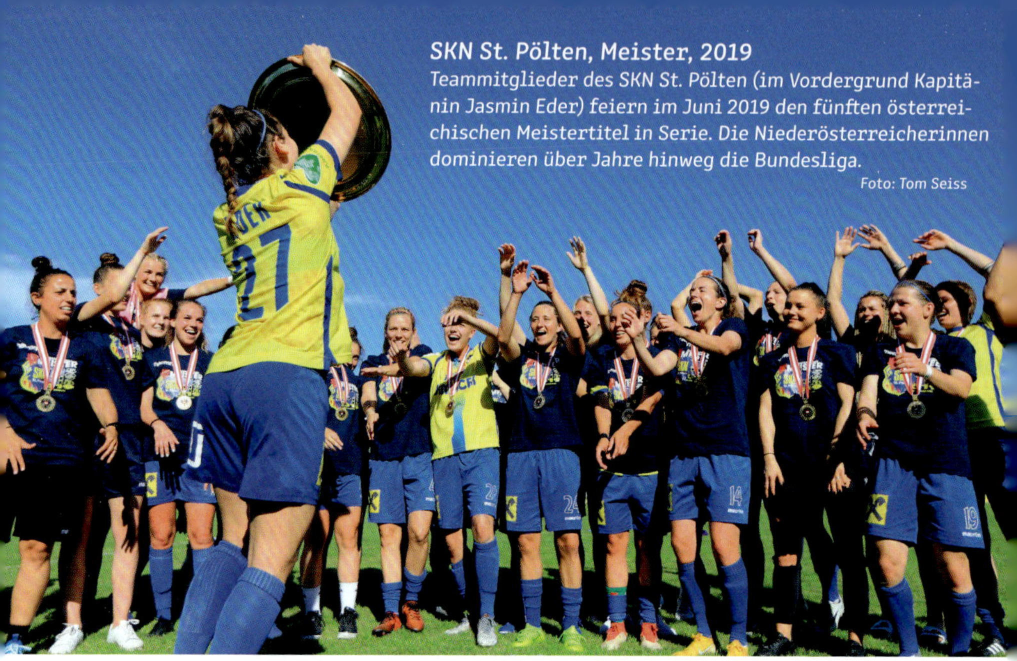

SKN St. Pölten, Meister, 2019
Teammitglieder des SKN St. Pölten (im Vordergrund Kapitänin Jasmin Eder) feiern im Juni 2019 den fünften österreichischen Meistertitel in Serie. Die Niederösterreicherinnen dominieren über Jahre hinweg die Bundesliga.
Foto: Tom Seiss

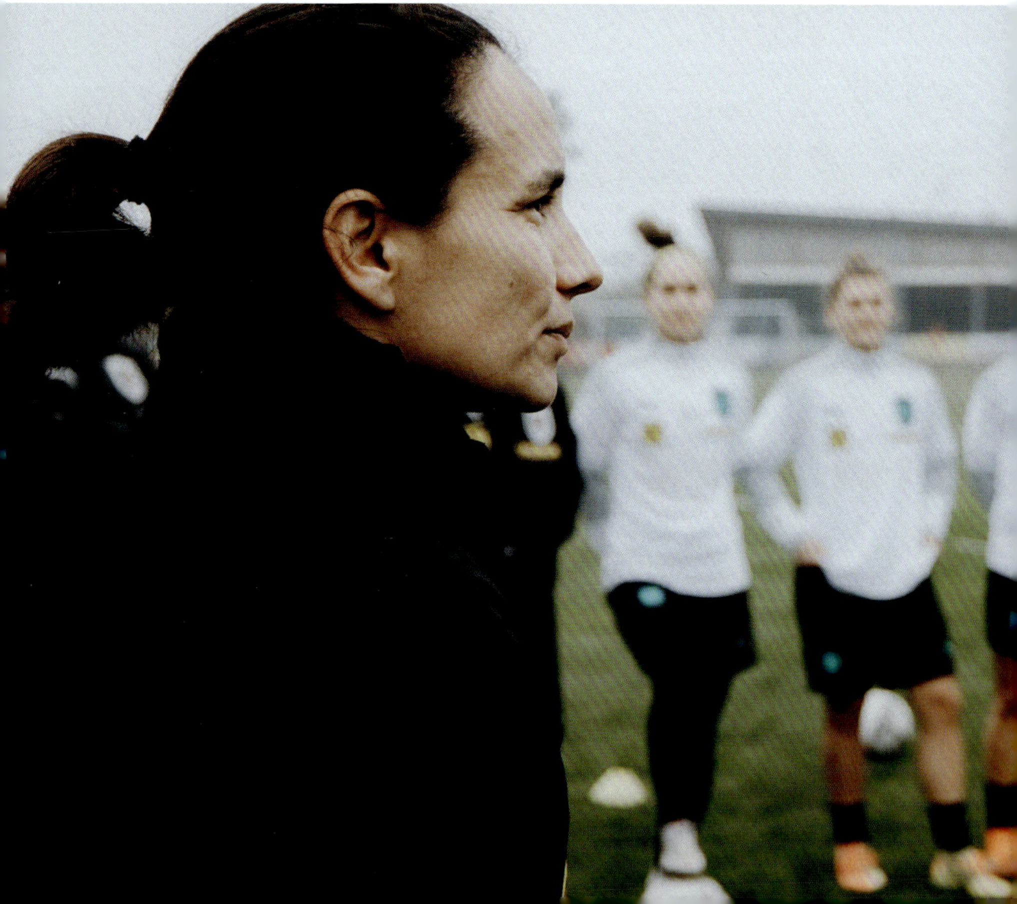

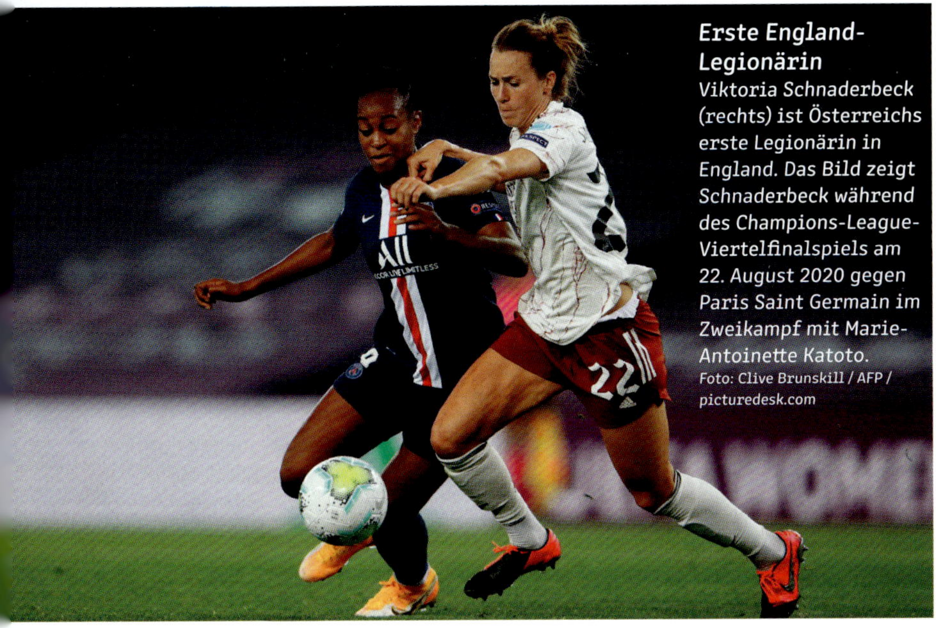

Erste England-Legionärin
Viktoria Schnaderbeck (rechts) ist Österreichs erste Legionärin in England. Das Bild zeigt Schnaderbeck während des Champions-League-Viertelfinalspiels am 22. August 2020 gegen Paris Saint Germain im Zweikampf mit Marie-Antoinette Katoto.
Foto: Clive Brunskill / AFP / picturedesk.com

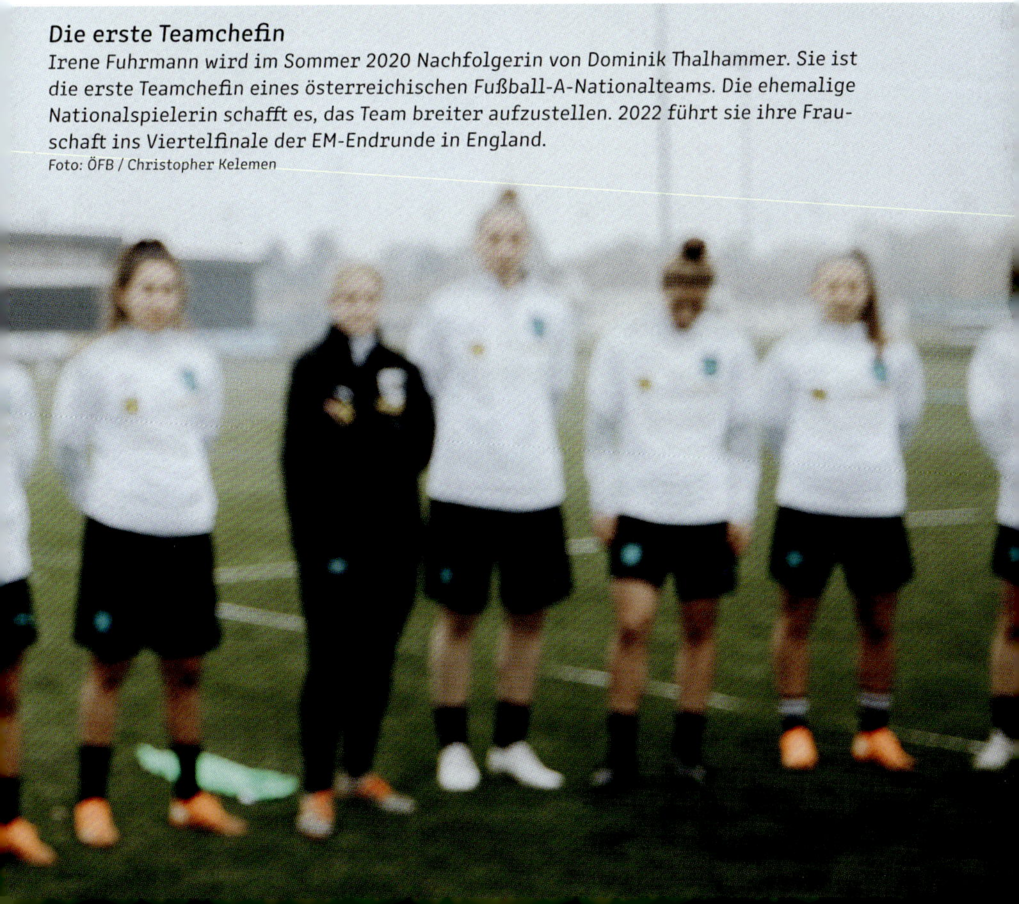

Die erste Teamchefin
Irene Fuhrmann wird im Sommer 2020 Nachfolgerin von Dominik Thalhammer. Sie ist die erste Teamchefin eines österreichischen Fußball-A-Nationalteams. Die ehemalige Nationalspielerin schafft es, das Team breiter aufzustellen. 2022 führt sie ihre Frauschaft ins Viertelfinale der EM-Endrunde in England.
Foto: ÖFB / Christopher Kelemen

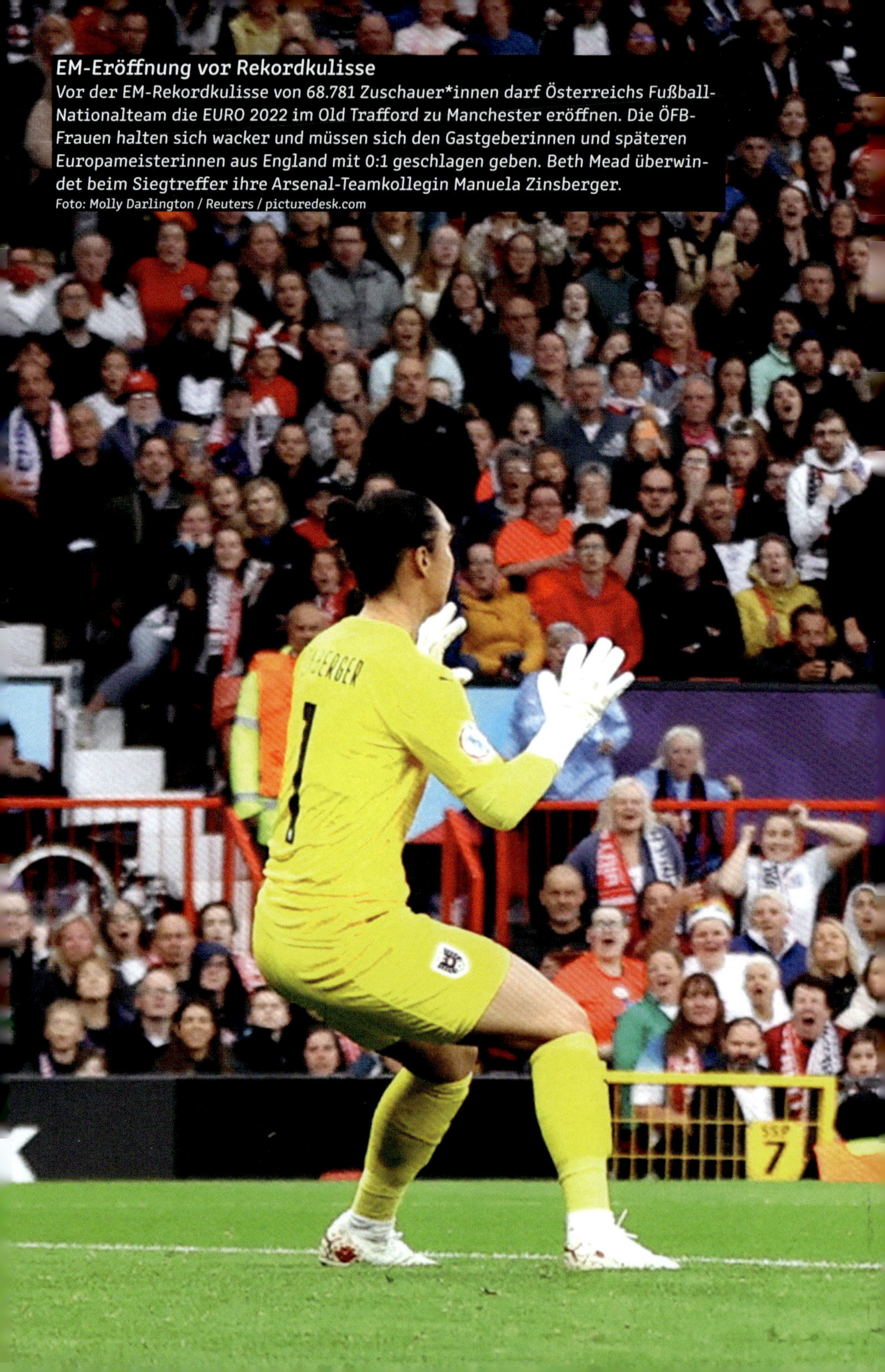

EM-Eröffnung vor Rekordkulisse

Vor der EM-Rekordkulisse von 68.781 Zuschauer*innen darf Österreichs Fußball-Nationalteam die EURO 2022 im Old Trafford zu Manchester eröffnen. Die ÖFB-Frauen halten sich wacker und müssen sich den Gastgeberinnen und späteren Europameisterinnen aus England mit 0:1 geschlagen geben. Beth Mead überwindet beim Siegtreffer ihre Arsenal-Teamkollegin Manuela Zinsberger.

Foto: Molly Darlington / Reuters / picturedesk.com

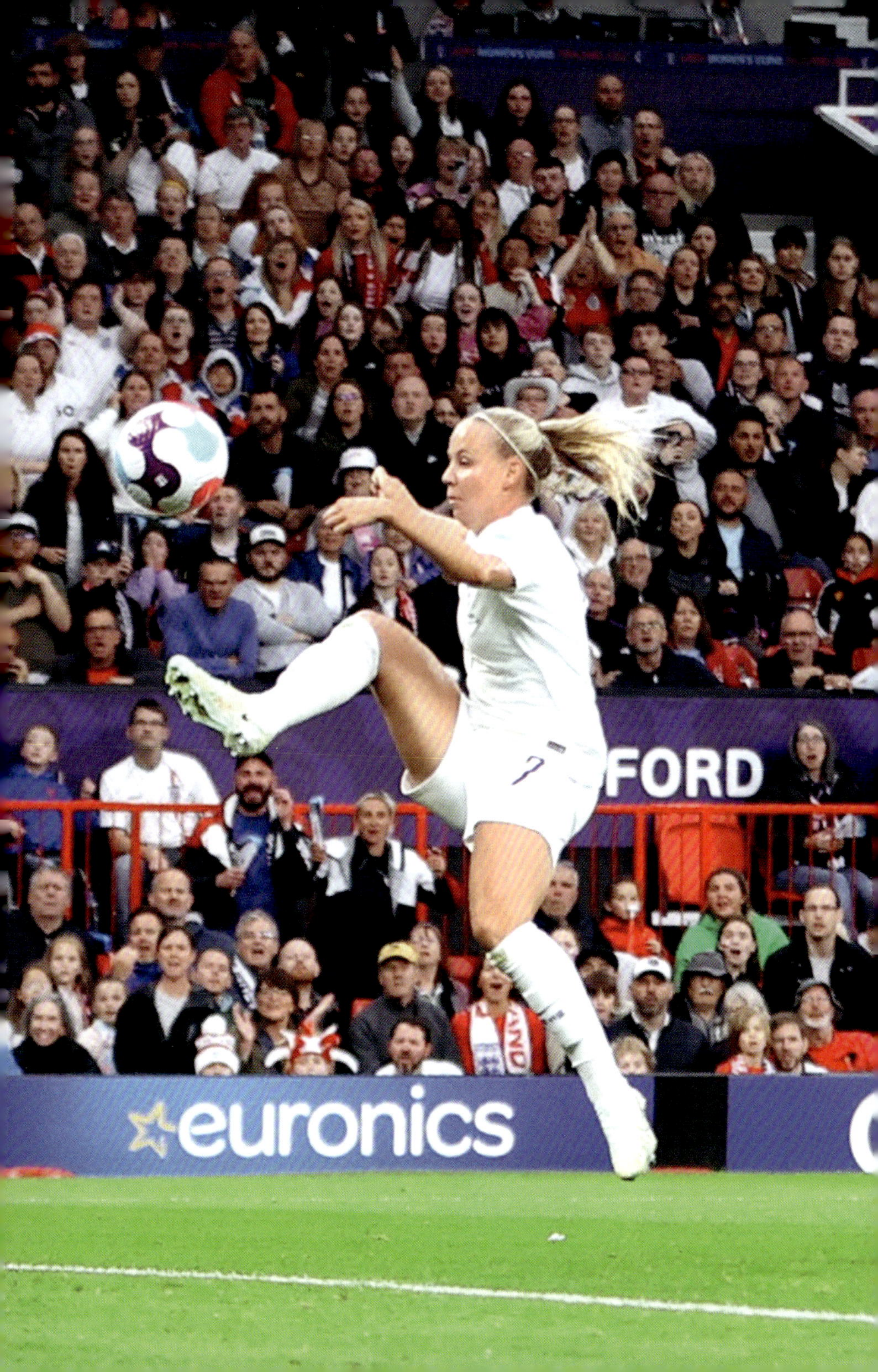
FORD
euronics

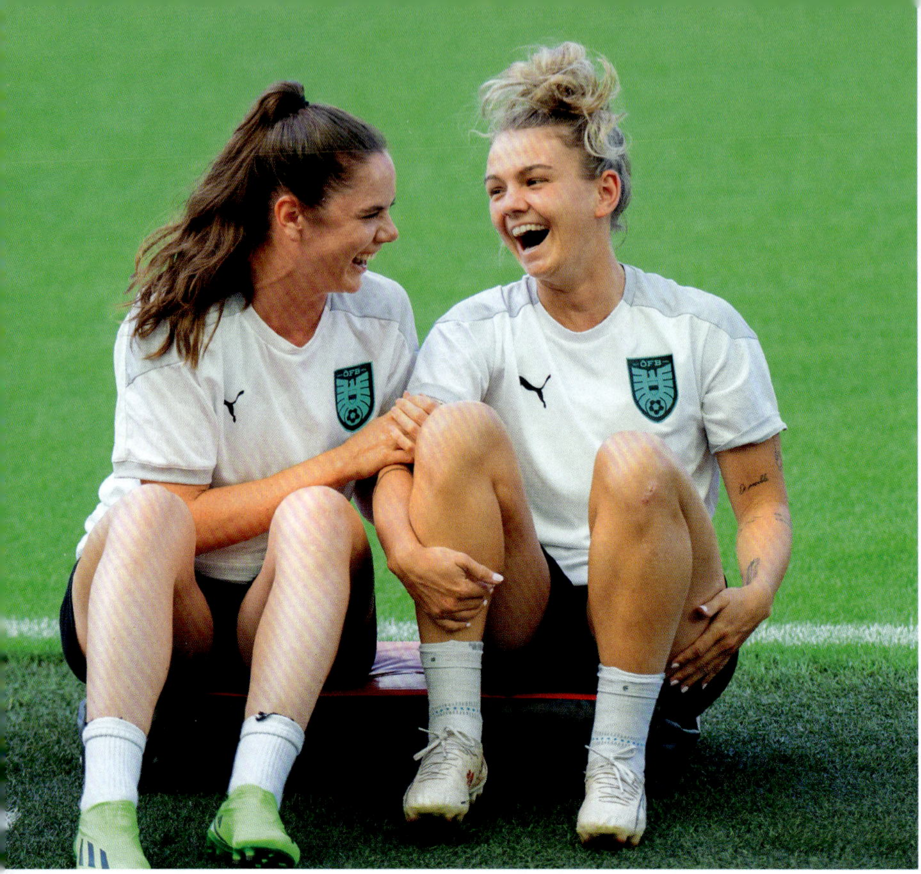

Gute Laune vor dem Entscheidungsspiel
Vor Österreichs entscheidendem Gruppenspiel bei der EM-Endrunde 2022 ist die Stimmung bei Sarah Zadrazil (links) und Laura Wienroither bestens. Gegen die leicht favorisierten Norwegerinnen würde in Brighton ein Remis zum Viertelfinaleinzug reichen.
Foto: Georg Hochmuth / APA / picturedesk.com

rechts oben: **Erneuter EM-Erfolg**
Bei seiner zweiten EM-Endrundenteilnahme schafft es Österreichs Team zum zweiten Mal in die K.o.-Phase. Der 1:0-Erfolg gegen Norwegen in Brighton im letzten Gruppenspiel am 15. Juli 2022 wird gebührend gefeiert. Im Viertelfinale ist gegen Deutschland Endstation.
Foto: Peter Cziborra / Reuters / picturedesk.com

rechts unten: **Rückschlag in Schottland**
Nach dem EM-Erfolg in England stehen Österreichs Chancen auf die erstmalige Qualifikation für eine WM-Endrunde gut. Das Team von Irene Fuhrmann muss sich allerdings im Playoff-Spiel am 6. Oktober 2022 in Glasgow etwas überraschend den Schottinnen mit 0:1 nach Verlängerung geschlagen geben. Die Enttäuschung bei Katharina Schiechtl (links) und ihren Mitspielerinnen ist groß.
Foto: Lesley Martin / AFP / picturedesk.com

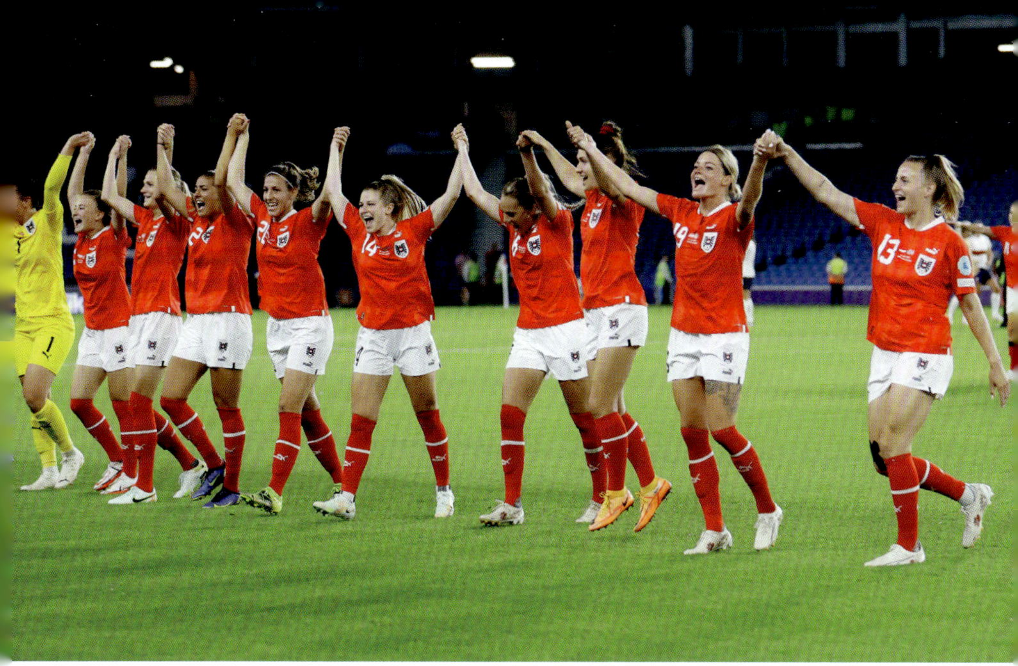

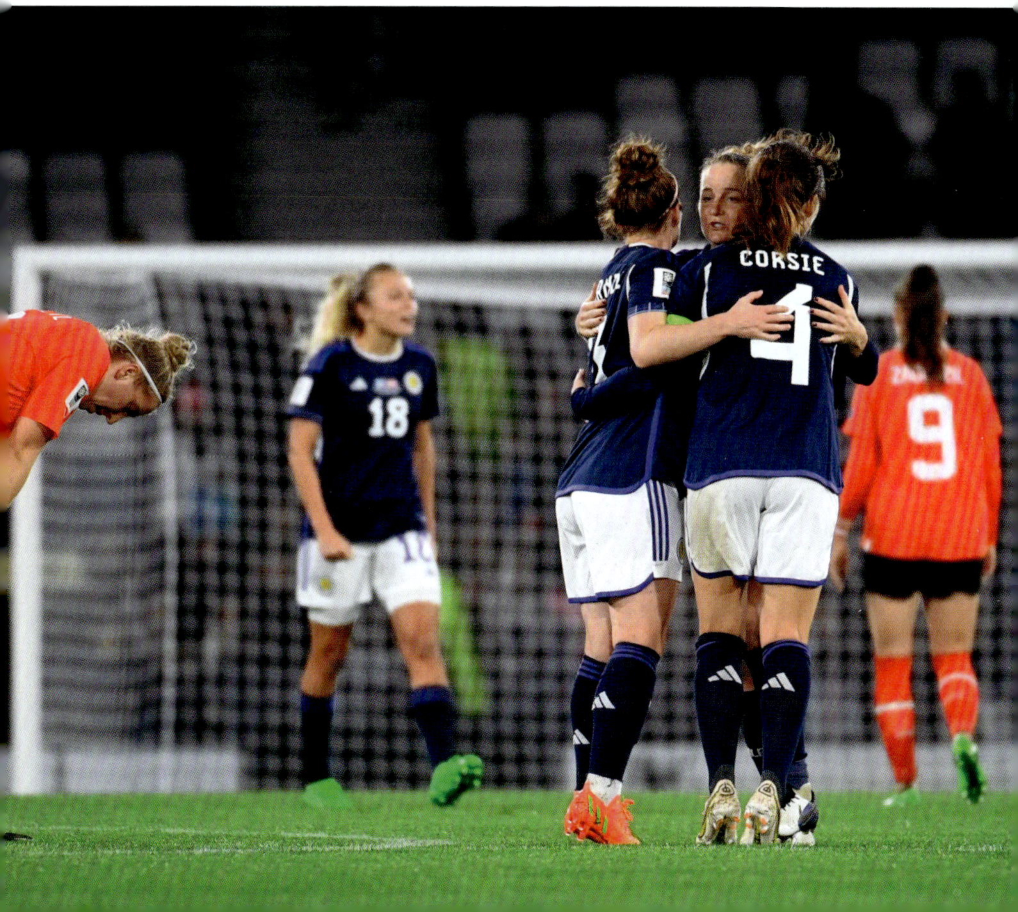
CORSIE

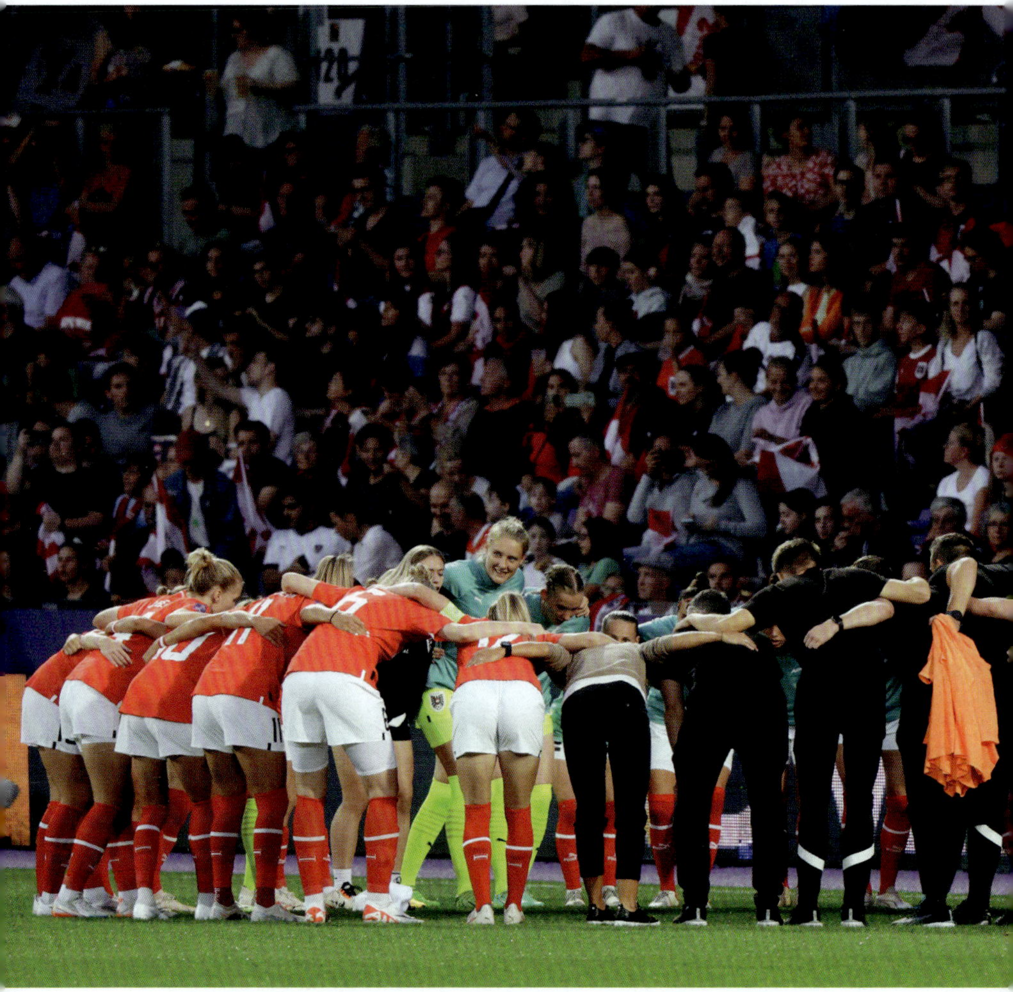

Rekordkulisse bei Rückkehr nach Wien
Nach 27 Jahren spielt ein österreichisches Frauenfußball-Nationalteam wieder in Wien. 10.051 Fans sehen das Nations-League-Spiel gegen Frankreich am 26. September 2023 in der Generali-Arena. Damit wird der elf Jahre alte Zuschauer*innen-Rekord für ein Frauenfußball-Spiel in Österreich deutlich gebrochen. Das ÖFB-Team verliert mit 0:1 und beendet die Nations League auf dem zweiten Platz.
Foto: Leonhard Föger / Reuters / picturedesk.com

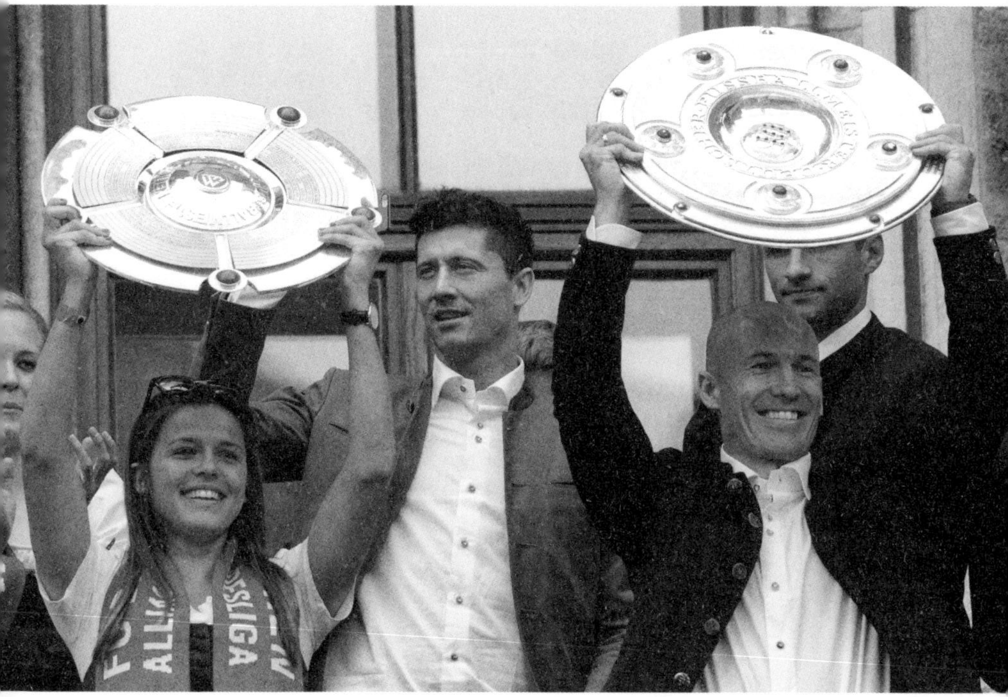

Mit Robben und Lewandowski auf dem Münchner Rathausbalkon
2015 gewinnen Laura Feiersinger (links vorne), Viktoria Schnaderbeck und Carina Wenninger mit dem FC Bayern München den Meistertitel in Deutschland. Auf dem Rathausbalkon wird gemeinsam mit den Männern (im Bild: Robert Lewandowski (Mitte) und Arjen Robben), die ebenfalls den Titel holen, gefeiert.
Foto: Sven Hoppe / dpa / picturedesk.com

NACH DEM SPIEL IST VOR DEM SPIEL

AUSBLICK

Wie also geht es weiter mit dem Frauenfußball in Österreich? Welche Voraussetzungen braucht es, damit das Nationalteam erfolgreich bleibt und die Bundesliga mehr Aufmerksamkeit bekommt? Für einen Ausblick habe ich eine Umfrage unter Personen gemacht, die sich intensiv mit Frauenfußball beschäftigen: Fußballerinnen, Trainer*innen, Funktionär*innen, Journalist*innen. Die Frage lautete:
„Was wünschen Sie sich für den Frauen- und Mädchenfußball in Österreich?“

Nina Burger

(Ex-Nationalspielerin, Rekord-Torschützin)

Eine stetige fußballerische Weiterentwicklung der Spielerinnen und Teams; qualitativ hochwertigere Ligen; professionellere Bedingungen und Infrastrukturen in Vereinen und Verbänden; Mindest-Bezahlungen und Versicherungen für Spielerinnen und Trainer*innen; Berufsbezeichnungen „Fußballerin“ und „Frauenfußball-Trainerin“ (als gut bezahlte Hauptjobs); mehr Unterstützung und Frauenteams von Herren-Bundesliga Clubs; mehr Wertschätzung und Respekt - auch von außerhalb der reinen Fußballcommunity; weniger Vergleiche mit dem Herrenfußball; mehr Medienauftritte und Sponsoren; größere Breite an Fußballerinnen im Nachwuchs; mehr Sport- und Fußballangebot in Kindergärten und Schulen; stets sichtbare Vorbilder aus dem Frauenfußball, die mit Stärke, Selbstvertrauen, Ehrgeiz und positiver Einstellung Mädchen und Frauen motivieren, sich sportlich und mental weiterzuentwickeln.

Philipp Eitzinger

(Journalist ballverliebt.eu)

In Österreich gibt es, Stand 2021, knapp 20.000 Frauen und Mädchen, die in Vereinen Fußball spielen. In Dänemark sind es fast doppelt so viel, obwohl Dänemark um ein Drittel weniger Einwohner hat. Die Hoffnung, in Folge des EM-Erfolges von 2017 zumindest auf 30.000 zu kommen, hat sich nicht erfüllt. Man kann, man muss sich wünschen, dass die Basis breiter wird – auch in Folge des erneuten Einzugs in die EM-K.o.-Runde 2022. Es braucht eine aktive Suche, um Mädchen, die sich für Fußball interessieren, zum Verein zu bringen. Zu diesem Recruiting sind viele Vereine schlicht nicht bereit. Es fehlt in Österreich die jahrzehntelange Selbstverständlichkeit, dass auch Frauen Fußball spielen, wie sie etwa in Skandinavien existiert. Die Arbeit an der Basis kann aber nur der erste Schritt sein. Um aus talentierten Mädchen potenzielle Spitzenspielerinnen zu machen, braucht es Infrastruktur und finanzielle Mittel. Europaweit, ja weltweit, gibt es den eindeutigen Trend, dass die großen Klubs aus dem Männerbereich Frauen-Teams eingliedern bzw. gründen. Diese profitieren von den finanziellen Möglichkeiten, welche die Querfinanzierung aus dem, vor allem in den großen Ländern, mit Geld geradezu überfluteten Männerbereich bietet: Plätze, Trainer, Physios und Masseure, professionelle sportmedizinische Betreuung. Und es sind für diese Vereine, wie Olympique Lyon, FC Barcelona, FC Bayern oder Chelsea, tatsächlich Peanuts, mit denen man bei den Frauen viel erreichen kann. Und in Österreich? Der einstige ASV Spratzern dominiert nun unter dem Dach des SKN St. Pölten die Liga nach Belieben, Sturm Graz ist redlich bemüht, für Nachwuchs zu sorgen und zumindest „Best of the rest“ zu sein. Altach hat sich in Vorarlberg auf Bundesligist FFC Vorderland draufgesetzt und ist ambitioniert; in Wien schickt sich die Vienna an, sich die Vorherrschaft in der Stadt zu sichern – vorbei an der Austria, die nach der Auflösung der Spielgemeinschaft mit dem USC Landhaus nun alleine unterwegs ist. Aber sonst? Als die Männer von Wacker Innsbruck 2019 abgestiegen und die Einnahmen geschrumpft sind, war das Frauen-Team auf der Kippe; nach dem Finanz-Crash des Trägervereins mussten mangels Spielerinnen sogar einige Liga-Spiele abgesagt werden. Red Bull baut sich in Leipzig eine Präsenz in der deutschen Liga auf, bei Rapid kam man nicht mehr aus – die Hütteldorfer wollen sich endlich im Frauenfußball engagieren. Es gab aber auch kritische Stimmen – man fürchtete zum Teil, dass sich nun kein neuer Linksverteidiger für das Männer-Team ausgehen würde. Kein Scherz – dabei zeigte Ex-Vienna-Sportchefin Nina Burger, dass man in Österreich auch mit überschaubaren Mitteln eine gute Rolle spielen kann, wenn man sein Engagement nur ernst meint. Was darf man dem österreichischen Frauenfußball also in Zukunft wünschen? Auf den Punkt gebracht: Breiteres Engagement an der Basis und ernster gemeintes Engagement an der Spitze. Das ist keine Garantie für Erfolg. Aber das Fehlen davon ist eine Garantie, dass 2017 eine Eintagsfliege bleibt und dass sich auch nach 2022 nichts Nachhaltiges tut. Denn so sehr der ÖFB auch bemüht ist: Wenn niemand die Saat legt, kann man in der Folge auch nur Zufallsprodukte ernten, zuletzt waren es ein, zwei pro

Jahr. Und wenn alles so auf Kante genäht bleibt, ist man immer nur eineinhalb Schritte davon entfernt, den Anschluss wieder zu verlieren.

Irene Fuhrmann

(Trainerin ÖFB, Nationalteam der Frauen)

Gerade seit dem sensationellen Erfolg bei der UEFA Women's EURO 2017 ist im österreichischen Frauenfußball viel in Bewegung gekommen und auf den Weg gebracht worden. Ich hoffe, dass der ÖFB, die Landesverbände und die Vereine weiterhin gemeinsam und Schritt für Schritt an der Weiterentwicklung arbeiten. Gerade die Champions-League-Erfolge des SKN St. Pölten haben gezeigt, dass die Frauen-Bundesliga an Niveau zugelegt hat. Dennoch braucht es – nach Möglichkeit nicht nur in der ersten Liga – weitere Professionalisierungsschritte. Bessere Rahmenbedingungen für die Vereine führen zu sportlicher Weiterentwicklung. Ziel muss ein noch höheres und dichteres Leistungsniveau sein. Es wäre zudem wünschenswert, dass weitere große Männer-Bundesligaklubs den Mehrwert des Frauenfußballs erkennen und eigene Sektionen gründen. Dabei geht es vor allem darum, auch der zweiten (weiblichen) Hälfte der Bevölkerung ein potenzielles Betätigungsfeld anzubieten oder die Fanbase zu erweitern. Natürlich können Großklubs mit ihrer Bekanntheit, ihrem Wiedererkennungswert, ihrer Infrastruktur und ihren finanziellen Mitteln dem Frauenfußball auch den Sprung auf ein neues Level ermöglichen. Für professionellere Bedingungen bedarf es vor allem hauptamtlich tätiger Trainer*innen, Spartentrainer*innen – unter anderem für Torfrauen – und eines medizinischen Staffs. Gleichzeitig muss es für Spielerinnen Verdienstmöglichkeiten geben, die über eine Aufwandsentschädigung hinausgehen. Nur in einem Anstellungsverhältnis, mit Sozialversicherung und Pensionsanrechnung, ist es möglich und vernünftig, sich vollends auf die Fußballkarriere zu konzentrieren. Das vielleicht größte Problem in Österreich ist die fehlende Breite. Immer noch kommen viel zu wenige Mädchen zum Fußball. Das merken wir über kurz oder lang auch an der Spitze. Ich würde mir wünschen, dass die Projekte, die unter der Federführung und Mitwirkung von Karin Gruber im ÖFB und in den Landesverbänden gestartet werden, Früchte tragen. Dabei braucht es aber nicht nur an der Basis ein größeres Selbstverständnis für Mädchen im Fußball, sondern auch flächendeckend mehr reine Mädchen-Teams. Das würde die hohe Dropout-Quote im Jugendalter minimieren. Schlussendlich müssen wir auch im Fußball mehr weibliche Führungskräfte in Position bringen – vor allem auch auf dem Trainersektor. Denn gerade für junge Mädchen kann es in sensiblen, pubertären Phasen wichtig sein, eine weibliche Ansprechpartnerin zu haben. Aktuell gibt es davon viel zu wenige. Die zunehmende Medien-Berichterstattung sollte noch mehr werden und dabei fair bleiben. Um die Berichterstattung und demzufolge auch die öffentliche Begeisterung aufrechtzuerhalten, braucht es allerdings weiterhin Erfolge des Frauen-Nationalteams, der Nachwuchs-Nationalteams und der Klubs. Und das wird angesichts immer höher werdender Niveaus im internationalen Frauenfußball von Jahr zu Jahr schwieriger.

Maria Gstöttner

(langjährige Fußballerin USV Neulengbach)

Ich und damit viele im Frauenfußball, hätten für die Zukunft einige Wünsche:

ÖFB Frauen-Bundesliga: Damit das Leistungsgefälle nicht zu groß ist, sollten in der Liga statt bisher zehn, sechs bis acht Vereine spielen. Die Anzahl der Spiele sollte aber erhöht werden. Bei sechs Vereinen könnten vier Durchgänge gespielt werden, das wären 20 Spiele pro Verein und Saison. Bei acht Vereinen könnten zwei Durchgänge und Play-Offs (Meister-Play-Off, Abstiegs-Play-Off) gespielt werden, das wären ebenfalls 20 Saisonspiele für jeden Verein.

Fußballakademien: Es sollten wesentlich mehr Akademien für Mädchenfußball installiert werden. Ich könnte mir vorstellen, dass in Zukunft die Fußballakademien der Burschen auch für Mädchen zur Verfügung gestellt werden.

Medien: Es wäre wichtig, die Präsenz von Frauenfußball in den Medien zu vergrößern. Wünschenswert wären weiterhin ORF-Live-Übertragungen von je einem Bundesliga-Spiel, sowie zusätzlich von je einem Cup-Spiel pro Runde (zumindest ab dem Achtelfinale). Weiterhin sollten alle Länderspiele des ÖFB-Frauen-Nationalteams, sowie alle Champions League-Spiele mit österreichischer Beteiligung live übertragen werden. Es wäre zudem schön, wenn die schreibende Tagespresse, zumindest an zwei Tagen pro Woche, ausführlich über Frauenfußball berichten würde.

Gagen, Anerkennung, Sponsoren: Fußballerinnen verbringen neben einem Job oder der Schule viele Stunden pro Tag am Sportplatz.

Deshalb stellen sie vieles hintan – wie etwa Familie und Freunde. Ein kleiner finanzieller Ausgleich wäre daher unbedingt notwendig. Wenn Medien mehr über Frauenfußball berichten, haben Vereine mehr Möglichkeiten, zusätzliche Sponsoren zu gewinnen und damit Frauenfußball auf wesentlich bessere Beine zu stellen.

Christian Hetterich

(Sektionsleiter Wiener Sport-Club Frauen)

Ich wünsche mir, ...

1) ...dass der Frauenfußball insgesamt weiblicher wird. Er braucht mehr Funktionärinnen, Trainerinnen und Physiotherapeutinnen. Vor allem wünsche ich mir, dass mehr Spielerinnen die Trainerkurse der Landesverbände besuchen, damit sich hier schon im Mädchennachwuchs ein Wandel vollziehen kann.

2) ...dass bessere Trainingsmöglichkeiten für den Frauenfußball entstehen. Frauen, Männer und der Nachwuchsbereich kämpfen in ganz Österreich um dieselben Ressourcen. Oft müssen sich vier Teams ein Fußballfeld teilen und sozialverträgliche Trainingszeiten sind besonders für Frauenteams schwer zu bekommen.

3) ...dass Frauen im Fußball nicht mehr mit Männern verglichen und schon gar nicht an ihnen gemessen werden.

4) ...dass Fußball spielende Frauen in der Gesellschaft noch mehr anerkannt werden und sich Fußballerinnen folglich immer weniger prüfenden Blicken und Herabwürdigungen ausgesetzt sehen müssen.

5) ...dass der Frauenfußball in den wichtigsten Tageszeitungen des Landes mehr Erwähnung findet. Es wäre schon ein großer

Schritt, wenn Tabellen und Aufstellungen der Pflichtspiele bis hinunter in die 3. Liga veröffentlicht würden. Bei den Männern ist dies oft bis in die 4. Liga hinunter der Fall.

6) ...dass große österreichische Unternehmen den Frauenfußball mit dem Gießkannenprinzip finanziell unterstützen. Frauenteams haben oftmals nicht die personellen Ressourcen, um professionelles Sponsoring zu betreiben und sind bereits froh, wenn sie ihre Grundkosten irgendwie decken können.

7) ...dass die Frauenfußballabteilungen in den Vereinen vermehrt ihre eigene Identität aufbauen und weiterentwickeln können. Eine gelebte Autonomie kann sehr förderlich sein und muss dem Gemeinschaftsgedanken keineswegs widersprechen. Letztlich bleiben alle im Verein durch die Farben vereint.

Isabel Hochstöger

(Leiterin Mädchen- und Frauenfußball ÖFB)

Mein größter Wunsch wäre, dass wir in naher Zukunft nicht mehr von Frauen- und Männerfußball sprechen, sondern von Fußball. Dafür braucht es die Offenheit aller Vereine und Funktionäre auf allen Ebenen gegenüber Frauen im Fußball – sowohl gegenüber Mädchen, die Fußball spielen wollen als auch gegenüber Frauen, die in verschiedensten Bereichen durchstarten wollen. Frauen als Präsidentinnen, sportliche Leiterinnen, Schiedsrichterinnen und Trainerinnen dürfen keine Ausnahme mehr sein. Mädchen, die Fußball spielen, dürfen ebenfalls keine Ausnahmen mehr sein. Im Gegenteil: Es muss völlig normal sein. Dann könnten wir in Zukunft aus einer immer größer werdenden Breite auch eine noch elitärere Spitze formen, die es dann noch besser zu fördern gilt. Ich vertraue darauf, dass sich in Zukunft alle Stakeholder für die bestmögliche Weiterentwicklung des Frauenfußballs starkmachen – und zwar auf allen Ebenen. Das heißt, wir müssen gerade jetzt, in den bislang erfolgreichsten Jahren der Geschichte des österreichischen Frauenfußballs, bestrebt sein, den nächsten Schritt zu machen. Wir dürfen die Verantwortung gegenüber dem gesamten Frauenfußball – und der findet insgesamt vermehrt im Breiten- und Amateurbereich statt – nicht aus den Augen verlieren. Das gilt nicht nur für den Bereich der Spielerinnen. Auch im Schiedsrichterinnenwesen als auch in der Trainerinnenaus- und -fortbildung müssen wir Initiativen setzen und die nächsten Schritte gehen.

Maria Peer

(Trainerin Universitätssportinstitut Wien)

Ich wünsche mir Fußball spielende Frauen und Mädchen, Trainerinnen, Funktionärinnen (und alle weiteren Rollen, die es im Fußball gibt). Sie alle sollen ihre Tätigkeiten ganz selbstverständlich ausüben können und nicht als etwas Besonderes, Außergewöhnliches und Unübliches gesehen werden oder gar dafür kämpfen müssen. Zugangsvoraussetzungen, Sportausübung, Förderungen, Berufsmöglichkeiten und der Verdienst, sollten für alle gleich sein - unabhängig vom Geschlecht. Für den österreichischen Frauen- und Mädchenfußball wünsche ich mir deshalb eine Veränderung der strukturellen Bedingungen sowie einen diesbezüglichen gesellschaftlichen Perspektivwechsel:

Der Profibereich soll finanziell aufgewertet werden. Für alle Spielerinnen der ersten Bundesliga und in einem weiteren Schritt auch für Spielerinnen der zweiten Liga soll es einen Mindestlohn geben. Nationalteamspielerinnen und -spieler sollen gleiche Prämiensummen erhalten. Profimännervereine der ersten Bundesliga sollen Frauenteams aufbauen und etablieren (inklusive Nachwuchsförderung).

Im Ausbildungsbereich beziehungsweise in der Nachwuchsförderung sollen geschlechtsheterogene Teams, zusätzlich zu geschlechtshomogenen Teams, explizit forciert werden. Neben der sportlichen Entwicklung kann sich dies auch positiv auf die Sozialisation auswirken.

Es braucht mehr weibliche Role Models (z.B. Trainerinnen, Funktionärinnen, Ausbildnerinnen). Wie? Durch mehr Initiative von Seiten des ÖFB; indem Führungspositionen im ÖFB weiblich besetzt werden; durch eine intensivere Vernetzung aller weiblich Agierenden im österreichischen Fußball (z.B. Trainerinnenplattform); Trainerinnen, die nicht nur für Mädchen- und Frauenteams, sondern auch für Buben- und Männerteams tätig sind.

Frauen- und Mädchenfußball muss frei von Diskriminierung – besonders von Sexismus – sein. Rollenklischees (z.B. „Mädchen können nicht kicken, weil Fußball ist ein Männersport“) müssen kritisch betrachtet werden. Gefragt ist ein gendersensibler Sprachgebrauch.

Martin Pototschnig

(ehemaliger Sportlicher Leiter FK Austria Wien Frauen)

Für den Frauenfußball wünsche ich mir, dass der in der Spitze eingeschlagene Weg noch dynamischer weiterverfolgt wird, dass Sportlerinnen von ihrer Berufung, oder von ihrem Beruf leben können. Das würde uns international konkurrenzfähiger machen und es würde das Leistungsniveau sowohl der Vereins- als auch der Nationalmannschaften (inkl. Nachwuchs) auf ein höheres Level heben. Um das möglich zu machen, müsste einerseits der wirtschaftliche Background, also der Einsatz von Fördermitteln und Sponsorengeldern und deren Aufteilung auf Herren- und Frauenfußball neu überdacht werden. Andererseits müssten die Vereine die Rahmenbedingungen für die Akteurinnen sowohl nach innen als auch nach außen entsprechend professionell adaptieren. Im Breitensport gilt es die Sichtweise von „Frauen spielen auch Fußball“ hin zu „wir als Verein haben eine Frauenmannschaft und sind stolz darauf“ zu entwickeln. Es gibt schon zahlreiche Vereine, die harmonisch Herren- und Frauenteams unter einem Dach beherbergen. Aber nach meinem Gefühl gibt es noch jede Menge Aufholbedarf in Sachen Integration und Wertschätzung. Wir werden zukünftig im Mädchenfußball einen noch breiteren Unterbau benötigen, um letztendlich in der Spitze von einer größeren Anzahl an gut ausgebildeten Spielerinnen profitieren zu können. Bezüglich Ausbildung zur Spitzenfußballerin würde ich persönlich es besser finden, wenn es in Österreich mehrere, mit der Akademie St. Pölten vergleichbare, Standorte geben würde.

In einer ersten Ausbaustufe sind aus meiner Sicht zumindest sechs Mädchen-Akademien denkbar.
Um generell mehr Mädchen für den Fußballsport begeistern zu können, wird es vereinsseitig notwendig sein, attraktive Angebote für Mädchen zu schaffen. Dazu müssen aber der ÖFB und die Landesverbände entsprechende Anreize schaffen, damit dieses notwendige Engagement der Vereine noch deutlicher spürbar wird.

Anna Ressmann

(Frauenfußball-Verantwortliche FC Mariahilf, Mitglied im Frauenausschuß des WFV)

Ich wünsche mir, dass Mädchen und Frauen ohne Vorurteile und Hürden Fußball spielen können. Wichtig wäre, dass mehr Vereine Mädchen und Frauen die Möglichkeit bieten, Fußball zu spielen und der Frauenfußball in den Vereinen den gleichen Stellenwert wie Herrenfußball hat. Frauen müssen die Möglichkeit bekommen, in Österreich hauptberuflich Fußball zu spielen und nicht nebenbei arbeiten zu müssen. Ebenso sollten die Gehälter im Herren - und Frauenfußball einander angepasst werden, auch wenn gleiche Entlohnung noch sehr utopisch klingt. Ich wünsche mir, dass Frauenfußball mehr mediale Aufmerksamkeit und Zuseher*innen bekommt. Frauenfußball gehört genauso ins Rampenlicht gestellt wie Herrenfußball, um so das Interesse von Sponsoren zu steigern. Ich wünsche mir, dass die Österreicher*innen beim Stichwort Fußball an Mädchen, Burschen, Frauen und Männer denken. Ich würde mich freuen, wenn sich mehr (ehrenamtliche) Funktionär*innen für den Frauenfußball stark machen würden - es zahlt sich aus.

Wilfried Schmaus

(Präsident SKN St. Pölten Frauen)

Ich wünsche mir eine objektive Betrachtung von Frauenfußball - ohne den Vergleich zum Männerfußball; Strukturen, welche den Weg zur Professionalität ermöglichen; eine nachhaltige Imagekampagne; Wertschätzung der Leistungen der Fußballerinnen; Schaffung von Strukturen für Mädchenmannschaften.

Sara Telek

(Schiedsrichterin Männer- und Frauenfußball)

Für den Frauenfußball wünsche ich mir Diversität, Akzeptanz und Wertschätzung. Es braucht Anreizsysteme und Möglichkeiten für sportbegeisterte Mädchen und Frauen, sodass Potenziale nachhaltig und langfristig dem Sport erhalten bleiben und auch entsprechend entlohnt werden. Wichtig wären Förderungen, damit Frauen auch nach der sportlichen Karriere am Ball bleiben, z.B. als Funktionärin. Es braucht zukunftsorientierte Entwicklungspläne für nachhaltige Förderstrategien - Kampagnen für Gemeinden, Städte, Schulen und Universitäten – sowie Unterstützung bei der Umsetzung. Fußball soll als fixer Teamsport in Schulen und Universitäten integriert werden (regelmäßige Meisterschaften – siehe Beispiel USA). Fußball soll Nummer-eins-Sport für Mädchen und Frauen in Österreich sein. Mädchen und Frauen sollen sich in Vereinen angesprochen und wohl fühlen. Es braucht genügend

Budget, sodass Leistungen entsprechend honoriert werden und sich Vereine, Trainer und Spielerinnen moderner und zeitgemäß entwickeln können.

An Erfolgsmomente muss man rechtzeitig und strategisch anknüpfen. Mögliche Szenarien und davon abhängige Förderstrategien sollte man bereits vorab planen.

Mehr Investition in Entwicklung und Professionalisierung im jungen Alter führt zu einer breiten Masse an Fußballbegeisterten; => mehr Aufmerksamkeit => mehr Talente => mehr Erfolge & bessere Wettbewerbe => mehr Wertschätzung & Sponsoren => mehr Budget => mehr Investitionsmöglichkeit

Elisabeth Tieber

(Leiterin Frauenfußball-Akademie Steiermark)

Die Entwicklung war nach den tollen Ergebnissen bei der Europameisterschaft 2017 leider nicht ganz so positiv wie ich mir erhofft habe. Mittlerweile merkt man allerdings, dass in den Frauenfußball investiert wird und viele Ideen ausprobiert werden. Ich denke, dass der Frauenfußball in Zukunft eine große Chance hat, noch größer zu werden. In Österreich wäre eine Reformierung der höchsten Spielklasse essenziell. Wichtig für den Frauenfußball wäre, dass die mediale Berichterstattung aufrecht bleibt. Die Liga in Österreich ist nach wie vor keine der Top-10-Ligen in Europa. St. Pölten muss man etwas differenziert betrachten. Nach den Niederösterreicherinnen klafft ein großes Loch. Das Ungleichgewicht in der Liga ist mir ein Dorn im Auge. Es darf nicht nur eine Top-Mannschaft im Land geben. Die Aufteilung der besten Spielerinnen muss besser erfolgen. Viele Männervereine haben bis dato noch keine Frauenmannschaft. Bei einigen läuft der Frauenfußball auch nur so nebenbei mit. Da muss sich etwas in der Denkweise ändern. Man muss den Frauen auch Spitzentrainer und gute Bedingungen zur Verfügung stellen und die Frauenteams finanziell besser aufstellen.

ANHANG:

ECKDATEN DES FRAUEN-FUSSBALLS IN ÖSTERREICH

1923

Erste bekannte Meldung eines Frauenfußballspiels in Österreich

Im Rahmen einer Veranstaltung zum zehnjährigen Vereinsjubiläum des Männerklubs A. Sp. C. Liesing wird ein Frauen-Match abgehalten.

1923

Der Montag gründet das Frauenfußball-Team „1. DFC Diana“

Fußball-freudige Frauen sollten sich an die Zeitung wenden, unter deren Leitung die Frauen trainiert werden. Der Klub 1. DFC Diana wird ins Leben gerufen. Im Juni 1924 endet die Berichterstattung über das Team abrupt.

1936:

Gründung der ersten österreichischen Frauenfußball-Meisterschaft

Nach zahlreichen gut besuchten Freundschaftsspielen fällt am 2. Mai 1936 der Startschuss für die erste österreichische Meisterschaft im Frauenfußball. Zwei Saisonen werden absolviert. DFC Austria sichert sich zweimal den Titel.

1957

ÖFB-Verbot

Im Sommer finden einige Frauenfußball-Spiele in Wien statt. Der Österreichische Fußball-Bund reagiert und spricht ein generelles Verbot von Frauenspielen auf Verbandsplätzen aus.

1957/1970

Teilnahme an internationalen Turnieren

Österreichische Teams nehmen an Turnieren, die als Europa- und Weltmeisterschaften bezeichnet werden, teil. Allerdings schneiden sie dabei nicht besonders gut ab.

1968

Gründung USC Landhaus

Das Hobby-Team „Schwarz-Weiß" wird vom Männer-Fußballverein Union Landhaus als Sektion aufgenommen. Landhaus wird zum mit Abstand am längsten existierenden Frauenfußball-Verein in Österreich.

1970 - 1983

Inoffizielle Länderspiele

Österreichische Teams bestreiten zwischen 1970 und 1983 mehrere inoffizielle Länderspiele, die meisten davon gegen die Schweiz. Alle Spiele werden verloren.

1971

Erstes offizielles Frauenfußball-Spiel

Der ÖFB hebt das Spielverbot für Frauen auf Verbandsplätzen auf. Am 24. April 1971 bestreiten die Wienerberger Frauen in Wien gegen den DFC Rudersdorf das erste offizielle Frauenfußball-Spiel in Österreich (6:1).

1972

Start der österreichischen Frauenfußball-Meisterschaft

Die Meisterschaft, die zunächst den Namen „Damenliga Ost" trägt, steht in den ersten Jahren unter der Obhut des Wiener Fußball-Verbandes. Der FavAC wird 1973 erster Meister. Fortan wird jedes Jahr Meisterschaft gespielt.

1990

Erstes offizielles Länderspiel

Das vom ÖFB nominierte Nationalteam unterliegt am 25. August in Richterswil der Schweiz mit 1:5. Peter Leitl ist erster Trainer des Nationalteams.

1993

Erster Länderspiel-Sieg

In Parndorf besiegt Österreich am 11. September 1993 Ungarn mit 1:0.

2011

Gründung Frauen-Akademie

In St. Pölten nimmt im Herbst 2011 die ÖFB Frauen-Akademie (damals „Nationales Zentrum für Frauenfußball") für 14- bis 19-jährige Fußballerinnen den Betrieb auf. Dominik Thalhammer wird Teamchef. Das Nationalteam beginnt, große Fortschritte zu machen.

2016

Erstmalige Qualifikation für eine Europameisterschaft

Mit einem 0:0 gegen Wales am 20. September 2016 fixiert Österreich die Qualifikation für die EM-Endrunde 2017 in den Niederlanden.

2017

Das Nationalteam erreicht das EM-Halbfinale

Als klarer Außenseiter schafft es Österreich bei der Europameisterschaft in den Niederlanden bis ins Halbfinale. Dort scheitert man erst im Elfmeterschießen an Dänemark.

2021

Zweite Qualifikation für eine EM-Endrunde

Mit sechs Siegen, einem Unentschieden und einer Niederlage qualifiziert sich Österreich als eines der zwölf besten Teams für die EM-Endrunde. Diese findet, aufgrund der Covid-Pandemie, ein Jahr später als geplant, 2022 in England statt.

2022

Das Nationalteam übersteht erneut die EM-Vorrunde

Nach einer Niederlage gegen den Gastgeber qualifiziert sich Österreich bei der Europameisterschaft in England mit Siegen gegen Nordirland und Norwegen für das Viertelfinale. Dort ist gegen Deutschland Endstation.

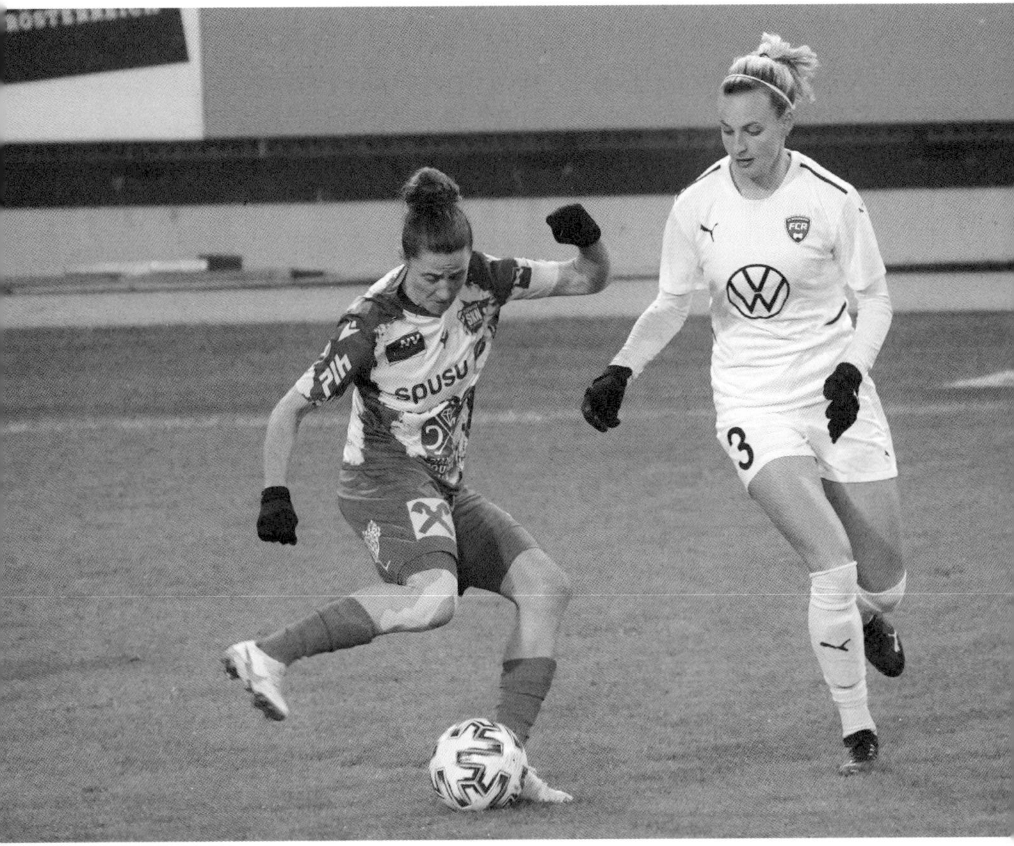

St. Pölten schlägt sich wacker

Mit starken Leistungen schafft es Österreichs Meister SKN St. Pölten in der Saison 2020/2021 bis ins Achtelfinale der Champions League. Dort ist am 10. März 2021 in der NV-Arena Endstation. Nach einem 2:2 in Schweden unterliegen Mateja Zver (links) und ihre Kolleginnen dem FC Rosengard (im Bild: Nathalie Björn) mit 0:2.

Foto: Josef Bollwein / SEPA.Media / picturedesk.com

LITERATURVERZEICHNIS

Faller, Helge (2016): Der andere Verband. In: ballesterer #113

Faller, Helge (2020): Eine kolossale Idee. In ballesterer #153

Faller, Helge / Marschik, Matthias (2020): Eine Klasse für sich. Als Wiener Fußballerinnen einzig in der Welt waren, Wien.

Horak, Roman (1998): Fußball von Wien nach Österreich. Zehn abschließende Bemerkungen aus kulturalistischer Sicht. In: Bruckmüller, Ernst/Strohmeyer, Hannes (Hg.): Turnen und Sport in der Geschichte Österreichs, Wien.

John, Michael (2008): Eine relativ neue Disziplin. Frauenfußball. In: John, Michael (Hg.): ... wenn der Rasen brennt ... : 100 Jahre Fußball in Oberösterreich, Grünbach, 25 – 28.

Marschik, Matthias (2003): Frauenfußball und Maskulinität. Geschichte-Gegenwart-Perspektiven, Münster.

Moser, Wolfgang (1989): Leibeserziehung und Sport in Österreich 1918 – 1938 mit besonderer Berücksichtigung der Entwicklung des Frauensports, Diplomarbeit, Wien.

Nittnaus, Paul / Zink, Michael (1992): Sport ist unser Leben: 100 Jahre Arbeitersport in Österreich, Wien.

Pfister, Gertrud (1983): Körperkultur und Weiblichkeit. Ein historischer Beitrag zur Entwicklung des modernen Sports in Deutschland bis zur Zeit der Weimarer Republik. In: Klein, Michael (Hg.): Sport und Geschlecht, Reinbek b.H., 35 – 59.

Pfister, Gertrud (1998): Die Anfänge des Frauenturnens und Frauensports in Österreich. In Bruckmüller, Ernst/Strohmeyer, Hannes (Hg.): Turnen und Sport in der Geschichte Österreichs, Wien, 86 – 104.

Pfister, Gertrud (2012): Frauen-Fußball-Geschichte(n). In: Sinning, Silke (Hg.): Auf den Spuren des Frauen- und Mädchenfußballs, Weinheim u.a., 14 – 47

Schidrowitz, Leo (1951): Geschichte des Fußballsportes in Österreich, Wien.

Schulze-Marmeling, Dietrich (2000): Fußball. Zur Geschichte eines globalen Sports, Göttingen.

Tate, Tim (2016): Women's Football. The Secret History, London.

Weiser, Sonja (1995): Frauenfußball in Österreich: Entwicklung und Bestandsaufnahme,Diplomarbeit, Wien

Westmann, Stephan (1930): Frauensport und Frauenkörper. Sportärztliche Betrachtungen eines Frauenarztes, Leipzig.

Williams, Jean (2003): A game for rough girls? A history of women's football in Britain, London u.a.

Wisinger, Marion (1992): Land der Töchter. 150 Jahre Frauenleben in Österreich, Wien.

Zeitungen und Zeitschriften:
Allgemeiner Tiroler Anzeiger: Ausgaben aus 1936
Arbeiter-Zeitung: Ausgaben aus 1970
ballesterer: Ausgabe aus 2022
Das Kleine Blatt: Ausgaben aus 1936, 1937
Der Montag mit dem Sportmontag: Ausgaben aus 1923, 1924, 1937, 1938
Der Morgen: Ausgaben aus 1935, 1936
Der Standard: Ausgaben aus 2017
Der Tag: Ausgaben aus 1924, 1935
Die Presse: Ausgabe aus 2022
Die Stunde: Ausgaben aus 1924
Fußball-Sonntag: Ausgaben aus 1938
(Illustrierte) Kronen-Zeitung: Ausgaben aus 1923, 1924, 1925, 1926, 1933, 1934, 1935; 1936, 1937, 1938, 1971, 2012, 2017, 2022
Kleine Volks-Zeitung: Ausgaben aus 1936
Kleine Zeitung: Ausgaben aus 2012, 2017
Kurier: Ausgaben aus 2016, 2017, 2022
Neue Freie Presse: Ausgaben aus 1937
Neue Klosterneuburger Zeitung: Ausgaben aus 1936
Neue Zeit: Ausgaben aus 1948
Neue Zürcher Nachrichten: Ausgaben aus 1976, 1982
Oberösterreichische Nachrichten: Ausgabe aus 2022
Ödenburger Zeitung: Ausgaben aus 1937
Österreichische Volksstimme: Ausgaben aus 1948
Sport und Toto: Ausgaben aus 1968, 1971, 1973
Sport-Telegraf: Ausgaben aus 1935
Sportfunk: Ausgaben aus 1957, 1970, 1978, 1980, 1981, 1982, 1985
Süddeutsche Zeitung: Ausgabe aus 2022
Wiener Montagblatt: Ausgaben aus 1936
Wiener Montags-Journal: Ausgaben aus 1922
Wiener Sonn- und Montagszeitung: Ausgaben aus 1935
Wiener Sport am Montag: Ausgabe aus 1989
Wiener Sportblatt: Ausgaben von 1906
(Wiener) Sporttagblatt: Ausgaben von 1921, 1922, 1923, 1924, 1925, 1936
Wiener Tagblatt: Ausgaben aus 1919
Wir Brückenbauer: Ausgabe aus 1977

Internetquellen:
Cruickshank, Mark / RSSSF (2009/2020): http://www.rsssf.com/tablesw/wom-wit78.html
Deutscher Fußball-Bund (DFB): Dänemark: Pioniere des Frauenfußballs, https://www.dfb.de/news/detail/daenemark-pioniere-des-frauenfussballs-171241/
Dornbach Networks (2019): Clubrekord! Wiener-Sport-Club Frauen – FC St. Pauli 1. Frauen, https://www.youtube.com/watch?v=7HD7SQ2fJNU
Fédération Internationale de Football Association (FIFA): FIFA Women's World Cup USA 1999, Records crash as USA rejoice, https://www.fifa.com/womensworldcup/archive/usa1999/
Federazione Italiana Giuoco Calcio (FIGC): http://figc.elog.it/it/nazionali/nazionali-in-cifre/dettaglio-gara/?garaId=667
Garin, Erik / RSSSF (2001/2015): http://www.rsssf.com/tablesm/mondo-women70.html
Garin, Erik / RSSSF (2001/2004): http://www.rsssf.com/tablesm/mundo-women71.html
Hoffmann, Eduard / Nendza, Jürgen (2007): Die graue Spielzeit, Bundeszentrale für politische Bildung, CC BY-NC-ND 2.0 DE, https://www.bpb.de/gesellschaft/gender/graue-spielzeit/65065/damenfussball-in-der-verbotszeit?p=0
Hoffmann, Eduard / Nendza, Jürgen (2011/2019): Frauenfußball - Eine Emanzipationsgeschichte. Radiosendung, SWR2, Erstsendung 24. Juni 2011, https://www.swr.de/swr2/programm/download-swr-5658.pdf
Krone.at (2019): Liebes-Outing von ÖFB-Ass Viktoria Schnaderbeck!, https://www.krone.at/2064871
Laola1.at (2023): Frauenfußball: Zur Professionalisierung verpflichtet, https://www.laola1.at/de/red/fussball/frauen-fussball/frauenfussball-in-oesterreich--zur-professionalisierung-verplichtet/
meinfussball.at (2016): Mit Birgitt gewann der Letzte jedes Spiel, http://meinfussball.at/Vereine/Langenrohr-SV/Berichte/Mit-Birgitt-gewann-der-Letzte-jedes-Spiel.html
Museum FC Zürich (2018): Eine eigene Liga - 50 Jahre Frauenfussball in der Schweiz, https://seit1968.ch/blog/hopp-schwiiz
National Football Museum (Großbritannien): The fascinating history of the Women's World Cup, https://artsandculture.google.com/exhibit/the-fascinating-history-of-the-women-s-world-cup/KALiGYa-UKS_Lw
New York Times (2019): In Women's World Cup Origin Story, Fact and Fiction Blur, https://www.nytimes.com/2019/06/25/sports/womens-world-cup-france.html
ÖFB (2020): 30 Jahre Frauen-Nationalteam - Vom ersten Anstoß bis zum Sommermärchen, https://www.oefb.at/oefb/News/30-Jahre-Frauen-Nationalteam/
ÖFB (2020): 30 Jahre Frauen-Nationalteam, ÖFB-TV, 2020:
Teil I. Die Geburtsstunde (1990 - 1998), https://www.youtube.com/watch?v=qzof-jmBP3yc&list=PLQ-QVhofcM6Y7f3jHXD6b_RdJMyLaRTO2&index=5;
Teil II. Die Ära Weber, https://www.youtube.com/watch?v=vPDFjuqJz4A&list=PLQ-QVhofcM6Y7f3jHXD6b_RdJMyLaRTO2&index=4;

Teil III. Das Sommermärchen, 30 Jahre Frauen-Nationalteam - III. Das Sommermärchen (2011-2020) - YouTube
Schöggl, Hans / RSSSF (2001/2020): Women Club Foundation Dates, http://www.rsssf.com/tableso/oostfound.html#wom
Schöggl, Hans / RSSSF (2015): Austria - Women - International Results, http://www.rsssf.com/tableso/oost-wom-intres.html
Schweizerischer Fussballverband (SFV) via Wayback Machine: https://web.archive.org/web/20150428182343/http://www.football.ch/de/SFV/Nationalteams/A-Team-Frauen/Statistik-und-Resultate-A-Team-Frauen/Telegramm-A-Team-Frauen.aspx/tg-549830/
Sports Reference via Wayback Machine: Austria at the 1936 Garmisch-Partenkirchen Winter Games, https://web.archive.org/web/20200417062010/https://www.sports-reference.com/olympics/countries/AUT/winter/1936/
Sports Reference via Wayback Machine: Austria at the 1936 Berlin Summer Games, https://web.archive.org/web/20200417041856/https://www.sports-reference.com/olympics/countries/AUT/summer/1936/
Union Kleinmünchen: https://www.frauenfussball.at/ueber-uns/#1499327326159-ebcf4c71-d961
USC Landhaus: https://www.usclandhaus.at/verein/
Wien Geschichte Wiki: Generali Arena, https://www.geschichtewiki.wien.gv.at/Generali_Arena
Williams, Jean (2011): Women's Football, Europe and Professionalization 1971 – 2011, https://uefaacademy.com/wp-content/uploads/sites/2/2019/05/20110622_Williams-Jean_Final-Report.pdf
Wir Frauen im Sport (2019): Windtner: „Notwendig, die großen Vereine zu überzeugen", https://wirfrauenimsport.at/windtner-notwendig-die-grossen-vereine-zu-ueberzeugen/

BILDNACHWEIS

Fotos aus alten Zeitungen (1920er- und 1930er-Jahre): ANNO/Österreichische Nationalbibliothek
Weiters: USC Landhaus/Traxler (3), Mag. Christa Tauschek / Privatarchiv (2), FCZ Museum, USV Neulengbach, ÖFB/Christopher Glanzl (3), ÖFB/Christopher Kelemen (3), FOTObyHOFER Christian Hofer, APA/Guenter R. Artinger, APA/Georg Hochmuth (3), TT News Agency / Fredrik Sandberg, dpa/Sven Hoppe, APA/Hans Punz (2), UEFA/Brendan Moran, Tom Seiss, AFP/Clive Brunskill, SEPA.Media/Josef Bollwein, Reuters/Molly Darlington, Reuters/Peter Cziborra, AFP/Lesley Martin, Reuters/Leonhard Föger

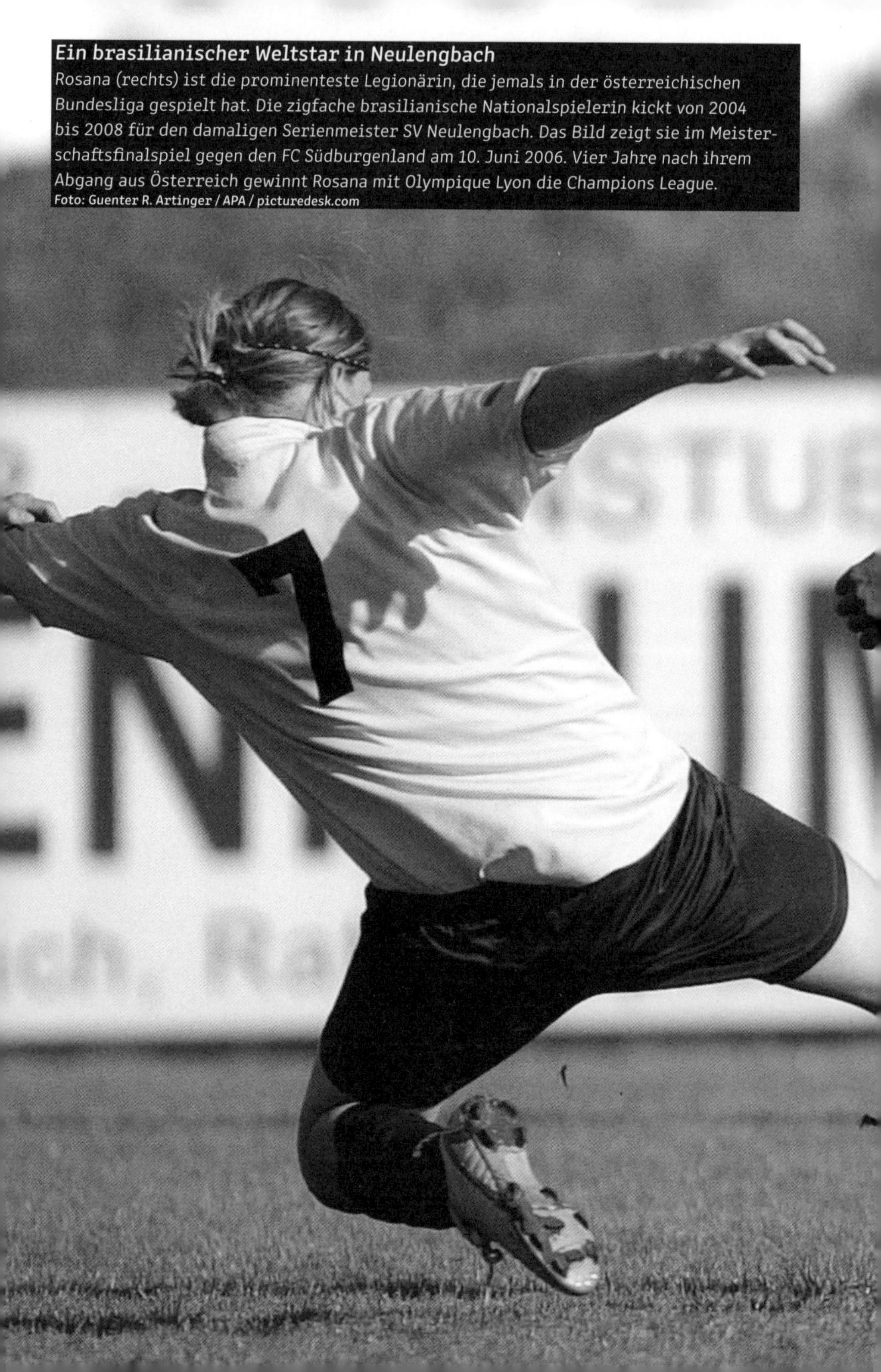

Ein brasilianischer Weltstar in Neulengbach

Rosana (rechts) ist die prominenteste Legionärin, die jemals in der österreichischen Bundesliga gespielt hat. Die zigfache brasilianische Nationalspielerin kickt von 2004 bis 2008 für den damaligen Serienmeister SV Neulengbach. Das Bild zeigt sie im Meisterschaftsfinalspiel gegen den FC Südburgenland am 10. Juni 2006. Vier Jahre nach ihrem Abgang aus Österreich gewinnt Rosana mit Olympique Lyon die Champions League.

Foto: Guenter R. Artinger / APA / picturedesk.com

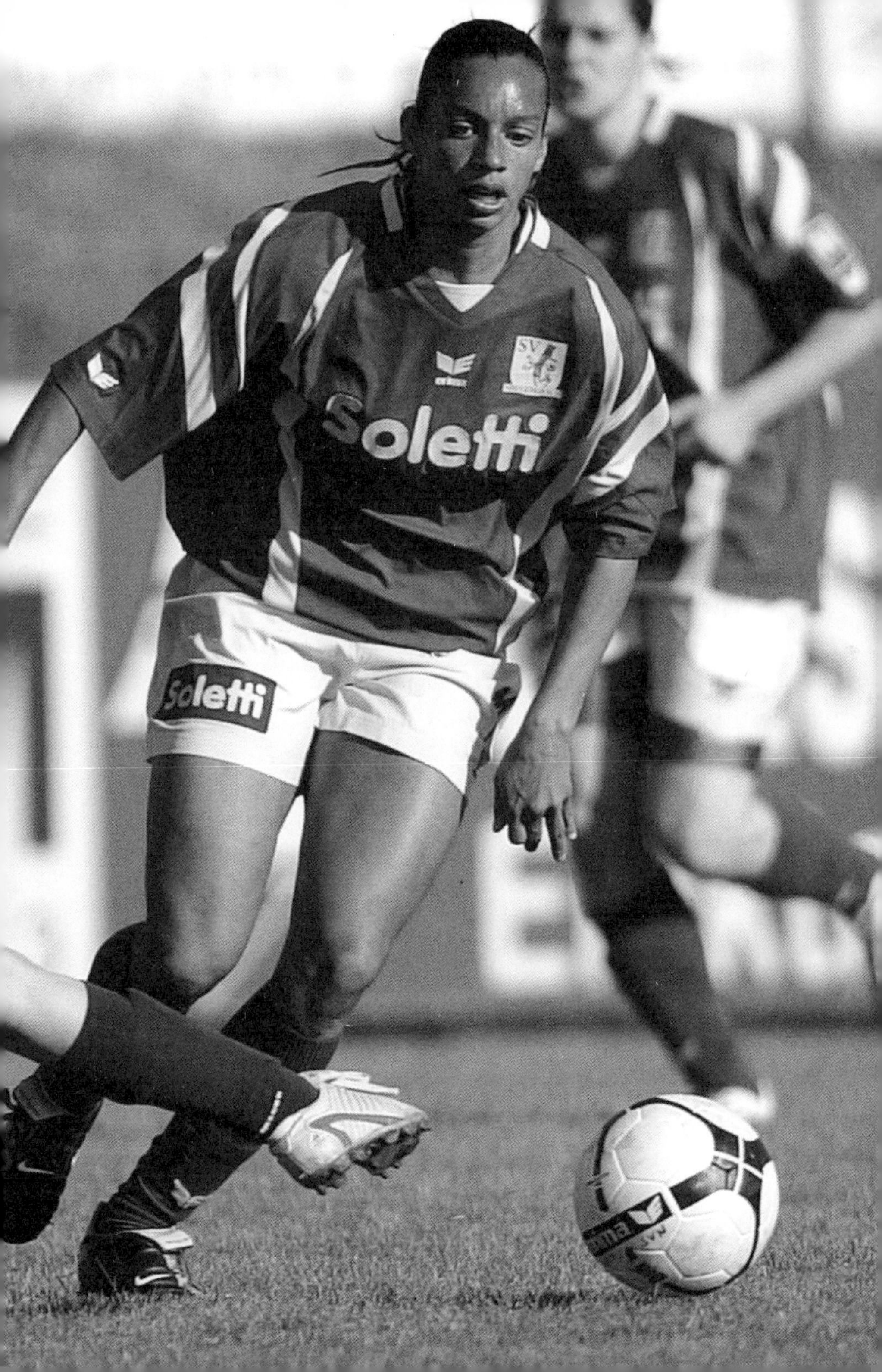
Soletti
Soletti

DANKSAGUNG

Vielen Dank an Thomas Pöltl, der mich gefragt hat, ob ich dieses Buch schreiben möchte und vielen Dank auch für die Geduld und das Lektorat. Ein großes Danke geht auch an Egon Theiner, der sich mit einem großen Vertrauensvorschuss bereit erklärt hat, dieses Buch zu verlegen. Ohne die großartige und akribische Vorarbeit von Matthias Marschik und Helge Faller wäre es schwierig und noch viel zeitaufwändiger gewesen, die Geschichte des Frauenfußballs in Österreich – vor allem die Zeit bis 1970, aufzuarbeiten. Die Bücher „Frauenfußball und Maskulinität" (Marschik) und „Eine Klasse für sich. Als Wiener Fußballerinnen einzig in der Welt waren" (Marschik und Faller) waren sehr wichtige Quellen für dieses Buch. Denn Literatur über Frauenfußball in Österreich gibt es bisher nur sehr spärlich. Vielen Dank auch an alle, die mir kostenlos Fotos zur Verfügung gestellt haben (siehe Bildnachweis). Diese teils historischen Aufnahmen stellen einen absoluten Mehrwert für dieses Buch dar. Ein besonderer Dank gebührt auch Kevin Bell, der nicht nur Fotos, sondern auch Kontakte übermittelt hat und bei diversen Anfragen behilflich war. Danke an Christa Tauschek, die neben Fotos auch wertvolle Informationen aus ihrer Zeit als Fußballerin in den 1970er-Jahren, parat hatte. Ein posthumes Danke an Gerhard Traxler für die spannenden Erzählungen im ausführlichen Interview. Danke an Michael Jucker vom FC Zürich Museum für Informationen zu den zahlreichen inoffiziellen Länderspielen gegen die Schweiz. Und nicht zuletzt: Vielen Dank an alle, die meine Anfrage nach den Wünschen für den Frauenfußball beantwortet haben und somit einen spannenden Ausblick geliefert haben.

DIE AUTORIN

Birgit Riezinger beschäftigt sich seit 2011 mit Frauenfußball, seit 2013 intensiver. Ihr erstes Länderspiel vor Ort, ein 4:0 des österreichischen Nationalteams gegen Bulgarien, sah sie im Herbst 2013 in ihrer Heimatstadt Vöcklabruck. Als Sportjournalistin für den Standard berichtete sie zwischen 2013 und 2018 immer wieder über Frauenfußball. 2017 und 2022 war sie als Reporterin bei den Europameisterschafts-Endrunden in den Niederlanden bzw. in England. Ab 2018 schreibt sie für das Fußballmagazin *ballesterer*.